PAUL ERNST RATTELMÜLLER

DIE VOLKSTRACHT IN BAYERN

PAUL ERNST RATTELMÜLLER

DIE VOLKSTRACHT IN BAYERN

Verlagsanstalt »Bayerland« Dachau

UMSCHLAGENTWURF UND AQUARELLE VON PAUL ERNST RATTELMÜLLER

Verlag und Gesamtherstellung:
Druckerei und Verlagsanstalt »Bayerland« GmbH
85221 Dachau, Konrad-Adenauer Straße 19

Printed in Germany · ISBN 3-89251-252-3

Vor München um 1800

VORWORT

Um es gleich zu Beginn zu sagen: Es gibt bis zum heutigen Tag kein Buch über Volkstrachten in Bayern, das alles zeigen würde, was es an Trachten herzuzeigen gäbe; ein Schicksal, das auch dieses Buch mit seinen wenigen Vorgängern teilt. Selbst Bücher über kleinere Gebiete, wie sie Oskar von Zaborsky in vorbildlicher Weise geschaffen hat, haben auf größere Vollständigkeit verzichten müssen, weil man letzten Endes bei Gegenden, über die verhältnismäßig viele Unterlagen zu finden sind, der Überschaubarkeit wegen nicht alles unterbringen konnte. Auch das ist kein Wunder, wenn man sich überlegt, welche Vielfalt an Trachten es nicht nur regional gegeben hat, sondern wie viele Varianten auch von Stand und Anlaß her betrachtet bedingt waren – je nachdem, ob der Träger ledig, verheiratet, verwitwet war, ob es sich um eine Hochfeiertagstracht, Sonntagstracht oder ähnliches handelte. Das alles ergab Unterschiede, von denen wir keine Ahnung haben, die sich heute auch kaum mehr erforschen lassen. Auch dieses Buch kann also nur Beispiele bringen, zudem es auch Gebiete mit spärlicher fließenden Quellen beinhaltet.

Trotzdem gibt es doch einen reicheren Überblick, als alle Sammlungen und Bücher über Trachten in Bayern bislang haben bringen können. Das schließt nicht aus, daß es – wie schon angedeutet – Gegenden in Bayern gibt, für die man noch einige, wenn nicht sogar viele Blätter mehr schaffen könnte, für Unterfranken zum Beispiel oder für das südliche Oberbayern. Aber es gibt leider auch andere Gebiete wie Mittelfranken oder die Oberpfalz, auch das nördliche Oberbayern, für die – zumindest im Augenblick – keine weiteren verwendbaren Unterlagen bekannt sind. Doch vielleicht tauchen eines Tages auch hierfür Zeichnungen aus der Versenkung auf – wie etwa 1983 Blätter von Johann Georg von Dillis.

Sicher, es gibt auch für Mittelfranken und vor allem für die katholische Oberpfalz Vorlagen; aber die meisten davon sind zu ungenau und können beim Umzeichnen nicht weiterhelfen. Da sind zum Beispiel die Blätter von Gustav Kraus, die bekannte Folge des Fest- und Huldigungszuges zur Silberhochzeit König Ludwigs I. und der Königin Therese, 1835; auch die noch selteneren Blätter, die uns einen Eindruck des berühmten Hochzeitszuges der 35 Brautpaare anläßlich der Hochzeit des bayerischen Kronprinzen, des späteren Königs Max II., 1842, vermitteln. Es sind gekörnte Lithographien, Darstellungen also, die wie eine Zeichnung mit weicherem Bleistift auf angerauhtem Papier wirken. Das heißt: Die Details sind bei den kleinen Figuren nicht mehr genau zu erkennen, und eben deswegen kann so eine Figur, mit gespitztem Bleistift, in doppelter bis dreifacher Größe auch nicht umgezeichnet werden. Man sieht bei so einem Blatt, um in der Oberpfalz zu bleiben, daß zum Beispiel der Hochzeitslader einen langen Überrock und einen Zylinder trägt und den Säbel untergeschnallt hat. Man sieht die Form des Zylinders genau; man sieht auch einen Blumenkranz, mit dem er umkränzt ist. Aber was sind das für Blumen? Sind es echte oder künstliche? Wie haben, gegebenenfalls, die künstlichen ausgesehen? Was hat der »Progroder« für einen Säbel? Einen Kavalleriesäbel? Einen Artilleriesäbel? Aus welcher Zeit?

In manchen Fällen darf man sogar an der Originaltreue der Darstellungen auf den Lithographien zweifeln, die wir oft als Quelle benützen. Die Laufener Schiffsleut' in der Folge von 1835 tragen hier zwar ihre roten Überröcke, aber sie tragen auch einen grünen Hut, ähnlich dem der Lenggrieser und Wackersberger Schützen im Isarwinkel. Die Überlieferung in Laufen aber kennt keinen grünen, sondern einen schwarzen Hut.

Eine andere Erfahrung: Man hört ja oft, wie wichtig für die Forschung einzelne Trachtenstücke sind. Das ist im Grunde richtig. Nur sind solche Einzelstücke für eine genaue Trachtendarstellung in vielen, sogar in den meisten dieser Fälle doch nicht verwendbar. Es stellt sich nämlich sofort die Frage: In welcher Kombination ist so ein Einzelteil getragen worden? Zu welchem Anlaß? Auch hier wieder das Problem der Vielfältigkeit der Trachten. Wieder die Frage: Ist dieses Stück an einem Hochfeiertag getragen worden oder an einem einfachen Sonntag? Zum Kirchgang? Zum Sonntagnachmittag? Zum Tanzen? Zur Hochzeit? Wie hat so eine Tracht bei Trauer ausgesehen? Abgestuft nach dem Verwandtschaftsgrad? Wie hat sie bei Ledigen ausgesehen, wie bei Verheirateten? Alles Fragen, die wohl für weite Gebiete nie mehr zu ergründen sind.

Auch ein Wort zu den Votivtafeln als Quelle für diese Arbeit. Die Votivtafel ist ohne Frage auch ein Dokument der Trachtengeschichte, vor allem dann, wenn man genau weiß, woher der Votant kommt. Was eine Votivtafel für die Erforschung von Trachten bedeutet, merkt man ja im evangelischen Bereich, in dem man die Votivgabe nicht kennt und wo diese Quelle damit völlig ausfällt. Das Votivbild gibt, im allgemeinen jedenfalls, schon Auskunft, ob zum Beispiel die Männer in einer ganz bestimmten Gegend, zu einer ganz bestimmten Zeit, hellblaue Röcke getragen haben oder dunkelblaue, braune oder schwarze; oder ob all diese Farben nebeneinander getragen worden sind. Aber Details vermitteln uns Votivtafeln im allgemeinen wenig. Findet man endlich eine Votivtafel, die so präzise gemalt ist, daß sie sich zuverlässig in eine Zeichnung umsetzen ließe, dann fehlt oft genug neben den knienden Männern ausgerechnet der Hut. Gerade er aber ist für eine vollständige Darstellung notwendig.

Eine weitere Unterlage für diese Arbeit waren Zeichnungen aus dem frühen 19. Jahrhundert. Aber diese Blätter sind vornehmlich im Oberbayerischen, entlang der Berge entstanden, und da wieder vor allem im Land zwischen dem Inn im Osten und der Loisach oder dem Lech im Westen. Zunächst sind Münchner Künstler nur selten über den Inn, in den Chiemgau, gekommen. In jüngster Zeit werden ja sogar Zweifel an ihrer Zuverlässigkeit laut. Nach meiner Meinung kann man bei diesen Blättern große Genauigkeit voraussetzen, da die Trachten ja um ihrer selbst willen gezeichnet worden sind. Man ist schließlich mit dem beginnenden 19. Jahrhundert ganz bewußt ausgezogen, um Land und Leute zu entdecken. Die Staatliche Graphische Sammlung in München besitzt – um nur ein Beispiel zu nennen – zwei Aquarelle von Ludwig Neureuther, auf denen er eine Vohburgerin in der Tracht festgehalten hat; offensichtlich die gleiche sowohl in einer Skizze als auch auf einem ausgeführten Blatt. In dem einen Fall hat sie die Arme vor dem Körper verschränkt, im anderen Fall nicht. Aus diesem Grund sieht man auf dem zweiten Blatt das nach vorne geschnepfte Mieder deutlich. So etwas zeichnet einer nur, wenn er die Tracht genau festhalten will. Eine Frage allerdings bleibt: Hatte diese von Ludwig Neureuther festgehaltene Tracht eine fast uniforme Gültigkeit für Vohburg und Umgebung? Oder gab es da nicht doch eine Vielfalt, von der wir nichts wissen, die wir bestenfalls vermuten können? Für die Gegend im Westen, Norden und Osten von München läßt sich diese Vielfalt nämlich nachweisen. Wir haben Aquarelle von Ludwig Neureuther und Lithographien aus der Sammlung Lipowsky, auf denen der Brustfleck gelbgold und die Verschnürung rot abgebildet ist oder umgekehrt. Auf Votivtafeln in Siegertsbrunn aber kann man sehen, und in Hinterlassenschaftsverzeichnissen aus der gleichen Gegend und der gleichen Zeit kann man es lesen, daß so eine Bäuerin Brustflecke in allen möglichen Farben und Stoffqualitäten besessen hat. Im übrigen zeugen – um noch ein Beispiel zu nennen – die Arbeiten von Lorenz Quaglio aus dem Isarwinkel, aus dem Tegernseer Tal,

aus der Gegend um Fischbachau und Bayrischzell von einer erstaunlichen Vielfalt der Trachten um 1820/30.
Benützt man Zeichnungen und Aquarelle als Unterlagen, so sind immer wieder die Blätter von Dilettanten, die Arbeiten von weniger berufenen Künstlern ein Problem. Bei diesen Bildern weiß man manchmal nicht so recht: War der Schnitt einer Tracht tatsächlich so, wie er festgehalten ist, oder hat sich der Künstler verzeichnet, hat er es zeichnerisch einfach nicht »geschafft«? In so einem Fall müssen bei der Entscheidung Vergleiche und Erfahrungen helfen – und hoffentlich helfen sie dann auch richtig.
Interessant ist, wie ein Trachtenblatt immer wieder als Quelle verwendet wird. Das sei an einem unterfränkischen Beispiel aufgezeigt. Da gibt es Radierungen der Margarethe Geiger, 1808 in Wien erschienen, die Trachten aus dem Würzburger und Schweinfurter Raum zeigen. Im November 1983 sind elf Originalaquarelle und Gouachen der Margarethe Geiger bei Sotheby's in München versteigert worden. Diese Blätter waren zum Teil Vorlagen für die 1808 in Wien erschienenen Radierungen. Aber beim Vergleich kann man bereits kleine Abweichungen entdekken, die beim Umzeichnen der reicheren Trachten entstanden sind, so etwa bei der Haube des »Bauernmädchens aus Ettleben« (S. 164, linke Figur). Beim Vergleich mit den Lithographien, die Felix Freiherr von Lipowsky Anfang der zwanziger Jahre des 19. Jahrhunderts in seiner Sammlung *National-Costueme des Königreiches Bayern* herausgegeben hat, kann man die Beobachtung machen, daß auch hier Arbeiten der Margarethe Geiger als Vorbild gedient haben. So hat der Lithograph das »Bauernmädchen aus Gochsheim« (S. 164, mittlere Figur) ohne Veränderung übernommen. Und das sind nicht die einzigen Beispiele. Der Lithograph hat, wenn er gewissenhaft war, diese Vorlage unverändert übernehmen müssen. Hätte er nämlich die Arme nicht vor dem Körper verschränkt gelassen, hätte er dieser Frau zum Beispiel einen Korb in die Hand gegeben, dann wäre er gezwungen gewesen, die auf der Vorlage verdeckte Stelle zu ergänzen, und das wiederum hätte zu einer Fehlerquelle werden können. Das vorhin erwähnte Beispiel der Vohburgerin auf den Blättern des Ludwig Neureuther ist ein Beispiel dafür. In der gleichen Zwangslage war übrigens auch der Autor dieses Buches immer wieder, bei Handzeichnungen und Aquarellen geradeso wie bei Votivtafeln. So manche Vorlage hat aus eben diesem Grund in ihrer Haltung und Stellung übernommen werden müssen, wie sie ist. Zudem kann man auch keine Figur von der Rückseite zeigen, wenn man nicht weiß, wie die Rückenansicht so einer Tracht ausgesehen hat. Aus diesem Grund sind die Figuren auch etwas statisch ausgefallen. Es wurde zwar versucht, die Blätter durch die Darstellung von Haustypen aus der gleichen Gegend, aus der die Figuren stammen, gefälliger zu machen. Man kann jedoch nicht, um wieder ein Beispiel zu nennen, eine Marktszene mit einem Marktstand zum Hintergrund nehmen, wenn es dafür keine glaubwürdigen, präzisen Vorlagen gibt.
Um aber noch einmal auf die Radierungen der Margarethe Geiger zurückzukommen: Ihre Blätter sind vereinzelt sogar noch Vorbild und Vorlage für Aquarelle geworden, die Peter Geist 1852 geschaffen hat und die dann zum Teil wieder Vorbild für die 1856 erschienenen 18 Lithographien unterfränkischer Trachten geworden sind. Unter diesen Originalblättern von 1852 sind das »Bauernmädchen aus Stangenroth im Würtzburgischen« und der »Bauer aus Stangenroth im Würtzburgischen« von Peter Geist übernommen worden, wie sie sind, auch in ihrer Haltung. Geist zeichnet also eine Tracht, die 1852 sicher längst historisch war. Sogar beim Umzeichnen der einfachen Tracht des Stangenrother Bauern entsteht eine kleine Abweichung. Hat der Bauer auf dem Blatt der Margarethe Geiger grüne Knöpfe auf grünem Rock, Knöpfe, die

wohl mit dem gleichen Stoff überzogen oder gar übersponnen sind, so sind die Knöpfe auf der Darstellung von 1852 gelb. Sie sehen aus, als wären sie aus Messing. Hat das Mädchen auf der Radierung der Margarethe Geiger über dem Korb eine kurze, weiße, wohl leinene, dreiviertelärmelige Jacke, so zeichnet Peter Geist ein unverbindliches lilarotes Tuch, das den Korb oben abdeckt. Solche Abweichungen sind so alt wie das Übernehmen von Vorbildern für Werke dieser Art überhaupt.

Die Texte im Anhang sind absichtlich sehr sparsam gehalten, ohne Wertung, in dem Wissen, daß die Vielfalt, daß die hundert Wenn und Aber eine vollständige, eine textlich lückenlose Arbeit nicht einmal dann möglich machen würden, wenn man zwei oder drei dicke Bände füllen könnte. Solche Arbeiten sind nur auf regionaler Basis zu bewältigen, und da gibt es sie leider viel zu wenig. Aus diesem Grund sind zu den einzelnen Blättern die Quellen angegeben. Soweit es sich um Literatur handelt, ist wenigstens hie und da ein Kommentar zu finden; aber eben nur zum Teil, in den selteneren Fällen, und da meist spärlich.

Jeder, der in diesem Buch blättert, wird selbst seine Vergleiche anstellen, Besonderheiten entdecken und die Beobachtung machen, daß im frühen 19. Jahrhundert die Tracht der Frauen regional sehr verschieden war, im Gegensatz zum hellblauen Überrock der Männer, der vom Land zwischen Ammersee und Lech, der Amper entlang bis in den Gäuboden getragen worden ist, dazu die rote Weste, der grüne Hosenträger, der breite schwarze Hut.

Es wird auf einmal sichtbar, daß die Tracht in den Bergen und im Alpenvorland keineswegs nur grau und grün war, daß man vielmehr entlang der Berge, um 1800, auch immer wieder feuerrote Röcke getragen hat, von Steingaden über das Werdenfelser Land, den Samerberg bei Rosenheim bis hin nach Berchtesgaden.

Der Autor selbst hat bei seinen Arbeiten die Beobachtung gemacht, daß man, als man um 1800/1810 ausgezogen ist, die Trachten festzuhalten, zu dokumentieren, hin und wieder der Versuchung erlegen ist, zu historisieren; also Trachten festzuhalten, die zwanzig bis dreißig Jahre früher getragen worden sind. Das läßt sich heute, nach bald 200 Jahren, zwar nicht mehr genau feststellen, aber ein gewisses Beispiel dafür sind die Trachtendarstellungen der Sammlung Lipowsky. Nicht alle Lithographien haben, wie bisher angenommen, ihre Gültigkeit für die Jahre 1820/25, wenn man etwa von den übernommenen Vorlagen der Margarethe Geiger (1808) weiß, oder an die Aquarelle von Johann Georg von Dillis denkt, die im Oktober 1983 im Münchner Handel aufgetaucht und von der Staatlichen Graphischen Sammlung in München erworben worden sind. Auch sie haben vereinzelt für diese Lithographien als Vorlage gedient, obwohl Dillis sie zum Teil schon um 1802 entworfen haben muß.

Wenn nun aus dieser oder jener Gegend in diesem Buch weniger Trachten zu finden sind, so liegt das nicht daran, daß dort weniger Trachten getragen worden wären, es zeigt vielmehr, daß in solchen Gegenden im frühen 19. Jahrhundert niemand ausgezogen ist, um Trachten mit dem Zeichenstift festzuhalten, daß es auch keine Votivbilder gibt, die einem weiterhelfen könnten, wie es ja vor allem in evangelischen Gebieten der Fall ist. Dieser Band macht also in keiner Weise weitere regionale, umfangreichere Arbeiten über Trachten überflüssig. Im Gegenteil. Der Autor verbindet mit dieser Veröffentlichung vielmehr die Hoffnung, daß sich nun all diejenigen, denen ihr Gebiet zu spärlich vertreten erscheint, aufmachen, all das zu sammeln, was im allerletzten Augenblick noch zu sammeln ist, ehe die letzten Trachtenstücke weggeworfen werden oder zum Kostümverleih wandern, ehe die letzten Votivbilder gestohlen sind.

Oberbayern

DIE OBERBAYERISCHE VOLKSTRACHT

Von Felix Dahn[1]

Der Darstellung der Trachten unseres oberbayerischen Landvolkes mag die Bemerkung vorausgehen, daß die bäuerische Kleidung keineswegs eine so unveränderliche Sache ist, als man sich häufig vorstellt; viel zahlreicher und in kleineren Zeiträumen wechselnd sind die Verwandlungen des sonst so zähen Bauern in seiner Tracht als in Häuserbau, Nahrung oder irgend anderen Sitten. Nicht etwa blos in den verschiedenen Jahrhunderten, sondern häufig in Jahrzehnten finden wir die Kleidung der Landleute völlig umgewandelt und zwar ist das Princip dieser Metamorphosen einfach eine stets um eine geraume Zeit zu spät kommende Nachahmung der herrischen Moden in den Städten; dieß gilt nicht nur von Altbayern, es gilt von ganz Deutschland, ja mit gewissen Beschränkungen von ganz Europa. Es dauert immer lange Zeit bis das träge Element bäuerlicher Sitte ergriffen wird von dem Einflusse der herrischen Kleidermode, und meist ist letztere in den Städten längst veraltet und verdrängt, zu der Zeit, da sie in den Dörfern herrschend geworden; eine ausführliche Geschichte des Kostümes würde diese Erscheinung in hundert Beispielen zur Anschauung bringen.

In neuerer Zeit sind in Folge des lebhafteren Verkehrs mit den Städten die Veränderungen der ländlichen Tracht noch viel häufiger geworden. Und aus demselben Grunde geschieht es vielfach, namentlich in dem zunächst an den Städten liegenden flachen Lande, daß die Elemente auch der gegenwärtigen Mode, sowohl in Stoff als Schnitt der Kleidung, sich in das Kostüme der Landbevölkerung eindrängen und den Unterschied zwischen Städter und Bauer auch äußerlich verwischen. Doch findet dieser Uebelstand seine natürliche Schranke in dem praktischen Bedürfniß, in der Arbeit des Landmanns, welcher die Kleidung sich fügen muß. Es hat nämlich sehr bald die Erfahrung jene Nachahmer städtischer Mode gelehrt, daß schon der Schnitt insbesondere aber die Stoffe der herrischen Tracht zu Lebensart und Arbeit des Bauers nicht passen; die wenig dauerhaften, dünnen oder gemischten Stoffe reißen und brechen allzu geschwinde bei der schweren Arbeit in Feld und Haus, ja schon durch die Berührung mit dem derben Körper, den sie schmücken sollen während selbst die sonst herkömmlichen Festkleider von Leinen und Wolle, wenn nicht mehr zum Staate, noch lange zur Abnützung auf dem Felde diensam waren, und so erzwingt das praktische Bedürfniß bald die Rückkehr zu den altherkömmlichen, schweren, aber dauerhaften Wollstoffen, welche dann auch die modernen, zugespitzten Schnittarten nicht vertragen, sondern zu den alten großfaltigen Formen zurückführen.

Gegen eine andere Wirkung des nivellirenden Geistes unserer Zeit, die alle individuellen lebendigen Unterschiede auszutilgen geneigt ist, hat sich eine solche natürliche Palliative noch nicht gefunden. Während wir nämlich noch zu Anfang dieses Jahrhunderts eine reiche Abwechslung in der Tracht der einzelnen, oft nächst benachbarten Thäler und Gaue finden, während früher fast jede bedeutendere ethnographische Gruppe wenigstens in klaren Zügen ihren Gegensatz zu den verwandten Gliedern ausprägte, verwischen sich jetzt diese feineren Unterschiede mehr und mehr, und mit einigen großen Hauptgegensätzen ist im Wesentlichen das ganze Bild bäuerlicher Tracht gezeichnet. So verdrängt z. B. die graue Joppe mit dem grünen Kragen immer mehr nach allen Seiten hin die früher mannigfach in Farbe und Schnitt abweichenden Schattirungen der Trachten in den Gebirgstheilen des Oberlandes und ebenso wird der lange, schwere Tuchmantel allmälig zu einer

[1] Nach Lentner. Vgl. p. 278

Standestracht des bayerischen Bauern, was er noch vor Kurzem keineswegs war.

Nach dem Plane dieses Werkes ist auch in diesem Abschnitte eine erschöpfende Darstellung all der vielen kleinen Trachtunterschiede ausgeschlossen und vielmehr eine kurze Skizze der besonders charakteristischen Gruppen und Grundformen geboten.

Die mit dem beweglicheren alamannischen Elemente gemischte Bevölkerung des *Lechrains* hat schon dreimal im Laufe dieses Jahrhunderts ihre Tracht völlig geändert. Der breitrandige Hut mit großer Silberschnalle, der altherkömmliche rothbraune Rock der Männer, die zierlich blau und weiß geringelten Strümpfe mit Schnallenschuhen wurden vor etwa 30 Jahren von dem unförmigen Czakohut mit der Goldborte, von dem kurzleibigen Rock mit Fahnenflügeln und den hohen Faltenstiefeln verdrängt, während man heutzutag sich in Stoff und Schnitt der bürgerlichen Tracht nähert. Mehr noch haben die Weiber hie und da einen kleidsamen Rest der bäuerischen Kleidung beibehalten: die Pelzhaube mit dem reichen Otterbräm, hinten erhöht, über der man im Sommer ein »Schattendach«, einen ganz breiten Filzdeckel, trug oder »das Schälkle«[2] und das bildsame »Schwabenkäpple«, eine kleine, nur den Hintertheil des Kopfes deckende Haube mit spitz zulaufenden Ohrläppchen, die hart unterm Kinn gebunden werden. Die gegenwärtige Generation trägt das bürgerliche Mieder mit den Silberschnüren und dem in den Busen gesteckten Tuch und sonst nach Schnitt und Stoff die städtische Tracht.

Viel zäher als im Lechrain haben die Leute im benachbarten *Ampergrund,* insbesondere die Weiber, an der altüblichen Tracht festgehalten. Neben den kaum auf zehn Jahre zurückgehenden neuesten Formen sieht man noch häufig daselbst die Tracht der Leute von 1800–1830, die etwa um 1820 festgestellt wurde, beibehalten, während freilich Gewandstücke aus dem vorigen Jahrhundert nur noch von alten Großvätern getragen, oder, als Erbstücke aufbewahrt, bei Festgelegenheiten, oder als Maskenkleid aus den Kleidertruhen hervorgeholt werden. Besonders auf Votivtafeln von 1750 an findet man diese etwas verbauerte Tracht Ludwig XIV.: ein langer blauer Rock mit stehendem Kragen, das rothe »Leibstückl«,[3] (Weste), die lederne Kniehose, von schwarzen Hosenträgern (Halfen)[4] gehalten, geringelte Strümpfe, Schnallenschuhe und ein niederer Hut mit breitem Rand. (Vor dem Jahre 1750 trug man fast im ganzen Oberland den schlichten Leinenkittel, die lange Weste und die halbweiten Kniehosen). Gegenwärtig haben die Männer die halbstädtische Tracht der Metzger und Hausknechte angenommen, zu dem Czakohut den Spenser, das bunte Halstuch, die hellblumige Weste, Tuchhosen oder Lederhosen bis an's Knie und hohe Stiefel; der Mantel ist Staatstracht und ein besonderes Luxusstück der silberbeschlagene Ulmer-Pfeifenkopf.

Häufiger als alte Männer begegnen uns alte Weiber in jener vorelterlichen Tracht, mit den charakteristischen »Aermeln«[5] (einem Leinwandmieder mit meist dunkelblauen Aermeln), dem »Miederleibl« mit dem »Brustfleck«,[6] von Pappe in spitzer Schildform, mit buntem Zeug überzogen, mit Borten besetzt und dem Koller von weißer Leinwand über dem Nacken. Dieses Kleid, aus der zweiten Hälfte des 16. Jahrhunderts stammend, wurde von dem einfacheren »Schälkle« dieses in der Neuzeit von dem Pers- oder Seidenkorsett verdrängt. Aber um den Hals schlingt die Bäuerin noch immer den schwarzen Flor mit der Silberschnalle.

Im *Loisachland* trugen die Männer bis gegen 1820 den ächten altbayerischen Rock, wie er seit 1750 als Nachahmung des bereits veralteten juste au corps entstanden war – ohne Kragen, bis an die Waden reichend, über der Brust nicht zu schließen. In den zwanziger Jahren wurde der langflügelige Rock mit der äußerst kurzen

---

[2] Schmeller W. B. III. p. 357. / [3] Schm. III. p. 613. / [4] Schm. II. p. 184. / [5] Schm. I. p. 107. / [6] Schm. I. p. 584.

Taille eingeführt, über den der Bauer heutzutage am liebsten den mächtigen Mantel als Staatskleid trägt. Die Weiber haben meist das bürgerliche Mieder und die Seiden- und Persstoffe angenommen; doch hat sich von der bäuerlichen Tracht noch manches Stück erhalten, insbesondere der sogenannte »Leibhansl«[7] eine ärmellose Leinenjacke, zunächst am Hemde getragen, deren Obertheil von Seide bortirt, mit Silberknöpfen geschlossen, den Busen bedeckt. Im *Isarwinkel* wurde die altväterische Tracht der Männer besonders mit schönem Grün und sauberem Weiß getragen und lange erhalten; noch jetzt finden sich 60–80 solch ehrwürdiger Langröcke im Thale von Längries und mehr als einmal hat die dortige Schützencompagnie, wenn sie mit den Resten jener kleidsamen Tracht in München beim Octoberfest erschien, freudiges Wohlgefallen sich erworben, jetzt wird auch dort allgemein die Miesbacher Joppe, grau mit grünem Kragen, der Miesbacher- oder der etwas mehr breitrandige Tegernseerhut, die kurze Lederhose mit grünen Strümpfen und als Kirchenkleid der lange Mantel getragen. Die Weiber erscheinen in der Tracht des Isarlandes. Die früher hier ebenfalls übliche Pelzhaube, (Bägel, von bauga = Ring[8] wegen des ringförmigen Pelzbesatzes) wurde von dem kleidsameren Miesbacherhütel oder dem Bandhut (schwarz von Frauen, von Mädchen grün getragen) siegreich verdrängt, obwohl sich sogar die Geistlichkeit derselben annahm, und alle Mädchen, die im grünen Hut communiziren wollten, aus der Kirche wies. Allein die Mädchen wußten sich zu helfen: zum Beichtgang wurde die Pelzhaube in Demuth und Gehorsam aus der Kleidertruhe genommen, aber, sowie die Absolution erlangt war, eilfertig bis zur nächsten Beicht wieder eingeschlossen und sonst das ganze Jahr wieder das Hütl getragen; da waren denn die geistlichen Herren die Klügeren und gaben nach. Uebrigens wird gerade in der Kopfbedeckung eine gewisse Manichfaltigkeit beliebt; in der Jachenau z. B. hat jedes Mädchen neben der frommen Pelzhaube und dem flotten Miesbacherhütel, das zum Tanz getragen wird, einen grünen Bandhut von Filz mit oben rundlichem Gupf, mit grünem Seidenfutter, von Band und Schleife umwunden und die Krämpe an beiden Seiten von grünen Seidenschnüren, die rechts in leichter Biegung nach oben in schweren Goldquasten niederhangen, niedergezogen. Endlich zur Trauer und an Sonntagen wird derselbe Hut in Schwarz getragen.

Die Geschichte des Kostümes fast in allen Thälern des Gebirges zeigt nun aber *folgende, gleichmäßig sich wiederholende Perioden*. Die altbayerische Tracht der umgewandelte juste-au-corps, der, im Schnitt gleich, nur in der Farbe zwischen grün , blau und rothbraun in den verschiedenen Thälern wechselte, wurde vor etwa 30 Jahren von der unter dem Namen Isartracht bekannten Kleidung verdrängt, die man jetzt noch im Isarland bei München am meisten sieht; der Czakohut mit Goldquaste, der langflügelige Rock mit kurzer Taille oder der Tuchspenser, der schwere Mantel, Kniestiefel mit Lederhosen. Seit zehn Jahren verbreitet sich über das ganze Oberland die sogenannte Tegernseer- oder Miesbacher-Tracht, besonders die Joppe, die übrigens selbst nicht in dieser Gegend einheimisch, sondern erst vor etwa 30 Jahren daselbst an die Stelle jener altbayerischen Tracht getreten und ursprünglich in Tyrol zu Hause ist.

Ungefähr seit 1820 begannen ledige Bursche und Knechte daselbst die uralte Tracht der tyrolischen Holzarbeiter, die neben ihnen in Arbeit standen, nachzuahmen, insbesondere das alte Lodenhemd, von ihnen Juppe oder Joppe[9] genannt, in feiner ächten Form ohne Kragen, vorne offen und glatt, ohne Knopf und Knopfloch, am Rücken mit einer Handlang zusammengenähten Gegenfalte, mit Aermeln ohne Aufschlägen; der Stoff wie der des Zillerthaler-

[7] Schm. II. p. 215. / [8] Schm. I. p. 158. / [9] Schm. II. p. 270.

hemdes von Loden oder grauem Tuch, am Halse und an der Brust mit einem 2 Zoll breiten Tuchstreifen. Zu diesem Oberkleid gehörte dann ein schwarzer Flor um den Hals, grüne Hosenträger, eine gestickte Lederbinde um die Hüften, kurze, zierlich ausgenähte Lederhosen bis an's Knie, an das sich »Beinhöseln«[10] oder »Lofeln«[11] – Strümpfe ohne Socken (in manchen Gegenden auch von Weibern getragen), schlossen, und auf dem Kopf der Miesbacher Hut oder auch der »Täubling«, dunkelgrün mit niederem Gupf und breitem allerorts gebogenen Rand. Die ganze Tracht ist »duxerisch«.

Es waren nun zuerst die Jäger, welche diese Kleidung, weiter ausgeschmückt, annahmen; sie setzten an das Lodenhemd den grünen Kragen, an die Aermel, grüne Aufschläge und später noch an die Brust Knöpfe und grüne Ueberschläge und die so umgebildete Jäger-, Miesbacher- oder Tegernseer-Joppe begann nun das allgemeine Gewand der bayerischen Gebirgsbauern zu werden; ja schon im Flachland vor dem Gebirge verdrängt diese zweckmäßige und kleidsame Tracht in der Form, wie sie sich hier festgestellt hat, »das Miesbachisch gehen«, allmälig die styllose, unschöne Kleidung des Bauern der Ebene. Anfangs freilich fühlten sich Forstleute und städtische Joppenfreunde höchlich beleidigt durch den grünen Kragen am Kleide des Bauern, und ein Landrichter fühlte sich bewogen, nicht nur diese Arroganz; geradezu ex officio den Bauern zu verbieten, sondern sogar einem hartnäckigen Contravenienten, der den grünen Kragen nun einmal schlechterdings nicht wieder abthun wollte, denselben höchst eigenhändig vom Rock zu schneiden. Aber endlich mußten sich die beleidigten Stände damit begnügen, wenigstens durch das feinere Tuch am Kittel ihren Unterschied von den Bauern deutlich hervorzuheben. Der lange Flügelrock hat sich nur als Hochzeitsgewand erhalten; beim Kirchgang wird der große Mantel über der Joppe getragen.

Die Weiber dieser Gegend adoptirten vor etwa 20 Jahren statt des früheren langleibigen Schnittes ungemein kurze Formen, weit ausgeschnittene Miecer und Brustflecke; es war dieß die Nachwirkung der kurzen Taillen und des nicht allzusittigen weiten Ausschnitts, die zu Anfang dieses Jahrhunderts in der vornehmen Welt gegolten hatten; heutzutage wird bei dem weiblichen Geschlecht alles Volksthümliche und Standesmäßige verdrängt durch die Nachahmung der städtischen Moden, welche ihnen der zahlreiche Besuch der Münchener Sommergäste besonders lebhaft vor Augen führt; man sieht fast überall bürgerliche Kleidung und Modestoffe; die Mädchen schneiden sich Korsett und Schürze vornehm aus modischen Stoffen zu und behängen Mieder und Nacken dicht mit silbernen Ketten und paradiren mit Broche und Ohrringen, wenn auch nur von Falschgold, während früher der Silberlöffel im Mieder und zum Höchsten die vom Liebhaber geschenkte Uhr und ein Fingerringlein der beste Putz war; auf jedem Kopfe aber prangt dazu das grüne Miesbacherhütel, das erst seit 30 Jahren den so schmalen Rand erhalten; nur alte Frauen tragen hie und da die sogenannte Plechhaube, eine eng über den Kopf gezogene runde Mütze aus schwarzer Wolle dicht gestrickt, die man hier gerne mit einem gelben Ewigkeitsblümlein in der Mitte schmückt. Ganz vergessen ist die früher hier allgemein übliche Frauenmütze, ein hoher Kegel von dunkelblauer, weiß gefleckter Wolle, die der schwarzen Haube des tyrolischen Unterinnthales ähnlich war.

In anderen Theilen des Vorlandes, am *mittleren Inn und an der Glon*, hält sich die etwas kahle Hausknechttracht des Isarlandes zäh bei den Männern, wobei sie ihren Luxus in Jacken von feinem Tuch, reich verschnürten, übermäßig weiten Lederhosen, schweren goldenen Hutquasten im Werth von 10–12 fl., ja in zahlreichen

---
[10] Schm. I. p. 177. / [11] Schm. II. p. 446.

goldenen Fingerringen zu zeigen lieben; häufig sieht man auch lange Hosen, die um die Knöchel gebunden werden, und dazu die sog. »Haferlschuhe. Bei den Weibern in dieser Gegend ist die schwarze »Schaube«[12] (Wollrock) Mode gewesen. Als Kopfbedeckung hat sich vom Osten her über den Inn die häßliche Sitte der Kopftücher – eine nicht germanische, sondern slavische Tracht – verbreitet, ebenso unschön als unsauber und ungesund.

An beiden Ufern des *Innthales* tragen die Männer den Langrock und lange Hosen, abgesehen von den Schiffern, denen das praktische Bedürfniß die Joppe und hohe Lederstiefel angezogen hat. Die Weiber haben viel von der alten Wolltracht erhalten: die schwarze Schaube, ein Korsett von brauner Wolle mit langen Aermeln, häufig auch die schwarze Wollmütze mit einer blauen Schleife geschmückt. Die früher hier übliche blau und weiße Schwazerhaube ist überall verdrängt von dem Bandhut, der aber an Farbe und Gestalt von dem gleichnamigen in der Jachenau getragenen abweicht.

Im *Chiemgau* war, wie im Innthal, früher die allgemeine Tracht der Berge üblich – brauner Leibrock, rothe Weste, Halsflor und Lederbinde, schwarze Halse, kurze Hosen, blaue Strümpfe, Bandhut – heutzutage sieht man in dem gebirgigen Theil den blauen oder grünen Langrock mit stehendem Kragen und den Knöpfen von ächtem oder falschem Gelb und den breitkrämpigen Hut mit Band und Silberschnallen; jüngere Männer legen den Rockkragen um und tragen den Hut höher und schmaler und statt der Bandschnalle eine Goldschnur. Die Weiber lieben die dunkle Wolltracht und umgeben den Nacken neben dem Flor noch mit dem schwarzseidenen Einstecktuch; auf dem Kopf tragen sie über der gestickten weißen Unterhaube den schwarzen Bandhut, dessen lange Bänder, am Nacken in eine Schleife gesteckt, mit den mit Goldspitzen besetzten Enden über den Nacken hangen. In den ebenen Theilen dieses Gaues war früher die Tracht, insbesondere der Weiber, sehr originell, malerisch und reich. Heutzutage hat bei den Männern meist die Joppe, die bald die Uniform des ganzen Gebirges sein wird, die Herrschaft gewonnen. Die Weiber tragen jetzt Korsetten im innthaler Schnitt über der Brust mit der Rundung nach Oben, Aermel von dunkler Seide mit Posamentirbesatz, Unterjacken mit Pers, Röcke von rother Seide oder dunklem Merino, schwarzseidene Schürzen, buntes Einstecktüchel und den Bandhut über der weißen Unterhaube. Auf den Inseln des Chiemsees, dann in der Feldwies, zu Grassau und Grabenstett hat sich als Kopfbedeckung erhalten die über 1 Fuß hohe Pelzhaube mit noch höherem Hintertheil und schmalem Goldbödchen, ganz auf den Hinterkopf gerückt, mit einer Nadel durch den Boden in dem Zopf befestigt; diese Monstra des Luxus und des Geschmacks, im Preis von 16–18 fl. werden erst allmälig von dem Bandhut, der zuerst vor 10 Jahren vom Inn herüberkam, verdrängt.

Im *Traungau* und den Seitenthälern des *Chiemgaus* gilt mit wenigen Modifikationen die ebengeschilderte Tracht; bei den Männern verschwindet immer mehr der malerische Hirtenmantel von weißer Wolle, der, im Schnitt einer Dalmatica, mit einem Riemen um die Hüfte geschnürt wurde oder auch frei herabhing, vor dem langen Hausknechtmantel; die Mädchen pflegen hier beim Tanz ihre innthalischen Mieder auszuziehen und in kurzen weißen Hemdärmeln zu prangen.

Im *Land an der Saalach* hatte sich bis vor etwa 30 Jahren eine sehr malerische Tracht erhalten: im Sommer trugen die Männer weiße Leinenkittel ohne Kragen, mit weißen Metallknöpfen, keine Westen, grüne Hosenträger, einen sechs Zoll breiten Ledergurt mit Zinnstiften, kurze Lederhosen, Strümpfe und Riemenschuhe, im Winter graue Lodenröcke mit rothen Westen;

[12] Schm. III. p. 306.

reiche Bauern gingen an Festtagen in Scharlachröcken mit Silberknöpfen; im Wirtshaus trugen sie rothe Jacken und die sogenannten Schlegelkappen von geschlagenem grünen Sammt in der Form, wie sie heute noch manchmal alte Wirthe tragen. Als Mantel trug man die weiße Dalmatica, hier Wagnerkittel genannt. Auf diese Tracht folgte der Langrock mit der kurzen Taille, und heutzutage geht man dort theils miesbachisch, theils in dem mäßigen Rock von braunem Tuch, Sonntags von schwarzem Barchent. Charakteristisch ist aber der dort übliche unförmliche Cylinderhut von 10 Zoll Höhe und einer Krämpe von 6 Zoll Breite, von einer Goldschnur geschmückt. Bei den Weibern ist an die Stelle einer früheren reichen und complizirten Tracht das unterinnthalische Mieder von dunkler Seide getreten und rothe Persröcke mit grünen Schürzen zu besonderem Putz.

Im *Berchtesgadener Land* hat sich der blaue Festtagsrock mit dem älteren Schnitt meist erhalten; die schwarze Manchesterweste ziert eine Reihe Geldknöpfe; die lederne Kurzhose läßt das Knie frei und schließt sich an die blauen Strümpfe; die Buben lieben die miesbacherische Joppe, tragen sie aber von blaugrünem Tuch mit dunkelgrünem Kragen. Die Weiber gehen in dunkeln Pers- und Wollröcken, die Mieder schwarz von Sammt oder Seide, an der Rückennath mit Goldborten besetzt, an der Brust Hacken, doch ohne Geschnür, um den Hals eine silberne Kette in drei Reihen und ein seiden Einstecktuch, die »Röckeln« (Ueberjacken)[13] schwarz von Tuch oder Halbseide oder von brauner Wolle gestrickt. Besonders malerisch erscheint diese Tracht bei den Mädchen im Seegrund, wenn sie die schwarzen Ueberjacken abgelegt haben; man sieht dann das langleibige, rund ausgeschnittene, knappe Sammtmieder mit Gold besetzt, am Halse das Unterleibl vom hellen Taffet mit Knöpfen und Borten und das leicht um den Nacken geschlungene Halstuch, die schönen, weiten Hemdärmel reichen bis an den Ellbogen, während den Vorderarm schwarze Sammtstutzel bedecken. Die Schürze ist weiß oder von buntem Pers, der kurze Rock zeigt die Beinhöseln und zierlich ausgeschnittenen Schuhe; den Kopf bedecken die grünen niederen Hüte, die man bei Tegernsee die Herzog-Maxhütel nennt.

In der für sich abgeschlossenen *Ramsau* hatte sich lange eine altväterische Tracht in dunklen Stoffen und einfachstem Schnitte erhalten; erst um's Jahr 1811 kam der erste Regenschirm und der erste Langmantel in das Thal; von da an bildete sich die Tracht, wie sie heute noch besteht. Die Männer lieben die schwarze Farbe an den Langröcken von Barchent mit der kurzen Taille und den Manchesterwesten; dazu tragen sie Kurzhosen, Strümpfe und Riemenschuhe, den breitrandigen Hut schmücken die Männer mit einer Goldquaste, die Buben mit Edelweiß und Gemsbart. Zum Sonntagsstaat stecken sie, wie fast im ganzen Oberland, eine Blume, am liebsten die blutrothe Nelke, hinters Ohr. Vielfach dringt das Spitzhütel und die Miesbacher Joppe ein, doch lassen die Bauern an letzterer den grünen Kragen weg aus Respekt vor den Jägern. Die Weiber haben meist die »Ohrheubeln«[14] hier »Visir«[15] genannt, mit den großen Spitzenblonden, den breiten flachen Hut und die kurzen Röcken einer älteren Tracht abgelegt und die schlichte, aber bildsame Kleidung der Berchtesgadnerinnen angenommen. Auch in das Salzburgerland, wo die Männer das oft geschilderte verbauerte Kostüme Ludwig XIV. trugen, brachten erst im Jahre 1800 die Soldaten von ihren Feldzügen, die ersten Mäntel und Stiefel heim, welche von der jüngeren Generation allgemein getragen werden, ältere haben Strümpfe und Schuhe noch nicht aufgegeben; der lange Tuchrock ist Sonntagskleid, sonst trägt man Schälke. Die Weiber haben eine ziemlich bunt zusammengesetzte Kleidung: die Pelzhaube

[13] Sonst = Unterrock, Schm. III. p. 44. / [14] Schm. I. p. 98. / [15] Schm. I. p. 636.

vom Chiemgau oder Traunsteiner Hüte, das unterinnthalische Mieder, kurze Röcke und Schürzen gleich den Berchtesgadnerinnen, so daß man zu den bildsamen Schnürstiefeln die weißen Strümpfe sieht. Die älteren unter ihnen halten noch an den dunklen Wollstoffen fest und begnügen sich, den Hals mit dem Flor nebst Silberschließe zu schmücken, indeß das jüngere Geschlecht in goldenen Halsketten prangt und bunte helle Seidenzeuge liebt. Das Kopftuch, daß auch hier zur gewöhnlichen Kopfbeckung, selbst an Sonntagen geworden ist, wird von den Gefallsüchtigeren nur zur Hälfte umgewunden, so daß es nur den Hinterkopf verhüllt, was das Häßliche dieser Tracht bedeutend vermindert.

In dem Land *zwischen Isar und Glon*, dann am mittleren und unteren Inn tragen die Männer jetzt überall die unschönen, schon oben als isarländisch bezeichnete Tracht, die Weiber gehen meist bürgerlich städtisch gekleidet; moderne Korsetten und selbst Shawls sieht man häufig bei Bauernweibern, während die tausendfaltigen schwarzen Rupfenkittel, durch die sich oft ein blauer Einsatz zog, die farbigen bortenbesetzten »Kraxenmieder«,[16] immer mehr verschwinden.

Eine große Manchfaltigkeit in der Kopfbekleidung zeichnet diese Gegenden aus, da verschiedene Stände, Zeiten und Gegenden ihre Kontingente dazu stellten; da sieht man im Gebiet von Burghausen vielfach die hohen Goldhauben der Linzerinnen 70–90 fl. im Preis, daneben die hohen Stoßhauben von theuerem Pelzwerk, wie man sie im Chiemgau trägt, daneben das slavische Kopftuch von schwarzer Seide, mit dem hohen Kamm im Neste, die uralte weiße Spitzenkappe aus dem vorigen Jahrhundert und darüber eine niedere Pelzkappe; aber auch die runde schwarze Wollmütze und der große Regenhut sind nicht unbekannt.

Gegenüber den mehr oder weniger unbestimmten verschwimmenden Zügen der eben geschilderten Tracht treffen wir nun noch auf einige höchst originelle Formen in der Kleidung, welche die bayerische Bevölkerung, die mit den Alamannen gränzte, von ihren Nachbaren in einigen Strichen wenigstens entlehnt hat; wir meinen die unter dem Namen der »dachauerischen« berüchtigte Tracht der Bäuerinnen zwischen Lech und Amper und zwischen der unteren Amper und Glon.

In der *südlichen Hälfte des unteren Lechrains*, zwischen Lech und Ammersee, tragen sich die Leute im Ganzen ziemlich wie die im Anfang geschilderten Bewohner des oberen Lechrains; im Jahre 1806 traten die Faltenstiefel an die Stelle der früher üblichen Schuh und Strümpfe; 1811 erscheinen die ersten Langmäntel in dieser Gegend, seit 1812 fangen die alten schwäbischen Schaufelhüte an, sich zu verlieren und das Jahr 1820 brachte auch hierher seine bekannten kurzleibigen Röcke mit den langen Flügeln, die kurzen Westen mit zwei Knopfreihen – bayerische Laibl genannt – schwarze Lederhosen, Wadenstiefel und Rundhut. Die Weiber haben im Innern der Landschaft und am Seegestade vielfach Reste einer älteren sehr kleidsamen Tracht beibehalten, ähnlich der im unteren Ampergrund üblichen; Rock und Mieder von schwarzer Wolle, ober der Brust offen, von einem bunten Brustfleck mit Schnürriemen geschlossen, Halskittel, Flor Goller, blaue oder weiße Schürzen (Fürfleck) und Pelzhauben. Südlich zeigt sich die Tracht des oberen Lechrains und jüngere Mädchen gehen meist mit Mieder und Korsett.

In der *nördlichen Hälfte des unteren Lechrains*, wie an der unteren Amper und Glon gehen die Männer wie ihre südlichen Nachbarn: hellblaue Langröcke mit Strümpfen und Schuhen bilden die Festtracht, den alten schwäbischen Schaufelhut trägt man an beiden Krämpen aufgeschlagen, so daß er hinten eine Spitze bildet, während er vorne flach liegen bleibt; doch ver-

[16] Ueber Kraxen Schm. II. p. 380.

schwindet er ebenso wie eine andere bisher übliche sehr häßliche Form, die eines umgestürzten Topfes, der in der Mitte enger mit Band und Schnalle umgeben ist; auf jeden ächten schwäbischen Bauernkopf gehört übrigens unter jeder Art von Hut die schwarze Zipfelmütze.

Bei den Weibern dieser Gegend hat sich nun aus ganz alter Zeit mit zäher Ausdauer eine Tracht erhalten, die zu den originellsten in Altbayern zählend, zugleich den seltenen Vorzug hat, durch keine unpassende Zuthat in ihrem Styl gestört worden zu sein. Sie heißt die *»Gloner- oder Dachauer-Tracht«*, weil sie von dem Ausfluß der Amper aus dem See längs der Glon bis zu deren Mündung in die Amper sich über den Gerichtsbezirk von Dachau erstreckt; die bayerischen Nachbarn nennen die Trägerinen dieses Kostümes die »Aufgenähten«,[17] wegen der über einen Wulst gereihten Falten der Röcke; diese Tracht ist ursprünglich schwäbisch und findet sich mit unwesentlichen Veränderungen bei den Bäuerinnen des Schwarzwaldes wieder. Die Amperbäuerinnen haben nur manches Unbequeme daran beseitigt und Anderes vereinfacht; an sich äußerst bildsam, erlitt dieselbe erst zu Anfang unsres Jahrhunderts durch Nachahmung städtischer Moden, so des Pauschenrockes von 1780 und der kurzen Taille von 1801 jene häßlichen Verunstaltungen, wodurch sie den Wuchs entstellt. Nach Entfernung dieser unschönen Zuthaten würde sich alsbald das Malerische dieser Tracht wieder herausstellen; allein unerachtet diese Gegend in lebhaftem Verkehr wie mit Augsburg so namentlich mit München steht, zeigt sich doch keine Spur modernisirender Abweichung von der althergebrachten Kleidung. Dies mag zunächst in der bei allen Wohlstehenden dieser Gegenden überhaupt gepflegten Anhänglichkeit an das Alte wurzeln und wird noch durch den Umstand bestärkt, daß diese Tracht nicht leicht im Einzelnen eine Modifikation zuläßt und also durch eine ganz neue ersetzt werden müßte. Dazu entschließt sich aber ein ganzer Gau, der eine besondere Gruppe bildet, selten und die völlige Nachahmung städtischer Tracht greift in jedem gesunden Bauernthum nie oder doch nur nach langen allmäligen Vorbereitungen durch. – Nur Wirthinen, Müllerinen und Mädchen, die in der Stadt dienen, wagen es hie und da, sich bürgerlich zu tragen; originell und gefällig erscheint dabei, daß Alle, Kinder und Alte, in dieser Tracht gehen. Die Bestandtheile derselben sind nun folgende: ein Unterrock von rother Wolle mit grünem Besatz, rothe Tuchmieder, an Hals und Aermeln zum Staat mit Goldborten besetzt; der aufgenähte Kittel von schwarzer Wolle, wohl aus 30 Ellen bestehend, in tiefe, dicke Falten gelegt und über einen Wulst an dem Mieder festgenäht, unten mit gelbem Vorstoß, nur ein paar Finger über die Knie reichend; das Mieder hieran von schwarzem Manchester ist so kurz in der Taille, daß es nur etwas tiefer als die Schulterblätter geht und den Saum des Untermieders zeigt; beide Mieder sind vorne offen und dazwischen wird der schildförmige steife Brustfleck sichtbar, grellfarbig und mit Borten reich besetzt, mit fünf silbernen Schnürhacken und rothseidenen Schnüren geschmückt; am Rücken hat das Mieder drei senkrechte Streifen; unter dem Mieder trägt man im Sommer den feingefalteten Halskittel (Ueberhemd) mit weiten Aermeln bis zum Ellbogen, dort mit Spitzen besetzt, im Winter ein Laibl von Kattun, über der Brust geknöpft mit engen Ellbogen-Aermeln; über beide trägt man das Goller von Halbseide mit Seidenbesatz, zum Putz von Goldstoff mit reichen Borten; es trägt vorne vier schwere silberne Spitzknöpfe und wird unter den Schultern mit silbernen Gollerketten oder Rosaseidenbändern befestigt; es bedeckt Nacken und obere Brust, läßt aber unten Hemd oder Mieder sehen. Den Oberhals umschlingt der schwarze Flor mit der großen Filegran-Silberschnalle. Als Ueberjacken werden

[17] Schm. W. B. II. p. 666. Dagegen heißen die Ilmthalerinen wegen der Wülste am Mieder »die Würst'«.

die Röckeln von Pers beliebt, die Aermel bis an's Handgelenk, sie schließen nicht am Leibe an, sondern werden nur am Halse mit einer kornblauen Schleife gebunden und haben nur zum Schein eine Reihe von 6–7 durchbrochenen oder Geld-Knöpfen; dazu kommen nun noch blaue Schürzen und blaue – zum Putz weiße – Strümpfe. Der Kopfputz besteht zunächst in breiten hochrothen Haarbändern, die um das Nest und die zurückgestrichenen Haare bis zur Hälfte des Kopfes gewunden werden; darüber das Schleierhäubchen, dessen Hintertheil von schwarzer Seide das Nest bedeckt, indessen Streifen von breiten schwarzen Spitzen, an der Seite gefältelt, Stirne und Wangen beschatten, schwarze breite zackige Bänder von Seide – bei Mädchen oft kornblau – halten das Häubchen am Hinterkopf und bilden eine breit abfallende Schleife. Diese sehr bildsame Kopfbeckung gibt durch den Spitzenschatten den nicht selten feingefärbten, kleinen, bleichen und dunkeläugigen Gesichtern der jüngeren Mädchen dieser Gegend einen eigenen geheimnißvollen Reiz, indem der heitere Blick den Ausdruck sanfter Verschämtheit gewinnt.

Wenn sich auf diesem halbschwäbischen Gebiet bei einer stark mit alamannischen Elementen gemischten Bevölkerung die schwäbische Tracht erklären läßt, so ist es geradezu ein ethnographisches Curiosum, daß auch die Leute an der *Paar*, ein ungemischt bayerischer Schlag und auf ächt bayerischem Boden sitzend, die Tracht ihrer Nachbarn von jenseits des Lechs annahmen; der lebhafte Verkehr nach jener Seite scheint allmälig zu solcher Nachahmung geführt zu haben; doch dürfte dieselbe nicht über den Anfang des vorigen Jahrhunderts zurückdatirt werden, da bis zu dieser Zeit die oberdeutsche Tracht nicht die wesentlichen Verschiedenheiten zeigte, welche seit etwa 1750 die immer mehr um sich greifende Veränderlichkeit zunächst der städtischen Moden auch bei den Bauern herbeiführte; nur etwa gewisse Schnitte und Farben lassen sich schon vor dem 17. Jahrhundert als charakteristische Stammesunterschiede bezeichnen und wurden später in die mit herrischen Elementen versetzte Bauerntracht herübergenommen, und erst aus dieser Mischung von Resten alter Stammtracht mit den aus der Stadt entlehnten Elementen entstand, was wir in Oberdeutschland seit Ende des vorigen Jahrhunderts Nationaltracht nennen. Jene alten stammthümlichen Elemente lassen sich nun heutzutage immer schwerer erkennen, je stärker die Einflüsse der häufig wechselnden Stadtmode auf die bäuerliche Kleidung werden. Die ebenbeschriebene Kleidung der »Aufgenähten« hat nun offenbar in Schnitt und Farbe viel mehr Altalamannisches erhalten, als die Tracht der Leute an der Paar, die nur hie und da ein Stück schwäbischer Gewandung adoptirt hat. Die heutige Weibertracht daselbst hat bei vollem Putze viel Glänzendes und Farbenreiches; doch fehlt es an einer malerischen Anordung der etwas rohen Formen und allzubunten Farben; die Kleidung thut gar nichts, die Gestalt ihrer Trägerinen herauszuheben, sondern gibt ihnen ein schwungloses, gleichförmiges Aussehen.

Die Brust bedeckt eine Unterjacke von Pers, darüber ein bürgerlich geschnittenes Mieder von gelbgeblümtem Seidenstoff mit Borten und Goldfäden geschmückt und von einem Silbergeschnür an fünf Hacken zusammengehalten. Darüber kömmt das seidene Goller, an Sonntagen grün mit Spitzen besetzt, vorne mit fünf Frauenzwölfern scheinbar geknöpft, um Brust und Achsel mit silbernen Gollerketten, daran Schauthaler hängen, geschnürt; um den Hals kommt zunächst das schwarzseidene Halstuch mit Goldspitzen, die Ecken, in denen fünf Rosen angebracht sind, hängen über den Rücken. Ueber dieses Tuch kömmt die »Halspudel«,[18] d. h. ein Viereck von schwarzem Sammt, von dem viele Stränge geklöpelter Seide und Seidenbän-

[18] Schm. I. p. 278.

der mit Goldspitzen über den Rücken hängen. Ueber den faltenlosen Unterrock von grüner oder rother Wolle, im Sommer von blau und roth gestreifter Halbwolle trägt man als Festtagskleid einen Rock von feiner, scharlachrother Wolle, rückwärts mit acht Ellen kleiner tiefer Falten bis an den Knöchel reichend, mit einer Goldborte gesäumt und die Feiertagsschürze von grüner Seide mit Goldblumen und rothen, golddurchwirkten Bändern; dazu ein Korsett von Seide, grün, violett oder schwarz, von sehr kurzem Schnitt über der Brust mit drei Halbgulden-Stücken geknöpft und mit Chicot-Aermeln; in dieser Pracht erscheint man jedoch nur bei Hochzeiten und an den fünf höchsten Kirchenfesten; an gewöhnlichen Sonntagen trägt man all diese Gewandstücke schlichter an Stoff und Farbe; die früher übliche Sitte, im Sommer ohne Korsett in weißen Hemdsärmeln zur Kirche zu gehen, hat ein schwäbischer Pfarrer als sündhaft abgestellt. Als Kopfbedeckung dient an Festtagen die Pelzhaube, die früher niedrig und bescheiden, mit dem steigenden Luxus immer höher wird; Wirths- und Müllerstöchter erscheinen manchmal mit der bayerischen Haube, d. h. mit dem Münchener Riegelhäubchen. Regelmäßig trägt man die schwäbische blaue Barthaube, welche die früher hier üblichen weißen Spitzenhäubchen seit etwa 20 Jahren verdrängt hat; sie besteht aus einem buntseidenen Nest mit zwei Lappen, die über die Ohren gehen, rings mit breitem blauem Band besetzt, mit Blumen, Bindbändern und langen über den Rücken hängenden Schleifen; seit 15 Jahren verwandelte man dies Blau häufig in Schwarz und besetzte Nest und Bänder mit Stickerei und Spitzen von Gold, was der patriarchalischen Bevölkerung als ein Anzeichen des herannahenden jüngsten Tages und des Antichrists erschien.

Bei alten Männern findet man häufig noch einzelne Stücke einer altväterischen Tracht; schwarze Zwilchröcke mit Einer Reihe glatter Metallknöpfe oder auch den dunkelgrünen Langrock mit stehendem Kragen ohne Brustklappen; dazu das rothe Laibl, schwarze Lederhosen, Schuhe und Strümpfe und auf dem Kopf den in der Mitte nach Innen gebogenen Cylinder mit Sammtband und Filegranschnalle. Das jüngere Geschlecht hat Weste und Rock mit zwei Reihen Knöpfen versehen und letzterem einen niederen Kragen und Brustflügel gegeben. Langhosen kommen noch immer nicht vor und selten sieht man Falten- oder gar die modernen Wadenstiefel an der Stelle der alten ehrsamen Strümpfe und Schnallenschuhe; im Winter trägt man Jacken und darüber den bekannten doppelkrägigen Mantel. Aehnlich gehen die Leute an der unteren Paar und der Ilm.

Außer dem gewöhnlichen Kostüme für Werk- und Feiertage hat sich nun überall, im Gebirge wie in der Ebene, eine eigene Tracht gebildet für gewisse besondere Zeiten und Gelegenheiten des Lebens; namentlich für die Trauer, für Braut und Kranzjungfern bei der Hochzeit und für die »Prangerinen«[19] d. h. für festlich gekleidete Jungfrauen bei kirchlichen Umzügen.

Zur Trauerkleidung wählt man natürlich überall die schwarze Farbe und da in vielen Gegenden, z. B. im Lechgebiet, die Trauerzeit, auch für entferntere Verwandte, immer eine sehr lange ist, so war dieß in jenen Gegenden ein Hauptgrund für Erhaltung der schwarzen Wolltracht. Alle Theile des gewöhnlichen Kostümes, sogar die Schürzen der Weiber, werden dann schwarz getragen.

Ein besonderes Gewandstück der Trauer, schon im frühen Mittelalter nachweisbar, ist »der Stauchen«;[20] ein weißes, das Gesicht ganz umfangendes Stück Leinwand, im oberen Lechrain noch vor 20 Jahren häufig getragen; im benachbarten Ampergrund hat sich ein verkleinerter Rest davon erhalten, »der Schloar«,[21] ein handbreiter, weiß und schwarzer Florstreif, der bei dem Begräbniß von den leidtragenden Frauen um

[19] Schm. I. p. 343. / [20] Schm. III. p. 606. / [21] Schm. III. p. 447.

Kinn und Wange gewunden wird; im unteren Lechrain ist hieraus ein schmales schwarzes Band mit weißen Florstreifen geworden, das den Stauchen gleichsam nur andeutet oder symbolisch vertritt.

In manchen Gegenden tragen die Weiber »in der Klage«[22] statt der sonst üblichen Wolle schwarze Seidenstoffe, so z. B. im Chiemgau; das leinene »Klagtuch«, wie man hier den Stauchen nennt, mißt mehr als 1½ Ellen im Quadrat; es verhüllt die obere Brust, den Hals, das Kinn und den Mund und wird über dem Nacken festgesteckt. Anderwärts, z. B. im Land an der Saalach, verhüllt dieß Tuch nicht das Gesicht, sondern nur den Nacken; darüber trägt man den gewöhnlichen Bandhut, aber von schwarzer Farbe, dies Tuch wird in manchen Gegenden nur bei der Beerdigung und den drei Seelengottesdiensten, anderwärts 6 Wochen lang an allen Sonn- und Feiertagen getragen. In manchen Strichen, so im Gebiet von Ebersberg, wird dabei von den Trägerinen nach der Gradnähe der Verwandtschaft mit dem Verstorbenen ein Unterschied gemacht, so daß die erste Klägerin die Hülle über den Mund, mittlere über das Kinn ziehen, während ferner stehende nur den Hals damit bedecken.

Die Kleidung der Braut ist merkwürdigerweise ursprünglich fast überall identisch mit der Trauerkleidung und, auch wo die völlige Gleichheit sich nicht mehr erhalten hat, liebt man doch für die Hochzeiterin dunkle, namentlich schwarze und violette Seidenstoffe, und behält wenigstens die schwarze Seidenschürze bei; eine hellfarbig gekleidete Braut wäre nach bäuerischen Begriffen ein frivoler Skandal und, wo solche Abweichung vorkommt, erscheint sie als eine wenig befolgte Nachäffung städtischer Mode. – Von der gewöhnlichen Trauertracht unterschied jedoch die Hochzeiterin überall der silberne Brautgürtel, der Ehrenschmuck der jungfräulichen Braut, und mit eifersüchtiger Strenge wacht man in allen Gegenden, wo sich derselbe noch erhalten hat, daß sich keine Unwürdige seiner anmaßt. Dieser Gürtel ist, oft auf Sammt genäht, aus versilberten zollhohen Messinggliedern gefertigt in 10 Abtheilungen, welche je von einer großen Spange bezeichnet werden, gebunden jede dieser rosenförmigen, vergoldeten Spangen umfängt einen blauen oder rothen Glasstein; wird er um die Hüften geschlungen, so hält ihn eine große Doppelschließe, zierlich gearbeitet, mit Steinen geschmückt zusammen; daneben knüpft man noch eine blaue Schleife und in demselben steckt das spitzenbesetzte Thränentuch, in das der Name schwarz eingestickt ist. Dieser Brautgurt wird meist in der Kirche oder im Wirthshaus aufbewahrt und dient für alle Bräute der Gemeinde gemeinschaftlich; wohl ein Jahrhundert lang und darüber wird an jedes Mädchen an ihrem Ehrentag gegen einen kleinen Leihlohn in die Armenkasse derselbe Schmuck ausgeliehen und nach gemachten Gebrauch wieder sorgfältig verwahrt.

Zu dem Gürtel kömmt als weitere Ehrenzier der Hochzeiterin die hohe Brautkrone aus Flitter, Glassteinen und Golddraht, früher bei allen Bräuten alamannischer Tracht auf dem zurückgestrichenen Haar prangend, dessen Flechten mit rothen Bändern durchflochten über den Rücken hangen. Heutzutage trägt jedoch die Braut statt dessen meist »das Kranl«,[23] einen Wulst mit Silberfolie überzogen, auch mit Drahtblumen Perlen und Gestein besetzt um das Nest geschlungen und sammt dem unentbehrlichen ächt bräutlichen Rosmarinzweig von einer breiten Silbernadel gehalten; auch die Kranzljungfern tragen diesen Schmuck zu ihren weißen Aermeln, Gollern und Schürzen.

Anderwärts, z. B. in der Jachenau, trägt man statt des Kranls den Kranz, dessen Grundlage ein halbfußbreiter Streif von grüner Pappe bildet, ebenso mit Flitter und Perlen geziert; er wird jedoch heutzutage fast überall von dem Kranl verdrängt.

---

[22] Schm. II. p. 354. / [23] Schm. II. p. 388.

Eine unschöne, städtische Neuerung ist es, wenn in manchen Gegenden das ehrsame Kranl verdrängt wird durch irgend einen geschmacklosen Kranz aus Papierblumen von der Art, wie sie Geburtstagstorten zu schmücken pflegen.

Ganz absonderlich ist die Krone, wie sie die Hochzeiterin im Land an der Paar als Schlußstein ihrer oben geschilderten Kleidung trägt, welche sich jedoch für diese Gelegenheit – mit Ausnahme des rothen Kollers – in feierliches Schwarz verwandelt. Es ist ein wunderlich-altväterischer Schmuck, in seiner Geschmacklosigkeit und Ueberladung wirklich eher an den Putz eines halbwilden Inselstammes erinnernd, als an das jungfräuliche Ehrenzeichen einer Tochter des philosophischen Deutschland.

Die Krone besteht in einem spannhohen Reifen von Pappendeckel, mit Rauschgold überzogen, welcher mit vielen Reihen von Glassteinen, Flitterblumen, Spiegelstücken und ganzen Gehängen der buntesten Glasarten besetzt ist; am oberen Rand der mit gekraustem Rauschgold gefranzten Krone ist ein Kranz von bunten Blumen und Rosmarin angebracht; die Oeffnung überspannen breite, rothe Bänder, die einen Stern von Spiegelglas tragen; vorn und hinten wird die Krone in dem zurückgestrichenen Haar festgebunden, an den Seiten gehen breite Seidenbänder rückwärts zum Zopf, von dem lange Schleifen über den Rücken hängen; der drei Finger breite, einzige, ebenfalls mit hinabhängende Zopf wird unter einem künstlichen zweiten von rothen Seidenwülsten festgenäht; auf diesem sitzen drei Bandrosen mit Golddraht und Glasflitter. Etwas höchst Auffallendes hat eine Reihe von kleinen, aus Goldfolie geschlagenen Schmucksachen, Sterne, Kreuze, Glocken, Halbmonde, Blumen und Vögel vorstellend, die an seinen Drahtfäden von der Krone hängen und über der Stirne der Braut, so oft sie sich rührt, wie chinesische Schellen hereinläuten.[24] Diese gewaltige Ehrenkoiffure trägt den wenig ehrenreichen Namen: »Potzenhafen«.[25]

Die Ehrentracht der »Prangerinen«, d. h. der Jungfrauen bei den kirchlichen Umzügen, ist ebenfalls je nach dem sonstigen Kostüme der Gegend verschieden; doch zeigt sich bei allen als eigentlich auszeichnende Festfarbe das glänzende Weiß, weßhalb sie oft Weißprangerinen heißen. Meist tragen sie, wie Braut und Kranzjungfer bei der Hochzeit, das Jungfernkranl mit rothen Schleifen; besonders aber sind weiße Schürzen mit rothen Bändern, weiße Hemdärmel, weißes Goller mit rosarothem Einstecktuch die regelmäßig wiederkehrenden Zierden dieser Festtracht. In der Ramsau tragen die Prangerinen über die gewöhnliche Sonntagstracht ein weißes Hemd mit rothem Gürtel und rothem Aermelband und einen Kranz von jungen Tannenzweigen auf dem offenen Haar.

Im Salzburgerland dagegen tragen sie, statt des Kränzleins oder Kranls der Braut, das »Bördl«,[26] d. h. einen Kopfputz, der offenbar nichts anderes ist, als die Stirnbinde des Mittelalters, eine Art von Schappel; nämlich eine gestreifte, über Zoll hohe Silberborte, auf welcher neben manchen anderen Verzierungen von Perlen, Silberdraht etc. fünf Schmuckringe mit Glassteinen prangen; das siebzehnte Jahrhundert fügte eine Einfassung des Randes mit Silberspitzen hinzu; der Ring wird um das Haarnest des Hinterkopfes – das Vorderhaar ist nach hinten gestrichen – gebunden, nachdem dieser zuvor mit einem Goldnetz umflochten ist; über dem Bördel fehlt nicht der bräutliche Rosmarin, mit einer Silbernadel festgesteckt; das Ganze, im vorigen Jahrhundert aus bürgerlichen Kreisen auf das Landvolk übergegangen, bildet, besonders für jüngere Gesichter, einen äußerst gefälligen Kopfputz.

Anderwärts hat, im geraden Gegensatz zu diesem Festhalten an uralten Formen, die heutige Mode eine Guirlande von künstlichen Blumen,

[24] Doch schließt sich an den unschönen Kopfputz ein schöner Gedanke: Die Braut soll so rein sein, so wenig in der Leute Mund geklungen haben, daß bei ihrem Kirchgang all' die vielen Glocken nicht ertönen. / [25] von Pötzig = Unrath, Schm. I. p. 303. / [26] Schm. I. p. 204.

um einen hohen Kamm geschlungen, eingeführt; so im Lande am mittlern und untern Inn. Der alte Gegensatz schwäbischen und bayerischen Stammes findet, wie vielfach in der Kleidung, auch in der Art ihren Ausdruck, wie die Weiber ihren natürlichen und schönsten Hauptschmuck tragen, das Haar.

Während nämlich die Schwäbinen nach gut-altsuevischer Sitte, die schon vor 1800 Jahren Tacitus bei ihren Ahnherren als charakteristisch hervorgehoben, alles Haar aus dem Gesicht nach rückwärts streichen, um es dort in ein Nest zusammenzubinden, was den kleinen naiven Schwabengesichtern mit obligaten Stumpfnäslein den Ausdruck einer gewissen aberklugen Fürwitzigkeit gibt, ist es ebenso seit alten Zeiten Sitte der bajuvarischen Weiber und Mädchen, das häufig sehr reiche Haar in einen breiten, zur Festtracht mit rothen oder grünen Bändern durchwundenen Zopf zu flechten und ein oder zweimal um den oft sehr schön gerundeten Kopf zu schlingen, wodurch sie dann einen gewissen plastischen Typus und das Ansehen stolzer, stattlicher Insichgeschlossenheit gewinnen.

Aus: Bavaria. Landes- und Volkskunde des Königreichs Bayern. 1. Band, München 1860. S. 424–439

Niederbayern

DIE NIEDERBAYERISCHE VOLKSTRACHT

Von Felix Dahn

In dem *Thale der Vils* hat wie so vielfach auf dem Lande bei Männern und Frauen eine neue Mode die altübliche Bauerntracht verdrängt; man sieht bei den Männern nur mehr die langen, weiten Lederhosen, blanke, silberbeknöpfte Westen, feine Tuchjacken; nur noch an Festtagen zur Kirche erscheinen die langen Röcke; auch die Goldquasten auf den Hüten weichen bereits als zu bäuerisch schwarzseidenen. Das Weibervolk ahmt hier mehr als irgendwo der städtischen Mode nach. An die Stelle der älteren Frauentracht, die ein bildsames Gewand von ehrsamen Zuschnitt und bescheidener Farbe zeigte, trat längst bei Bäuerinen und Dirnen die bürgerliche Kleidung; die Frauen prangen an Festen in Ueberröcken von Seide, Merino, Wollenmuslin und auch die Mädchen in den modernsten Stoffen von greller Farbe und den Schnitt so elegant als thunlich; für gewöhnlich trägt man schwarzseidene Kopftücher, zur Galla Riegelhauben, die Frauen hie und da reiche Pelzhauben, Einzelne die schweren Goldhauben der Passauerinen; als Jungfernschmuck erscheint anstatt der früher üblichen schwerfälligen Form, die dem antiken Modius glich, eine feine Guirlande am Riegelhäubchen oder am hohen Kamm. Noch neuerungslustiger und putzsüchtiger als im Oberland sind die Leute im untern Vilsthal.

Im *Rotthale,* zunächst an der untern Hälfte, hatte sich bis vor etwa 20 Jahren eine ächte, ernste und ehrbare Tracht erhalten, die man jedoch jetzt nur mehr vereinzelt an ganz alten Männern und Mütterchen findet. Im Allgemeinen zeigte sie die Typen der altbayerischen vorbergischen Tracht und namentlich in der Färbung als Stammesoriginalität das Vorherrschen von Blau, welches schon in dem 16. Jahrhundert dem bayerischen Stamme als Lieblingsfarbe zugeschrieben wird. Der Uebergang von dieser eigentlichen Volkstracht zur heutigen Mode geschah nun vor etwa 25 Jahren in der Weise, daß man, mit völligem Aufgeben des Alten, da sich diese Kleidung ihres eigenthümlichen Schnittes wegen nicht wie andere umbilden ließ, zur Nachahmung fremden Brauches schritt. So nahmen die Männer die gewöhnliche Tracht des nächstliegenden Flachlandes auf mit den bekannten Langröcken von dunkelblauem Tuch mit dunkler Weste, Lederhose und Wadenstiefel, an der hausgesessene ältere Männer noch jetzt fest halten; das junge Geschlecht dagegen ist vollständig modernisirt; die Buben schwanken zwischen engen Lederbeinkleidern mit blanken Stiefeln und feinen Tuchhosen; Weste und Halstuch sind von buntem Seidenstoff; nur noch an den größten Festen trägt man einen Rock, den Mantel nur mehr im Winter und bei schlechtem Wetter; Männer und Buben tragen regelmäßig den Spenser nach neuestem Schnitt.

Im obern Rotthale hat sich manche gefällige Verfeinerung dieser Tracht der Männer angefügt: die lange Lederhose wird nach der Form des Beins zugeschnitten, die Wadenstiefel von weichem Leder sind blank gewichst, und werden in der Arbeit von Juchten-, Knöchel- und Holz-Schuhen vertreten, die Weste prangt mit durchbrochnen Silberknöpfen, an dem Spenser von feinem braunen oder grünen Tuch trägt man Schnürschleifen; sogenannte Halbhantierer, Maurer, Müller, Mezger etc. tragen Tuchhosen.

[Wie in Altbayern insgemein, haben auch die Männer und ledigen Burschen des Unterlandes, zumal im Vils- und Rotthal, dann auch an der Donau kurz geschnittene Haare; nur ältere Männer lassen noch hie und da den alten Brauch nicht abkommen, längeres Lockenhaar am Nacken zu tragen. Ein kecker Bursche trägt vor den Ohren gerne ein paar Locken, oder streicht sich schelmisch die Haare gegen das linke Auge herab, ein Zeichen übermüthiger Herausforderung. Bärte sind sehr selten, der ehemalige Soldat entwöhnt sich seines Schnurbartes bald und wer ihn um Passau (im untern Rotthale, im Neuburgischen und im »Bisthum«) trägt, kennzeichnet sich, daß er beim »Wassergeschäft« sei, als Schiffmann Ungarn besucht und dortige Sitte kennen gelernt habe.]

Die weibliche Tracht im Rotthale hat trotz ihres modernen Zuschnitts dennoch einen eigenthümlich ländlichen Charakter: Sie ist offenbar in neuerer Zeit vom rechten Innufer herüber in diese Thäler eingewandert, und es scheint, als ob die innere Verwandtschaft des Volkscharakters und der Abstammung zu ihrer Aufnahme wesentlich beigetragen habe. Auch der benachbarten, modernisirten Kleidung der Flachländerinen steht sie so verschieden gegenüber, daß sie als eine fremde Originaltracht sogleich auffällt. Wir bezeichnen sie am besten als *oberösterreichisch,* denn sie findet sich auch auf dem benachbarten kaiserlichen Boden durchs ganze Inn- und Hausruckviertel bis hinab nach Linz und in die schönen Berge Oberösterreichs, wo sie sich in ihrer gefälligen, ländlich-städtischen Form zuerst herausgebildet hat. Mädchen und Weiber erscheinen in kurzen Röcken von Pers, Merino oder Halbseidenstoffen; erstere in helleren, letztere in braunen, violetten oder schwarzen Farben. Das einfache Mieder ist entweder vom selben Stoffe am Rocke befestiget oder hier an der obern Rot noch nach bayerischem Gebrauch davon getrennt von schwarzem Seidenstoff, nicht selten reich in Gold abgenäht und mit Silberketten verschnürt, dazu kommt ein buntseidenes Halstuch, Spitzenkrägen und eine modern geschnittene Unterjacke. Als eigentliches Fest- und Ueberkleid gilt der Spenser, ganz modern geschnitten mitten über der Brust zu schließen, wo er nicht selten mit einer Reihe von Knöpfen besetzt ist. Er wird aus Halbseide, Merino und ähnlichem, für Feste aus schwerer Seide von dunkler Farbe gefertigt. Man liebt es, diese Jacke über der Brust offen stehen zu lassen, wenn darunter auch nur ein leichtes Tuch oder Mieder getragen wird, eine Sitte, die man bei dem guten, vollen Wuchse dieses Völkchens wohl eine gefällige Koketterie nennen kann. Bei den Mädchen sieht man bereits häufig die kurz geschnittenen Röcke und zum weißen Strumpf die bildsamen oberösterreichischen Stiefeletten. Frauen tragen hier noch häufig moderne Ueberröcke, auch die Töchter von Handwerkern, Müllern und Wirthen befleißen sich nicht selten eines gänzlich städtischen Putzes. Bereits halten diese den reichen bürgerlichen Silberschmuck, als Hals- und Miederketten etc., nicht mehr für modern; die Schürzen müßen an Festtagen jedenfalls von Seide sein. Bei Hochzeiten erscheinen die Jungfrauen immer in feinen, weißen Mußelinröcken und Unterjacken. Kopfbedeckung ist allgemein das Kopftuch von schwarzer Seide. Weniger Elegante haben solche halbseidene, oft mit buntem Rand; alle verstehen es, das Tuch anmuthig über den hohen Kamm und die Hinterhaare zu schlingen, so daß die reichen Enden über den Rücken zierlich abfallen und vorn Scheitelhaare und Stirne frei bleiben. An Festtagen und Hochzeiten sieht man auch ziemlich häufig hier noch die Riegelhaube und bei einzelnen Frauen die reiche Linzer-Goldhaube.

Im untern Rotthale übertrifft die moderne Frauentracht jene des obern Thales durch gefälligeren Schnitt und Einfachheit. Der übergroße Prunk der goldschweren bürgerlichen Mieder mit ihren Silberketten, die vielen Seidenstoffe sind abgelegt.

Im *Land an der Innmündung* und an der *Donau* begegnet man zumal im südlichen Theile diese Bezirkes ziemlich vielen Resten der alterthümlichen ostbayerischen Tracht, die als »untere Rotthalertracht« bekannt war. Das Kopftuch erinnert hier wieder an benachbarte Slavensitte. Die alten Trägerinen dieses »Rotthalerischen« benützen auch noch die alten Woll- und Leinenstoffe in den stetigen Hauptfarben Schwarz und Blau. Alte Männer mit dem grünen Hosenheber über dunkelblauem Brustfleck und mit schwarzem oder dunkelblauem Haftenrock und dem großmächtigen, niedern Hut sieht man seltener.

Bei feierlichen Anlässen erscheinen vereinzelt »Prangerinen« in der alten Jungfern- und Brauttracht, in der schwarzen Wollschaube mit blauem Seidenbesatz (kurzer faltiger Rock), feingefältetem Leinenschurz mit rothem Bande, dem niedern schmalen buntberandeten Mieder und seinem reichen »Latz« (schwarz und blau) und dem feinen, blanken, gesteppten, weitärmligen Halskittel. Weiße Strümpfe und abgenähte Schuhe fehlen nicht, noch weniger der Silbergürtel mit seinen Ketten und Rosetten und die einem Blumentopf ähnliche Krone von Sammt, Goldstoff, Flitter und Glasperlen mit ihrer Zugehör von rothdurchflochtenen Zöpfen und fliegendem Haar – ein wunderlicher, an sich nicht unmalerischer aber die Gestalt doch vielfach entstellender Aufputz.

Man kann es deßhalb den Frauen und Mädchen dieser Landschaften nicht verdenken, wenn sie sich einer andern Kleidungsweise zuwandten, die ihren schönen Körperformen keinen Eintrag thut. Sie haben seit 15 bis 20 Jahren bereits immer mehr von dem alten Rotthalergewande abgelegt und die halbbürgerliche Mode angenommen, die sich in Passau, Linz und in den Städten und Märkten der Lande ob der Enns und selbst noch in Niederösterreich entwickelt hat und »Passauer- und Linzertracht« genannt wurde, – jetzt aber, da sie über das ganze Flachland verbreitet ist, über Inn- und Mühlviertel Hausruck und die ostbayerischen Theile links vom Inn und im Bisthum, wohl am besten »ostbayerische Tracht« heißen könnte. Sie beachtet die Körperformen im Schnitte und hebt dieselben. Im Einzelnen bemerken wir bei dieser Tracht: Ein sogenanntes bürgerliches Mieder mit guter Taille, nicht zu steiff, aus schwarzem Halbseiden- oder Seidenstoff, fein gesteppt, früher wohl auch mit Goldbesatz, Hacken und Silbergeschnür, was jetzt nicht mehr modern ist und mehr westlich – gegen Vils und obere Rot – im Schwung war. Dazu gehört ein kattunenes Unterleibl – ein seidenes Einstecktuch. Dieß Mieder wird nun aber vielfach ersetzt durch einen am Rock befindlichen Leib ohne Aermel, über der Brust viereckig geschnitten und an der Seite zugeheftet, unter dem das Halstuch zierlich festgesteckt wird. Im Sommer sind dann die blanken, bis zum Ellbogen reichenden Hemdärmel sichtbar, wenn der Spenser abgelegt ist. Im Winter wird dieser und eine Unterjacke getragen. Der Rock ist von Pers, Halbseide, feinen Wollstoffen od. dgl. immer von lichter, lebhafter Farbe und reicht in vollen Falten bis an die Knöchel; häufig sieht man ihn aber auch kürzer – damit der allzeit blendend weiße Strumpf und die bildsamen Halbstifel, Schuhe sind seltener mehr zu sehen, im Hause Pantoffel, sichtbar bleiben, – bei den meist wohlgeformten Waden eine sehr kokette Sitte der unterländischen Bauernmädchen. Die Schürzen sind gleichfalls von modischen Stoffen und gefälligen Farben, fast gleichlang mit dem Rocke, aber weit schmäler als nach sonstigem Bauerngebrauch. Als Oberkleid wird der »Spenser« getragen, eine Aermeljacke mit modernem Schnitt bis an die Taille reichend und diese scharf bezeichnend. Die Aermel ahmen etwas verspätet städtische Mode nach und sind jetzt halbweit, an dem Oberarm gefaltet und besetzt, an der Hand geschlossen, bei eleganteren auch ganz eng. Ueber der Brust ist der Spenser zu schließen und mit Knöpfen, öfter in drei Reihen besetzt, doch wird er häufig offen getragen oder nur unter dem Busen knapp geschlossen. Er ist immer schwarz, von feinem Wollzeug, Orleans, Seide, mit Vorliebe von Manchester und Sammt. Chemisetten, bunte, kleine Seidentücher, Halsbänder u. dgl., kann man vielfach als elegante Zuthaten wahrnehmen, sowie auch ächten und unächten Metallschmuck.

Mädchen und mehr noch Weiber von wohlstehenden Großgewerbsleuten, z. B. Brauern, Wirthen, Müllern, Bäckern, Kornhändlern u. dgl. selten von ächten Bauern, adoptiren die französische Kleidung, besonders Ueberrock und Shawl, behalten dazu aber doch meist die Schürze und als Kopfbedeckung die goldreiche Linzerhaube, auch die altbayerische Riegelhaube, wiederum nur für den hohen Putz. Die Bürger und Bauern, welche ihre Mädchen in klösterlichen Erziehungsanstalten unterrichten lassen – was seit zehn Jahren einen ungewöhnlichen Aufschwung genommen – erhalten ihre Kinder auch in der Kleidung verfeinert zurück. Spenser, Fürtuch und Riegelhaube wird für den erworbenen Bildungsgrad nicht mehr ausreichend erachtet und Hut oder Tüllhaube, Shawl und schürzeloses »Kleid« treten an die Stelle der ersteren. Die ächte zur Tracht gehörige Kopfbedeckung ist das von der ältern übriggebliebenen »Kopftuch«, freilich in luxuriöser Umgestaltung. Es wird nun als großes schwarzseidenes Mailändertuch um den Kopf geschlungen, dessen lange Enden über den Nacken abfallen. Bei Aermeren sieht man wohl auch Madrastücher mit buntem Saum.

Auch die Männer verlassen die alte Bauerntracht, haben aber einen weniger vortheilhaften Tausch gemacht. Sie erscheinen jetzt in der sogenannten »Hausknechtmode«.

Das Volk des Gäubodens scheint bei seiner Wohlhabenheit von jeher auf eine Tracht bedacht gewesen zu sein, in der es seinen Reichthum mit ächtem Bauernstolz zur Schau stellen konnte, verschmähte also die reine Nachahmung städtischer Moden und blieb einzig bedacht, die ererbte altväterliche Tracht mit geringer Modernisirung durch alles aufzuputzen, was ihm schön, reich und auffallend däuchte.

An der weiblichen Kleidung, die ein Uebertragen neuerer Schnitte auf ältere Bestandtheile des Kostüms eher erlaubt, ist daher heut zu Tage noch ein gewisser mittelalterlicher Charakter in Einzelnen nicht zu verkennen, wenn auch die letzten Jahrhunderte vielfach daran geändert haben. Bald bleibt es ein Rest Verzierung, bald ein einzelnes Kleidungsstück, die auf die ursprünglichen Formen uns zurückführen, und so kommt es, daß trotz allen Wechsels die Frauentracht im Gesammtausdrucke alterthümlich und ursprünglich erscheint, eine ächte, eigenartige Volkstracht. Das Kleid der Männer hat dagegen den Entwicklungsgang der altbayerischen Tracht der Fläche mit jener der ganzen Nachbarschaft durchgemacht.

Die weibliche Kleidung wechselt nach den Zeiten, an welchen sie getragen wird. Ein Weib oder Mädchen vom Gäuboden im hochfestlichen Staate erscheint unbezweifelt in der reichsten, goldglänzendsten, eigenthümlichsten Tracht, die in Altbayern noch vorkömmt. Gibt auch der Schnitt die Gestalt nicht ganz vortheilhaft, weil die Taille zu kurz ist, (obwohl das jüngere Geschlecht immer mehr davon abkommt), so liegt in der Zusammenstellung des Ganzen, in der Farbenwahl und besonders in den reichen Verzierungen, eine Harmonie und Fülle, welche den Beschauer überrascht und besticht. Wir geben hier die Einzelnheiten dieser Kleidung nach den genauesten Erhebungen. Das Unterleibl, auch »Hineinbrustfleck« genannt, ist eine Jacke auf's Hemd angezogen ohne Aermel, Brust, Hals und Nacken bedeckend, der Obertheil vom eigentlichen Stoff, der untere irgend leichtes Zeug, über der Brust mit Haften geschlossen. Zu Hochzeiten und höchsten Festen ist es aus Goldstoff mit farbigen Blumen durchwirkt, reich mit Goldspitzen und Bouillon gesäumt und abgenäht, 5 hohe, silberne Spitzknöpfe werden vorn eingezogen und daneben blinken zwei Besätze in reichster Stickerei, mit rothen Steinen und Perlen. An Sonntagen kommen zum selben Stoff nur einfache Säume von Borden und schmalen Spitzen; zur Trauer wird ein schwarzes, oder violetes, goldgeblümtes Leibl getragen. Das Mieder hat an einer mäßig kurzen Taille einen kleinen Wulst und reicht unter der Schulter nur etwa drei Finger breit über die Rundung der Brust. Es ist oben so weit geschnitten, daß vollkommen die obere Hälfte des reichen Hineinbrustfleckes sichtbar bleibt. Für den höchsten Putz wird auch hier Goldstoff mit eingewirkten Blumen, mit Borden und Bouillon-Besatz verwendet. Für geringere Festtage hat man Mieder von schwarzem, violetem oder grünem Stoff, mehr oder weniger mit Gold durchwirkt, gesäumt und abgenäht. Zur Trauer müssen sie von schwarzem Sammt sein und sind mit Gold oder Seitenborden und blauschwarzem Schmelz gestickt. Zu diesem Mieder gehört der Miederbrustfleck in oben weit ausgeschweifter Herzform aus Pappe geschnitten und mit Seide gefüttert. Seine Vorderseite trägt den größten Reichtum von Stickerei zur Schau, sie starrt bei einer Braut von Goldstoff, Stickwerk und mitunter selbst ächten Perlen und Steinen. Dieser Brustfleck wird mit Goldborden, seltener mit Silberkettchen festgeschnürt. Ziemlich häufig werden übrigens jetzt auch für gewöhnliche Sonntage Mieder nach bürgerlichem Schnitt über der Mitte der Brust zum Zuhaften getragen. Man wählt aber dazu denselben reichen Stoff und Aufputz. Besonders mangelt am Rücken beim Rockhacken nie eine schwere, goldgestickte Blume. An jeder Seite hat das Mieder sechs Schnürhaken, in welchen zu Tanz- und Marktbesuch, wenn die Mädchen mit offenem Corsett oder Hemdärmeln gehen, 4–5 Zeilen Silbergeschnür gehakt werden, aber nie zur Kirche, wo das Corsett geschlossen bleiben muß. Zur Festtracht gehört der Halsflor in schwerer, filigranener, steinbesetzter Silberschnalle. Zur Trauer gehört ein größeres schwarzes Seidentuch. Der Festtagrock »die gute Schaube« ist mäßig lang und weit in gereihten Falten, vom feinsten, schwarzen Tuch, am Rande beinahe ellenhoch mit blauem oder kohlschwarzem schwerem Seidenmoirè besetzt. Derselbe wird auch zur Trauer getragen. Der Sonntagsrock ist von schwarzer Wolle, worin je nach einem Zwischenraum von ½ Elle ein drei Finger breiter weißer Streifen eingewirkt ist, durch den sich wiederum ein ½ Zoll breites schwarzes Streifchen zieht. Am Rande hat der Rock zu unterst einen Vorstoß von grünem oder violetem Sammt und darüber einen einfachen oder doppelten Bortenbesatz aus rothem, blauem, gelbem, buntgeblümtem Seidenband. Abgenützte Röcke derart werden zur Arbeit getragen; persene sieht man im Gäu nicht. Der Unterrock ist von roth und grün gestreifter oder ganz scharlachner Wolle mit grün oder schwarzem Vorstoß und farbigem Besatz. Als Oberkleid zum Festputz trägt man den »Schalk«, eine offne Jacke, die nur bis zur Höhe des Mieders über die Brust geht und nicht geschlossen wird, übrigens den Rücken ganz verdeckt. Sie ist von schwarzem Tuch, am untern und obern Rand mit Sammt bordirt und an der Brust mit Goldborten gesäumt. Die langen engen Aermel haben an der Hand einen Schlitz, den ein breiter Besatz von Goldbouillon mit Perlen und Steinen umziehet und drei große silberne Spitzknöpfe schließen. Für die Sonntage trägt man abgenähte »Röckeln«, ähnlich geschnittene Jacken von schwarzem englischem Leder oder von Seide, auf Watte enger Gitterform gesteppt. Die Schürze zum Hauptputze ist ziemlich breit und lang von violet-schwarzer Seide, mit schmalen Goldborten am Rande besetzt. Der breite Bund mit zwei an den Seiten abreichenden Fortsetzungen zeigt uns ganz den alten Besatz, wie er in der Tracht der Amperländerinen vorkommt, doch ist er hier von schwerster Goldstickerei in zierlicher Zeichnung mit Perlen und Steinen durchschlungen. Das Bindband ist Purpur mit grünem Rande, mit Goldblumen durchwirkt, an den beiden Enden ein Stückweit mit Goldspitzen gesäumt und zu unterst hängen schwere Goldfransen. Es wird vorne in eine Schleife gebunden. Aermere tragen die blaue Schürze einfach am Bund mit Seidenband ohne Gold. Zur Trauer ist sie schwarz und mit Gold sparsamer geputzt. Die Strümpfe sind weiß. Die Hochzeits- und Festschuhe am Rand und der Fersennaht goldgesäumt und mit Borten besetzt. Den Vorderfuß ziert ein Streifen gleich einer Schließe aber aus grünem, unten aus blauem gefaltetem schmalem Seidenband mit einer Goldborte dazwischen. Der Absatz ist roth mit Gold durchnäht. Für geringere Feste begnügt man sich mit etwas weniger Goldbesatz. Die allgemeine an Sonn- und Festtagen gebrauchte Kopfbedeckung für Frauen und Mädchen ist das »Kopftuch«: Ein feines, dreieckiges, weißes Tuch, an der einen Seite mit halbrundem gesticktem Boden. Soweit nun dieser gestickte Boden reicht, ist am Tuch ein gestreifter, fein gefältelter weißer Spitz eine gute Hand breit angesetzt, zu beiden Seiten mit einem schmalen blauen Rand gesteppt und ganz feinen Spitzchen gesäumt. Zum höchsten Putz werden an diese Ränder zwei dreifingerbreite Schirme besonders befestiget, die aus blauseidenem, goldgeblumtem Stoffe gefertiget, mit Bouillon in drei Felder getheilt und reichgesäumt bordirt sind. Dieses Tuch wird so über den Hinterkopf gebunden, daß der gestickte Boden das Haarnest bedeckt, und der gestickte Zipfel unten hervorsieht, indeß die beiden anderen Enden verschlungen und oben am Kopfe gebunden werden. Der breite Spitzenrand aber gleicht einem Schirm, der den Vorderkopf und die Stirne weit beschattet und an den beiden Schläfen über die Wangen hereinreicht. An den geknüpften Enden des Tuches werden blaue Seidenbänder eingehäckelt, um den Kopf geschlungen und rückwärts in eine Schleife gebunden, so daß die Enden über den Rücken fallen. Zum höchsten Staat haben diese Bänder, da wo sie eingeheftet werden, eine Rose mit einem Goldknopf und an den Enden einen Besatz mit Borten und Fransen wie die Schürzbänder, zur Klagetracht sind sie schwarz. In der That verleiht dieses Kopftuch, das sich zu einem zierlichen Häubchen formirt, jedem Gesichte etwas sittsames und ächt weibliches, zählt daher zum kleidsamsten Kopfputz des bayerischen Frauenvolkes. Alle hier angegebene Bordirung und Stickerei ist von ächtem Golde gefertigt und dürfte somit der Brautanzug einer Bauerntochter mit 200 fl. kaum zu hoch angeschlagen sein.

Die ältere und neuere Tracht des Dungas stimmt überein mit jener des »Gäu« nordwärts der Isar bis herüber an die Laber. Die Frauen haben übrigens bereits zweierlei Kleidungsweisen, eine für gewöhnliche Kirchen- und Ausgänge, welche zwar die eigentliche Tracht wesentlich bewahrt, jedoch der Bequemlichkeit, der Mode und Kosten halber manche Aenderung im Stoff, das

Ablegen der schwereren, reichen Goldspitzen und Borten und anderer Nebendinge gestattet, und dann die prächtige, ächte Festtracht bei allen Kirchen- und Familienfeiertagen in voller Strenge üblich. Es liegt in der stolzen Art dieser Bauern auf dem Beibehalten einer Kleidungsweise zu bestehen, durch die sie auf den ersten Anblick für Jedermann ihren Wohlstand kundgeben.

Das Laberthal zeigt auch in der Tracht den Uebergang der Sitten zwischen dem Isar- und Donaulande. Der größere Theil der älteren Tracht war von jener der Isaranwohner entlehnt und einiges vom Dunga beigefügt, wenn auch nicht so reich wie dort, so doch immer mit vielem Aufputz in Goldborten und lebhaften Farben, auch der Schnitt war nicht entstellend. Wir reden hier vorzugsweise von der weiblichen Kleidung, denn die männliche in ihrer älteren Form blieb sich im ganzen Strich zwischen Vorgebirg und Donau fast allerorts sehr ähnlich, ja gleich.

Im Laberthal hat jedoch die Neuzeit sich weit mehr geltend gemacht als im reichen Dungaboden, und die Mode hat das Charakteristische der Kleidung seit 15 bis 20 Jahren immer mehr verdrängt. An Seitenorten bei älteren Weibern, dann bei dem Aufputz zu seltenen Festen bekommt man die ächte Tracht zu Gesicht. Die der Männer ist ganz bis zur Unkenntlichkeit umgestaltet.

An der Labermündung trägt man die Tracht des Dungabodens, in der Mitte des Thales hält sich die ächte Kleidung in vielen Stücken, z. B. in den roth gestreiften Röcken, den weißen Kopftüchern. Die eigentliche Mode hat die goldreichen oder schwarzen bürgerlichen Mieder ohne Geschnür, Unterjacken von Pers, Halbseide, Merino etc. in grellen, geschmacklosen Farben und Mustern eingeführt. Man sieht auch Ueberröcke und Shawls. Alles trägt schwarze und braune buntbesäumte Madras-Kopftücher, die tief in die Stirn gebunden werden, Weiber erscheinen zur Kirche in hohen Pelzhauben. Das Weibsvolk behängt und besteckt sich auch immer mehr mit modischem Schmuck. Der größere Theil der Bewohner des Landes an der oberen Donau zeigt wenig Kleiderluxus und Neuerung, das weibliche Geschlecht hat indessen auch hier seit 15 bis 20 Jahren immer mehr die alte, eigenthümliche Tracht beseitigt und nach sogenannter »halbstädt'scher« Mode Schnitt und Stoff ganz verändert, ohne jedoch die letzteren besonders kostspielig zu wählen. Perse, Halbwolle und Halbseide sind die gewöhnlichen, besonders die hellen, grellgemusterten Kattune zu Schürzen und Jacken.

Die Männer befleißigen sich einer zwar nicht bildsamen, aber ächten Bauerntracht – Langhosen u. dgl. sieht man an ihnen nicht – dergleichen tragen nur Schiffleute, Maurer, Steinbrecher u.s.w. Die Lederhose ist entweder halbweit oder eng und lang, man sieht hier meist Wadenstiefel, bei etlichen auch Faltenstiefel. Aeltere Männer tragen enge kurze Hosen, lichtblaue Strümpfe und Schuhe, Die Taillen an Westen, Jacken und Röcken sind überkurz. Die erstere von Scharlach, rother und geblümter oder sonst sehr bunter Seide, sind vielfach mit Börtchen verbrämt und werden mit zwei, ältere auch mit Einer Reihe Geld- oder Filigran-Knöpfe geziert. Jacke und Rock mit stehendem Kragen, gewöhnlich aus blauem Tuch, letzterer dunkler, zeigen ebenfalls eine Reihe Geldknöpfe. Den mäßig hohen, geradgupfigen, breitkrämpigen Filzhut schmückt ein breites Seidenband mit silberner Filigranschnalle.

Im Abensgebiet hat sich besonders bei den Männern eine gewisse gleichförmige, bäuerliche Tracht noch bis heute erhalten, die zwar nichts Schönes und Charakteristisches darbietet, aber immerhin noch den Namen Tracht verdient. Jüngere und ältere Männer tragen hier nicht ganz enge, aber auch nicht schlottrige, schwarze Lederhosen bis an die Knöchel mit Wadenstiefeln, man findet auch noch kurze zu Schuhen und blauen Strümpfen. Die Westen, Jacken und Röcke haben alle eine sehr kurze Taille und Stehkragen. Die ersteren sind für Festtage von Scharlach oder hellem Seidenstoff, häufig mit Goldborten besetzt; die letzten dunkelblau, seltener dunkelgrün oder schwarz von Tuch. Die Knöpfe von Silber mit Geldgepräge oder durchbrochen sind noch immer die beliebtesten und werden sehr eng an einander gereiht getragen. Doppelreihen mit Abstand gehören zu den Neuerungen. Die Hutform ist sehr schlicht, ziemlich breitrandig, der gerade Gupf mäßig hoch und mit Band und Filigranschnalle geziert. Die Frauen haben der Mode zu lieb ihre ältere Tracht abgelegt. Sie kleiden sich jetzt halbbürgerlich, mit goldbenähtem Mieder, Persrock, Jacke und Schurz, die Mädchen in sehr grellen, die Frauen in dunkleren Farben, ganz wie die Weiber an der Donau bei Kelheim. Auch tragen sie dieselben schwarzen Unterhäubchen und weißen oder violeten Ueberhäubchen mit den fliegenden Bändern im Nacken, die aber vom Kopftuch vielfach verdrängt werden. Die Hollertau hatte im Gegensatze der schwerfälligen Amper- und Glontracht eine eigenthümliche, leichte und sehr gefällige Frauenkleidung, welche die Hollertauische genannt wurde, und mit jener an der mittleren Isar zusammenhängt. Seit den letzten drei Jahrzehnten ist sie dem jüngern Geschlecht nicht mehr genehm und zum großen Theile modernisirt worden, indessen an Frauen der ältern Zeit ist sie noch vollständiger bemerkbar. Der kennzeichnende Bestandtheil ist der grüne, faltige, mäßig lange Wollrock, mit grünem oder hochrosenfarbigem Seidenbesatz. Er hängt an einem schwarzsammtnen oder scharlachnen Mieder, das mit Einfassung und Streifen am Rücken in abstechenden Farben mit Goldborten geziert ist. Die Haube war dem Dachauerhäubchen ganz ähnlich, aus dunkelblauem, weiß punktirtem Zeug mit breiten, schwarzen Spitzen, das Band daran war lichtblau. – Der grüne Schattenhut kam bei Mädchen häufiger vor, bei Frauen auch die Pelzhaube. Zu kurzen Aermeln fehlten nicht die Halbhandschuhe (Stutzeln) von buntem Stoff mit Sammt und Bortenrand. Von dieser Tracht ist der grüne Rock und die Kopfbedeckung zum größeren Theile noch beibehalten worden. Schalk und Röckeln weichen persenen und anderen modischen bürgerlichen Corsetten, auch die Schürzen werden aus andern Stoffen gefertiget, als der schlichten blaugefärbten Leinwand. Allmälig wird dieselbe Kleidungsweise Eingang gewinnen, die wir als Frauentracht der Mittel-Isar schilderten. Auch die Männertracht entspricht derselben. Die langen, dunkelblauen Flügelröcke, dienen jetzt merklich modernisirt nur als hochfestliches Kirchenkleid für Männer. Jacke und Mantel behaupten sich zu jeder Jahreszeit und bei jeder Gelegenheit als schicklich und schön.

Im »Bisthum« stellt sich die ältere Tracht des weiblichen Geschlechtes gerade so dar, wie in der südlichen Umgebung *Passaus und über der Gränze*. Die Weiber und Mädchen dieser Gegend erscheinen in der »ostbayerischen Tracht«, wie wir sie zu benennen versuchten, die ihren wohlgebildeten Gestalten gut zu statten kommt. Die knappen, schwarzen Spenser werden allgemein getragen, die Röcke, besonders bei den Frauen, sind hier mehr in dunkeln Farben, selbst in Schwarz beliebt. Bei den Wohlhabenden und Putzsüchtigen sind theuerere, modische Stoffe nicht selten; überhaupt ist der Kleiderluxus im Zunehmen begriffen. Die Männer kleiden sich sehr einfach und bescheiden: enge lange Lederhosen, zu welchen sie niedere Wadenstiefel, Bundschuh und im Winter Holzschuh (das Paar zu 6 kr.) tragen, ferner eine dunkele Tuch- oder Wollenstoff-Weste, zum Staat von Halbseide, mit buntem Muster und blanken Knöpfen, eine kurze, dunkle Tuchjacke mit Umlegkragen zur Kirche und besonderem Ausgang und einen Mantel mit langem Kragen, endlich einen gewöhnlichen Rundhut mit Band und Schnalle. Bei ganz alten Männern gibt es noch kurze Hosen mit Strümpfen und Schuhen, unter den Jüngern sind die Pantalons von Tuch und leichten Stoffen sehr im Zunehmen. Alle Burschen erscheinen überall im Spenser, bei vielen ist der Hut mit der Mütze vertauscht, dieß gilt von allen Handwerkern und vielfach bei ehemaligen Soldaten. Jeder verheirathete Mann besitzt einen Tuchrock für seine ganze Lebenszeit, den er gewöhnlich zu seiner Hochzeit sich anschafft. Er trägt ihn nur bei Taufen, Hochzeiten, Begräbnissen, an vier oder fünf Feiertagen des Jahres und außerordentlichen Gelegenheiten. Derselbe ist von dunklem, meist blauem oder schwarzgrünem Tuch, mit façetirten Metallknöpfen besetzt, ziemlich langflügelig, doch schon von neuerem Zuschnitt mit ordentlicher Taille und mit umgeschlagenem Kragen. Luxusgegenstände für einen Waldlerbuben, aber mit Eifer angestrebt, sind ein silberbeschlagenes Besteck und eine silberne Sackuhr mit gleicher Kette.

Besondere Erwähnung verdient noch die Tracht um Grafenau und Hengersberg. Der ältere Bauer zeigt sich uns heutzutage in einer langen engen Lederhose (nur ganz alte haben noch kurze zu blauen Strümpfen und Schuhen) in niederen Wadenstiefeln. Die bunte Weste ist von Woll- oder Seidenstoff, die Scharlachnen verlieren sich ganz. Seine Jacke (wenn sie einen meistens mit grünen Sammtbändern eingefaßten Stehkragen hat, Schalk, wenn modern geschnitten, Spenser, Janker genannt) ist von dunklem, blauem oder grünem auch schwarzem Tuch, – sein einziger Rock mit den langeln Flügeln gleichfalls. An Weste, Janker und Rock sind silberne façetirte Knöpfe, bei ältern auch Goldknöpfe in einer Reihe, die beliebtesten. Der Rock wird nur höchst selten getragen, dafür ist der schwere Doppelmantel Sommer und Winter über der Jacke im Gebrauch und es gilt der Mantel als Ehrenkleid, daher auch die Bezeichnung »mantelmäßiger« Mann, d. h. der sich so gut steht, daß er einen Mantel zu tragen vermag, was früher nur ein ansäßiger besserer Bauer füglich konnte. Der Hut zu dieser Tracht hat einen niederen Gupf mit Band und Filigran-Schnalle verziert und einen gut spannbreiten Rand. Ein Waldlerbube in ächter Tracht sollte kurze Lederhosen, weiße Strümpfe und Schnürstiefel, dazu eine rothe oder blumige Weste und einen Manchester- oder Tuchschalk tragen, nebst einem Hut, wie die Männer, nur im Gupf etwas höher, und am Rande schmäler; hinter das Band steckt er eine gemachte, mit Silberdraht und Flitter gezierte Zitternelke, in die Seitentasche der Hose ein metallbeschlagenes Besteck und unter der Weste schwingt sich das silberne Uhrgehäng. Die kurze Lederhose ist aber fast allgemein mit der langen und den Stiefeln vertauscht, und der «Schalk« mit dem Janker. Man sieht bei den Männern und Burschen Tuch- und Sommerzeug-Pantalon. Auch die wohlhabendsten Burschen tragen jetzt Mäntel im Winter.

Die verheiratheten Frauen haben die schwarzen Zwirnzeugröcke beibehalten oder mit neuren Wollstoffen gefertigt, aber immer dunkel; auch wenn sie ausnahmsweise kattunene tragen, sind diese dunkel gefärbt; auch die blauen Schürzen gelten bei ihnen noch, bei jüngeren Frauen sind sie von Pers oder Merino oder dgl., aber in dunkel oder schwarz versetzt. Die Mieder von schwarzem Seidenstoff sind mit Goldborten besetzt und abgenäht, und über der Brust geschlossen nach bürgerlichem Schnitt. Darunter wird eine Unterjacke mit oder ohne Aermel getragen von buntem Stoff, den Hals umschlingt ein lose gewundenes Seiden- oder Madrastuch, schwarz oder braun mit buntem Rande. Als Ueberjacke sieht man schwarze Merino oder Orleansspenser, in der Taille nicht sehr lang mit bauschigen Aermeln; seltener sind solche von hellerem Kattun oder dergl. Die Mädchen vertauschten den schwarzen Rock mit einem farbigen von Pers und fast durchaus wählen sie dazu ein grelles Rosenroth mit gleichfarbigem Blumenwerk, die Schürzen sind dann von dunklerer Farbe, gewöhnlich braun, violet blau mit farbigem Muster. Auch sie haben goldbesetzte, schwarze kurze Mieder, statt der Schlinghalstücher aber buntseidene oder rothmadrasene Einstecktücher. Im Sommer gehen sie meist in blankeln Hemdärmeln, als Ueberkleid haben sie schwarze Spenser oder auch dunkle von Pers. Als Kopfbedeckung bleibt für Weiber und Mädchen das schwarze Madrastuch mit bunter Bordüre, welches sie hier ohne alle Zierlichkeit sehr alltäglich und unschön tief um den Kopf binden.

Die Nachahmung der sogenannten »bürgerlichen« Kleidungsweise nimmt besonders bei den Weibsleuten der ärmeren Holzbauern zu, die auch schon Ueberröcke, Shawls oder dgl. freilich aus ärmeren Stoffen tragen.

Ebenso ist die Tracht der Leute im Wald, am *Regen* und auf den Bergen der *Donauabdachung*. Dort weist die heutige ziemlich unvollständige Tracht des weiblichen Geschlechtes dieser Gegend darauf hin, daß die ältere mit der des Donaugaues übereinstimmte, wenn sie auch nicht so prunkend und überreich ausgestattet war. Es gilt dieß besonders von den äußern Gegenden des Waldes um Bogen, Deggendorf bis gegen Hengersberg, in den höheren dem Innerwald benachbarten Theilen gilt noch die dort übliche Tracht. Die wichtigeren Bestandtheile haben sich erhalten, vorerst der wollene, schwarze Rock mit den weißen, bald breiten, bald schmalen Streifen, mäßig kurz und faltig, das abgenähte Mieder, das Unterleibl, das weiße, schwarzgesteppte Kopftuch mit Spitzenschirm und Seidenbindband. Die Mädchen des oberen Vorderwaldes haben im sommerlichen Putz eine nicht ungefällige, zwar neuere, aber gleichmäßige Kleidung. Der Rock ist von Pers oder Wollstoff gewöhnlich hellfarbig, mit Vorliebe rosenfarb gewählt und nicht lang, das schwarze Mieder mit Goldborten besetzt und mit Goldfäden und mit Stickerei benäht, dazu kommen blanke, weite Hemdärmel und eine lichte, ärmellose Unterjacke, über welche ein glänzendes Seidentuch, häufiger aber ein feines, gesticktes Mousselintuch in zierliche Falten gelegt und hinters Mieder gesteckt ist. Ein braunes oder schwarzes Madraskopftuch mit breiter, bunter Bordüre vollendet nebst einer Pers- oder Halbseidenschürze von dunklerer Farbe als der Rock den Anzug. Zur Kirche wird eine Ueberjacke von dunklerem Stoff getragen. Die Frauen kleiden sich ebenso, doch in dunklere Farben, auch sieht man bei diesen noch schwarze Zwirntuchröcke und dunkelblaue Leinenschürzen.

[Das Weibervolk um Viechtach ist fast durchgehends in wollene Röcke und Spenser von schwarzem Kattun gekleidet; zu einem anständigen Aufzuge gehört unerläßlich die schwarze Spitzenhaube ohne Bänder; die Hinwegweisung von Personen, welche am Communiontische mit Kopftüchern erschienen, traf auf keinen Widerstand, da man sich des Unpassenden wohl bewußt war. Zur Winterszeit tragen die Weiber – ihre Tracht ist auch die der älteren ledigen Personen – an den Armen lange mit Pelz innen gefütterte und an den Enden verbrämte sammtene Stutzen, was bei der Gewohnheit, auch »ausgespannt« zu beten, wohl ein nothwendiges Schutzmittel gegen Kälte ist. Im Hause gewirkter Zwilch ist der Stoff zum Arbeitskleide der Knechte und Buben; der Schulknabe trägt zwilchene Hosen und Spenser (auch im Winter meistens ohne Brustfleck); mit warmer von Leinenzwirn gestrickter Zipfelhaube und Holzschuhen fördert er munter seine Schritte zur Schule, am Rücken den Schulsack, mit Gottbüchlein, Schreibtafel und einem Stück Schwarzbrot versehen.]

Aus: Bavaria. Landes- und Volkskunde des Königreichs Bayern. 1. Band. München 1860. S. 1006–1018.

Oberpfalz und Regensburg

DIE OBERPFÄLZISCHE VOLKSTRACHT

Von Eduard Fentsch

Der Stadt- und Marktbürger der Oberpfalz trägt kein besonderes Verlangen, seinen Standesgenossen im deutschen Reiche etwas zuvor zu thun. Also bequemt er sich im Zuschnitt seines Gewandes jener herrschenden Mode, welche seit dem mißglückten Versuche, die Antike auch dem Schneider geläufig zu machen, zur allgemeinen Geltung kam. Er bekundet nur die Entfernung von den Knotenpunkten der modernen Kleiderkultur durch ein zeitliches Zurückbleiben hinter der Tagesmode und durch etwas mehr Rücksicht auf Natürlichkeit und Bequemlichkeit. Eine volksthümliche Tracht kennt nur das Plattland. Die Mode nestelt an ihr, aber sie verwischt nicht ihren Typus. Diese Behauptung hat jedoch nur unter bestimmten Voraussetzungen Giltigkeit. Die Erhaltung einer originalen Tracht knüpft sich an das bäuerliche Selbstbewußtsein, – an den Bauernstolz, der im Besitze seine reale Grundlage hat. Wo der Grundbesitz zusammenschmilzt, ohne durch seine intensive Ertragsfähigkeit den Umfang zu ersetzen; wo der Bauer herabgekommen ist zum furchtsamen, schüchternen Bäuerlein, zum »Tropfhäusler«, wie er in manchen Gegenden der Oberpfalz bezeichnend genannt wird; da gibt er auch die ächte Bauerntracht auf.

Nicht die Nähe der Stadt und der lebhafte Verkehr mit ihr, sondern der Verlust des Begriffes eines stolzen und behäbigen Bauernthums, das die feinere Cultur mit »protzig« betitelt, läßt das volksthümliche Gewand unversehens verschwinden. Thatsachen sprechen hiefür. Hart an den Marken des Münchener Weichbildes und trotz Verkehr und Eisenbahn hat sich die von der Haube bis zum Strumpfzwickel originelle Tracht an der Amper mit merkwürdiger Zähigkeit erhalten. In den entlegensten Winkeln der Oberpfalz hinwider, wo sich Stadt und Land kaum berühren, ist das Bauerngewand bis auf wenige Reste völlig abhanden gekommen.

Der Grund dessen liegt in den Besitz- und Vermögensverhältnissen. Die oberpfälzische Bauernschaft besteht vorwiegend aus Köblern und Kleingütlern; die Dorffluren haben durchschnittlich ein geringes Ausmaaß ertragsfähigen Bodens und das zumeist kalte, steinige Erdreich lohnt die Arbeit nur kärglich. Im Waldvorlande am Regen sind lange Strecken wie übergossen von kaltem Granitsande, und die abfälligen Äcker des Juragebietes gleichen oft buchstäblich einer Steinwüste. Der Oberpfälzer, sagt man, hört das Gras wachsen – nicht figürlich, sondern im eigentlichen Wortsinne. Wenn nach mildem Frühjahrsregen namentlich die scharfen Spitzen des Habers rasch aufschießen, schieben sie die leichteren Sandtheile beiseite, und der ganze Acker klingt. Diese klingenden Aecker bringen aber wenig klingenden Profit!

In der Steinpfalz gilt das Stichwort:

»G'räth' das Korn im Sand,
Ist Noth im Land.«

Nur der übermäßig nasse Jahrgang, der sonst allenthalben die Saat verdirbt, begünstigt hier den Wachsthum.

Die sterilsten und ärmsten Partieen der Oberpfalz sind aber gerade die entlegensten. In der sogenannten *Steinpfalz* im Norden des Sulzbacher Landes, welche das Anrecht auf diese Bezeichnung schon durch ihre Ortsnamen (Hartenstein, Steinbach, Neidstein, Königstein, Steinamwasser, Steinling etc.) kündet, am Böhmerwald und dem winterlichen Bernsteingebirge hört aller Verkehr auf. Man sollte meinen, hier, wo kaum ein Hauch der modernen Cultur verspürt wird, müsse sich die Volkstracht in säcularer Reinheit erhalten haben und sich der Bauer noch so gewanden, wie etwa zur Zeit der Hiltersrieder Schlacht. Dem ist aber gerade hier nicht so. Der Bauernhut, der eigentlich dem Bauernkopf den Charakter gibt, hat der Schirmmütze seit etwa 50 Jahren seinen Platz einräu-

men müssen, und das moderne Gewandstück, welches unsere der Plastik entfremdete Zeit am nachdrücklichsten charakterisirt, – das Pantalon hat der kurzen Lederhose ihr Recht genommen.
Wo wir dagegen einer im Ganzen, nach Schnitt und Stoff noch volksthümlichen Tracht begegnen, können wir keck behaupten, daß eine wohlhabende Bauernschaft im Umkreise sitze. Dafür liefert uns auch die Oberpfalz sprechende Beweise.
Dem ächten und gerechten Bauernhabit ist in der Oberpfalz nur noch ein karger Raum zugewiesen. Er ist auf die etlichen schmalen Winkel zurückgedrängt, wo sich der Bauer noch fühlt, und wo er seinen Schlack und seine Lederhose noch mit dem Bewußtsein trägt, daß er ein *ausschließendes* und *bevorzugendes* Recht zum Genusse dieses Ahnenerbes habe. In diesem Gewande schaut er mit dem Stolze des Grundherrn auf den Bürger herab, den er eben so wenig von aussen gleich sehen will, als es ihm einfällt, seine Tochter einem Schuster oder Schneider in's Ehebett zu geben.
Diese oberpfälzischen Trachtengruppen sind 1) am sogen. *Dungaboden* (Dunkaboden sagt der Autochthone) südlich der Donau von Pfater bis Regensburg; 2) im *Oberpfälzer Walde;* 3) im *Obergäu* an der äussersten Südwestspitze zwischen schwäbischer Rezat und Roth, und endlich 4) im ehemaligen *Waldsassener Stifte* und dem *Fraißgebiete*. Wir haben damit gleichzeitig die ökonomisch besten Partieen der Provinz bezeichnet.
Auf jenem kleinen Theile des *Dungabodens,* welcher der Oberpfalz zugeschlagen ist, hat sich noch dieselbe Tracht erhalten, wie auf dem angränzenden niederbayerischen Tafellande südlich der Donau, trotz des lebhaften Verkehrs zwischen dem platten Lande und den nahe gelegenen Städten Regensburg und Straubing. Wir berufen uns auf die bereits früher gebrachte Schilderung.
Aehnliches gilt von der Tracht des *Oberpfälzer Wäldlers,* die nach gleichem Schnitt und Muster, wie jene im bayerischen und Passauer Walde gefertigt ist.
Die selbständige Tracht des Bauers am Dungaboden gränzt die Donau scharf ab. Sie findet am jenseitigen Ufer keine Analogieen mehr. Die Hinterwäldler Tracht dagegen reicht – wenn auch mannigfach corrumpirt – herüber in das Gebiet zwischen Donau und Regen, in das Regenlängenthal und in das südliche Böhmerwaldvorland an der Schwarzach, Ascha und dem Bernsteingebirge. Hiemit ist das Uebergangsgebiet angedeutet gegen die sogenannte junge Pfalz zwischen Regen und Naab und dem mittleren Naabgebiete von Schwandorf bis gen Naabburg, wo die Tracht des Plattlandes den eigenheitlichen bäuerlichen Charakter fast vollständig verloren hat. Dort gilt noch mannigfach der runde, schmalkrempige Bauernhut des Wäldlers und die ächte Bauernsitte, den Mantel als höchsten Kirchenstaat zu benützen. Hier ist die Langhose und Schirmmütze im Schwange, die den Bauern von dem Taglöhner nicht unterscheiden läßt. Im Waldmünchner Bezirke behauptet selbst der breitrandige, nach hinten aufgekrempte Dreispitz wenigstens beim großbegüterten Hofbauern noch sein Recht, und das vom Wirbel aus nach allen Richtungen glattgestrichene, längs der ganzen Stirnbreite kurz und gerade zugestutzte, an den Schläfen länger herabwallende Haupthaar gibt seinem Kopf noch den mittelalterlichen Zuschnitt, wie wir ihn am altbayerischen Bauern von ächtem Schrot und Korn gewohnt sind. Zwischen Regen und Naab hat der Bauer selbst sein Haar bürgerlich dressirt.
Analogen Erscheinungen begegnen wir auch bezüglich der Weibertracht. Das derbere, haltbare Wollenzeug für den Kittel von bestimmter Localfarbe ist im Regenthale und Pfälzerwaldvorlande noch zum großen Theile im Schwange, während es weiter gen Westen von Pers und Kattun fast völlig verdrängt ward. Sind auch die

einzelnen Gewandstücke die gleichen, so liegt doch in ihrem Schnitte, namentlich dem kürzeren, nur die Waden verhüllenden Kittel mehr Styl, als in dem langen, über die Knöchel reichenden Rock des Naabthales. Schon die Reihfalten, welche der feste Wollenstoff bedingt, geben mehr Charakter und Haltung, als die Zugfalten am Baumwollenkittel. –

Wir gehen auf die dritte Trachtengruppe über, bei deren Schilderung etwas länger verweilt werden muß. Sie ist maaßgebend für den größten Theil der Oberpfalz, und tritt in einzelnen charakteristischen Gewandtheilen, wie in der Kopfbedeckung der Weiber, fast allenthalben wenigstens sporadisch auf. Wenn man von oberpfälzischer Tracht obenhin spricht, hat man diese im Auge.

In größter Reinheit und mit dem ächten Bauernzuschnitte hat sie sich noch erhalten in dem hopfenreichen *Obergäu* zwischen schwäbischer Rezat und Roth, zunächst der mittelfränkischen Grenze, wo der Bauer durchschnittlich eines ergiebigen Grundbesitzes und einer anständigen Behäbigkeit sich erfreut. Die Grenze ist so enge gezogen, daß sich schon im nachbarlichen Untergäu (Hilpoltstein) und mehr noch im Neumarkter Gebiete eine merkliche Abnahme der Pietät für die überkommene Vätertracht wahrnehmen läßt. Der gerechte Obergäuer Bauer stellt sich nur im rundköpfigen, breitkrempigen *›Druispitz‹* von der Varietät der *Siebenmorgenhüte* oder *Wolkenz'reisser* vor, der seinen feinen Namen von wegen der breiten Schaufel hat, die das Gesicht hübsch beschattet, während er nach hinten im stumpfen Winkel aufgekrempt ist. Die kurze Weste – das *Leible* – von scharlachrothem (rothlindischem) Tuche; der kurztaillige Rock von dunklem Barchent, dessen Schösse bis an die Knöchel reichen und bei überraschendem Regenschauer über den Kopf gezogen die Stelle eines Regenmantels gar trefflich versehen; der stehende Kragen mit grünsammtenen Vorstoß; die schwarzlederne Kniehose und die Wadenstiefel mit geschmeidigem Schafte von Kalbleder, sogenannte *Beinlinge,* welche am Rande noch die blauen Strümpfe sehen lassen, – das sind die Gewandstücke, aus denen der Kirchenstaat des katholischen Bauern jener Gegend besteht. Für den Werktag oder die Wirthsstube tritt der Schlack an die Stelle des Rockes, ein dunkelfarbiger Tuchjanker mit eng einandergereihten Metallknöpfen, sogenannten Hamburgern, von schier einem Zoll im Durchmesser. – Der lutherische Bauer trägt zum Unterschiede ein dunkles Leible statt des rothlindischen, häufig gleich dem Schlacke von Manchester. Bei ihm vorzugsweise beginnt seit etlichen Jahrzehenten das niedere, cylinderförmige *›Oberpfälzer Hütl‹* mit wagrechter handbreiter Krempe, breitem Seitenbande und Filigranschnalle den Druispitz zu verdrängen.

Das Bauernweib ächten Schlages trägt das Haar aus der Stirne nach rückwärts gestrichen, am Wirbel zusammengebunden. Das gemahnt an jene schwäbische Sitte, deren schon Tacitus Erwähnung thut (Germania 38). Ueberhaupt hat die Tracht – der Männer wie Weiber – schwäbischen Zuschnitt, gleich jener im benachbarten mittelfränkischen Altmühl- und Sulzachthal. Das reicht noch von Neresheim und Nördlingen herüber, und spricht sich namentlich in der Form der Haube aus. An das konische Käppchen von handbreitem schwarzem Seidenband mit kleinem, eirundem, goldgestícktem Boden *(Bödele* oder *Haubenfleckle)* schließen sich die abgenähten Ohrlappen mit breiten schwarzseidenen Bindbändern, am Kinn in eine lockere Masche geschlungen und weit über die Brust herabhängend. Das Band der Kappe ist hinten zusammengezogen und flattert in seiner Fortsetzung in zwei langen Schleifen und zwei noch längeren Enden frei über den Rücken bis an die Hüfte. Das ist die Grundform der sogenannten *Backen-, Ohren-* oder *Bandhaube (Budhaube* im Altmühlgrunde), die mit unwesentlichen Modificationen durch die ganze Oberpfalz Geltung hat, und sich von der schwäbischen am Niederlech und an der Kocher nur durch einen höheren und steileren Gupf (Kappe) unterscheidet. An hohen Festtagen tritt bei den verheiratheten Frauen – namentlich den protestantischen im Sulzbürger Ländchen – die *Spitzenhaube* an die Stelle der Backenhaube. Die Kappe – von gleicher Form wie bei letzterer – ist mit einer steifen gefältelten Spitze eingefaßt, am Vorderhaupte platt aufliegend, kaum mehr als eines Daumens Breite, gegen die Ohren zu aber, von denen sie nur mäßig absteht, an vier Zoll breit. Eine breitausgezogene Masche mit herabhängenden kurzen Enden schließt hinten das Häubchen. – Im Hause und bei der Arbeit wird das rothe Kopftuch, dreieckig zusammengelegt, von vorne nach hinten um den Kopf geschlungen.

Ein schwarzseidenes, gewöhnlich mit Atlasstreifen durchwirktes und am Rande mit goldenen Borten besetztes Halstuch wird – gleichfalls von vorne nach hinten – locker um den Hals gelegt. Die Zipfel, hinten einmal umschlungen, hängen über den Rücken herab.

Der bis an die Knöchel reichende Rock (Kittel) von schwarzweiß oder schwarzrothgrün gestreifter Wolle, dem sogenannten *Stöckelzeug,* schließt sich an den Hüften dem persenen, meist rothgeblümten, vorne mit Knöpfchen besetzten Leibchen *(Brustfleck)* an, das bis über den Busen reicht, und von da bis an den Hals das Hemd frei sehen läßt. Der Hemdstock ist in einem dem Halse sich anschmiegenden Bündchen in Falten eingelesen. Ein kurzes bis zur Hälfte des Busens reichendes, steifes Mieder von schwarzem Seidenstoffe, vorne bloß geheftelt, hält die Taille knapper zusammen. Darüber wird der bis an den Hals reichende Aermelspenser, das sogenannte *Wamesle* angezogen, größtentheils von rothgeblümtem Perse, mit kurzen Schößchen und halbweiten, gegen die Handwurzel enge zulaufenden Aermeln. Noch vor etwa 50 Jahren war das knapp anliegende, vorne tiefer ausgeschnittene, mit langen Schößen und steifer Schnippe versehene dunkle Tuchwamesle allenthalben im Schwange, das jetzt nur noch in spärlichen Exemplaren von alten Mütterchen zur Schau getragen wird.

Eine den Leib umfassende Kattunschürze, der sogenannte *Fleck,* blaue Strümpfe und weit ausgeschnittene, mit schmalen Seidenbändchen garnirte Schuhe vollenden den Anzug. Letztere führen die Bezeichnung *»Schleicherlen«,* während die höher bis an den Rist reichenden Werktagsschuhe *Niederschuhe,* oder – soferne sie mit Fransen besetzt sind – Trollenschuhe heißen.

Das *protestantische* Bauernweib kennzeichnet nicht sowohl der Schnitt des Gewandes, als die Wahl von durchweg dunkleren Stoffen und die unverkürzte Benützung der Backenhaube auch Werktags, im Hause und bei der Arbeit. Das rothe Kopftuch ist spezifisch katholisch.

Es wurde bereits bemerkt, daß zwar die so eben geschilderte Tracht in ihrer vollen Reinheit und Originalität nur auf einem sehr engbegrenzten Territorium ihre souveräne Herrschaft ausübe, daß sie jedoch die Typen für das Bauernhabit des größten Theiles der Oberpfalz abgebe. Wenigstens gilt dieses von dem Frauenanzuge. Dieser besteht allenthalben aus denselben Gewandtheilen. Ueberdieß ist der Ohrenhaube nahezu überall in der Provinz – mit Ausnahme des südlichen Donaugestades – die Berechtigung eines geläufigen, volksthümlichen Trachtenstückes eingeräumt, selbst da wo sie nur vereinzelt auftritt oder höchstens bei gewissen Gelegenheiten gebraucht wird.

Die Zone aber, in welcher die Tracht des Obergäus nach Form und Stoff noch *vorwiegend* und im Ganzen mustergiltig – wenn auch im Einzelnen von modernen Geschmacke beeinflußt ist, erstreckt sich über die ganze Westpfalz, wie sie die Naab von ihrer Mündung aufwärts bis Kallmünz und von hier aus die Vils bis an ihre Quelle von dem Binnenlande scheidet. An der

Südgränze der Provinz, im Schwarzach- und Sulzgrunde, namentlich im Sulzbürger Ländchen, dem ehedem Graf Wolfstein'schen Reichslehen, erscheint sie noch in ziemlich unverkümmerter Reinheit. Der Altmühlgrund bildet bereits eine Scheide. Mitternachtwärts vom Fluße – im Schambachthale – gilt schon der Halbstiefel mit steifem, gewichstem Schafte statt des geschmeidigen Wadenstiefels, und der Mantel spielt nach altbayerischer Sitte seine Anstandsrolle als Staatstracht.

Nördlich reicht diese Zone bis an die Grenze des ehemaligen Fürstenthums Sulzbach. Das Uebergangsgebiet wird die nachfolgende Schilderung kennlich machen.

Wenn wir bei der Beschreibung der vorkommenden Nüancen innerhalb dieser Trachtengruppe mit dem weiblichen Gewande beginnen, so berechtigt uns hiezu einerseits die Thatsache, daß das Bauernweib – obwohl in kleinen Dingen leichter der Mode nachgebend – doch im Großen mehr Erhaltungstrieb, mehr Pietät für die ererbte Garderobe bewährt. Andererseits ist, wie schon erwähnt, die Backenhaube das wesentlichste Kennzeichen dieser Tracht. Sie behauptet ihre Herrschaft selbst noch im Bürgerstande mit ungemeiner Hartnäckigkeit, während das übrige Gewand städtischen Zuschnitt erhalten hat.

Beinahe ausschließend ist die Backenhaube im Gebrauche in der Neumarkter Niederung, in der Geispfalz und im Lauterachthale, in der sogenannten Mittelpfalz (der »Bockei«, dem Birglande und dem Sulzbacher Hügellande) und im Amberger Bezirke rechts der Vils. Sie überspringt die Nordgränze ihrer Zone gegen Auerbach, den Creussen- und Thumbach zu, wo sie den unterscheidenden Kopfputz der protestantischen Weiber bildet. Sie reicht über die Nordostgränze hinaus, wo sie in der Hirschau, an der Naab um Naabburg, in der sogenannten Weidau, um Vohenstrauß, und an der Pfreimt und Luhe vereinzelt auftritt. Hiemit haben wir gleichzeitig das Uebergangsgebiet von dieser Trachtengruppe in jene der sogenannten Jungpfalz zwischen Naab und Regen, wo dem Gewande der Bauerncharakter fast völlig gebricht, und in die nordöstliche Gruppe, wo das Kopftuch an die Stelle der Bandhaube tritt, ziemlich genau bezeichnet.

Selbstverständlich erleidet die Backenhaube ihre kleinen örtlichen Abänderungen, so daß sie für ein geübtes Auge gleichzeitig als Heimathschein gelten kann. Im Obergäu hat sie die ausgeprägte schwäbische Grundform; im Sulzbürger Ländchen sind die beiden Ohrenlappen durch einen schmalen, an den Vorderrand des Käppchens angereihten platt am Haupte liegenden Streifen verbunden. Weiter nördlich wird sie höher und spitziger, und die Backen schrumpfen in demselben Maaße zusammen. Gegen Auerbach zu verschwinden diese fast gänzlich.

Mannigfach liegt in ihrer Form auch das confessionelle Unterscheidungsmerkmal. Um Vohenstrauß, wo sie überhaupt kleiner und zierlicher als in der Westpfalz, ist sie mit hoher spitzer Kappe und länglichem Haubenfleckle protestantisches Wahrzeichen; die katholische Haube hinwider ist niedriger und hat ein kleines rundes Bödchen. Im Sulzbachischen wird bei den Protestanten die Haube durch ein Handbreit zusammengelegtes rothes oder calicobraunes Stirntuch gehalten, welches hinten geknüpft ist. Das Bindband in einem Stücke wird über den Rücken geworfen und flattert frei herab. Bei den katholischen Weibern hingegen, welche das Stirntuch nicht kennen, spielt das breite Bindband die entsprechende Rolle, wird am Kinn in eine lose Masche gelegt, und fällt mit seinen Enden über die Brust herab. Zudem trägt die Protestantin gescheiteltes Haar, während es die Katholikin aus der Stirne nach rückwärts kämmt. An der mittleren Vils hinwider tritt das braune Stirntuch mit dem vorne in eine Masche gezogenen Bindbändern auf, und ist also spezifisch katholisch.

Ab und zu nimmt an Sonn- und Feiertagen die *Spitzenhaube* die Stelle der Bandhaube ein, oder sie wird gar über die letztere aufgesetzt (Schmidtmühlen, Kallmünz). An der oberen Lauterach muß ein anständiges Bauernweib im Besitze von mindestens drei Spitzenhauben sein, die sich der Form der Bandhaube mehr nähern, als die protestantische Spitzenhaube um Sulzbürg. Die schwarze mit schwarzen Spitzen und perlengesticktem dunklen Bödchen (Moorenfleckle) gilt als Trauergewand. Für die Festtage dient eine braune mit weißen Spitzen, und für die höchsten Kirchenfeste eine weiße mit gleichfarbigen Spitzen und »goldgeschlagenem« (gesticktem) Fleckle. – Eine vereinzelte Erscheinung ist die zu Anfang dieses Jahrhunderts allgemein übliche *Fehhaube,* die hie und da noch ein altes Mütterchen abträgt. An das aufstehende Käppchen mit dem handgroßen Fleckle reiht sich die dem Vorderhaupte platt aufliegende Haube von geripptem Seidenzeuge an. Sie umschließt das ganze Gesicht, und ist vorne mit schmalem, grauen Pelzwerk verbrämt (Kastl, Bockei).

Die übrigen weiblichen Gewandtheile, Kittel, Brustfleck, Wamesle (an der Lauterach *Röckel* genannt) und Fleck haben zwar ihre Geltung für die ganze Gruppe, sie gewinnen aber gegen die Uebergangsgebiete mehr städtebürgerlichen Zuschnitt. Schon die Wahl von Pers und Kattun statt des derben Wollen- und Stöckelzeuges, oder gar von Atlas und Seide, wie im Hemauer Bezirke, thut der bäuerlichen Originalität Abbruch. Durchschnittlich kleidet sich die »Birgländerin« noch charaktervoller als die Flachländerin. Es liegt schon mehr volksthümlicher Ausdruck in dem kürzeren und faltenreicheren Kittel, dem sogenannten *Springrock,* zu welchem bei der Arbeit die sogenannten *Grashosen* – Stutzen, welche vom Knie bis an die Knöchel reichen – getragen werden. Die Grashosen sind zumeist von schwarzem Manchester. – Vielleicht ließe sich auch dem protestantischen Bauernweibe nachsagen, daß es nach dieser Richtung für Neuerungen empfänglicher sei und leichter die alte Sitte aufgebe als das katholische. Im Sulzbürger Ländchen hat es sich bereits entschlossen, den Brustfleck ganz beiseite zu legen, und ein schwarzsammtenes Leibchen unmittelbar über dem Hemde zu tragen. Im Uebrigen kennzeichnet neben der Haubenform vorzüglich der einfärbige, dunkle Gewandstoff die Protestantin – wie im oberen Gaulande so in dieser ganzen Trachtenzone.

Als Besonderheit kommt noch zu erwähnen, daß im Sulzbacher Gerichte an der mittleren Vils und wohl auch um Vohenstrauß bei den verheiratheten Weibern der Pantoffel häufig die Stelle des Schuhes vertritt. Noch vor etwa 40 Jahren war diese Sitte namentlich im Sulzbacher Lande allgemein gang und gäbe. Das Symbol weiblicher Herrschaft wurde selbst vom Sonntagsstaate nicht ausgeschlossen.

Im Nordtheil unserer Gruppe gehört auch noch das »grüne Tuch« zum vollendeten Anzug. Die Bauernfrau trennt sich gemeinhin nur beim Kirchgang von demselben. Das ist ein großes shawlähnliches Stück grünen Wollenzeuges, das dreieckig zusammengeschlagen und so über den Rücken geworfen wird, daß die Enden unter der Achsel weg laufen und hinten geknüpft werden können. Auf solche Art bildet es am Rücken einen Sack, in welchem Alles, was zum Hausbedarfe gehört, heimgetragen wird. Es vertritt also die Stelle des sonst üblichen halbrunden Rückenkorbes (sogenannten *Kerben).* Den Handkorb kennt die Bäuerin nicht. Am Eschenbach und in der Weidau wird hiezu in gleicher Weise ein weißes Linnentuch benützt. –

Wir wenden nunmehr unser Augenmerk auch auf die Männertracht dieser Gruppe. Der Bauer weicht mit noch größerer Willkühr von der Väter- und Standessitte ab. Der langschößige Barchentrock verschwindet schon im Neumarktischen; die lederne Kniehose wächst sich hier, an der Lauterach und Vils sehr häufig in die tuchene Langhose aus. Nur der Bergländer macht durchschnittlich eine löbliche Ausnahme. Der ehrliche Dreimaster reicht ostwärts kaum bis an die Sulz; im großen übrigen Theile der Gruppe wird er als »altfränkisch« verhöhnt. Er gehört zum »Maskeradezeug«, wie mir die Wirthin von Schwend mit wegwerfendem Hohne bemerkte. Doch nimmt seine Stelle immerhin noch ein Bauernhut ein. Das früher beschriebene *»Oberpfälzer Hütl«* hat sein Territorium insbesondere auf der Hochebene jenseits Lauterhofen, um Kastl und im Sulzbachischen. Es gilt für vorwiegend protestantisch. In der Neumarkter Bucht, im Hochlande um Velburg, nördlich die Vils entlang und südlich gegen die Altmühl gilt dagegen der cylinderförmige, in der Mitte etwas eingeschweifte Filzhut mit schmaler Krempe, in der halben Höhe von einem breiten Seidenbande umschlungen, welches vorne durch eine große silberne Schnalle von Filigranarbeit zusammengehalten wird.

Zum Rocke wird statt des Barchents dunkelfarbiges Tuch gewählt. Der verheirathete Bauer hält noch ein gut Stück auf den stehenden Kragen, die kurze Taille und die langen Schöße. Der ledige Bursche hingegen hält sich fast ausnahmslos an den Tuch-Janker (Schlack), und hat den Mantel mit langem Radkragen, als Kirchenstaat adoptirt. Das rothlindische Leible mit kugelförmigen Metallknöpfen kennzeichnet den Katholiken vor dem Protestanten, der eine besondere Vorliebe für Manchester hat. Zwischen Vils und Naab im Ambergischen und in der Hirschau reicht die Lederhose über's Knie, und die Stülpstiefel werden d'rüber hingezogen. Doch trifft man auch noch die kurze Lederhose mit blauen Strümpfen und sogenannten *Schneeschuhen,* die bis an die Knöchel reichen. Alte Leute erinnern sich noch der originellen Amberger Bauerntracht mit den weiten pludernden Lederhosen und den Häfteln am Barchentrocke statt der Knöpfe. Sie verschwand gegen Ende des vorigen Jahrhunderts. –

Das der eben geschilderten Gruppe ostwärts sich anlehnende Gebiet zwischen Naab und Regen, südlich bis an die Donau reichend, im Norden den mittleren Naabkessel bis an den Pfahl umfassend, bildet, wie bereits angedeutet wurde, ein für Trachtenstudien völlig unfruchtbares Feld. Männer- und Weiberhabit sind gleichmäßig corrumpirt und tragen nur höchst obenhin das Gepräge der oberpfälzischen Tracht des Westlandes. Diese Gruppe – die sogenannte junge Pfalz – hat sich aus der Mischung südbayerischer und ostoberpfälzischer (wir lassen unentschieden ob slavischer oder gothischer) Elemente zu keiner selbständigen Eigenheit ausgewachsen. Sie läßt sich auch nach anderer Richtung ethnographisch abmarken. Bis Schwandorf geht das bayerische *Bier,* dort beginnt das oberpfälzische *Beia.*

Mehr ausgesprochen findet sich der Typus der westlichen Trachtenzone am Creussen und Thumbache, in der Haidenaabniederung, an der Floß und Waldnaab. Hier bildet das braune oder rothe Kopftuch der Weiber, das an die Stelle der Bandhaube tritt, den Uebergang zu dem charaktervolleren Kopftuche der letzten Trachtengruppe an der Wondreb und im Fraißgebiete. Es wird in der Diagonale zusammengeschlagen, über den Kopf geworfen und mit den langen Enden hinten gebunden, so daß es dem ganzen Haupte sich anschmiegt. Vorne reicht es bis an die Stirne und läßt vom Haare wenig sehen. Vor sechzig bis siebenzig Jahren war es noch durchweg weißleinen, und führte den Namen *Dreizipfel.*

An der nordöstlichen Grenze in der Umgebung des rauhen Culm finden sich Uebergangsformen in die protestantische bayreuther Tracht. Unter den Weibern, selbst Bürgersfrauen, gibt es theilweise noch gute, ächte, alte Costümemuster fränkischen Schlages: schafbraune Camelott-Wämesle mit enganschließenden Aermeln, abstehenden Schößchen und steifen Schnipen hinten; kurze Wollröcke mit gelegten Falten, kaum bis an die Knöchel reichend; um die Stirne ein handbreit gelegtes, dunkles Stirntuch, vorne gebunden, darüber Werktags das sogen. *Hinterschlaghäubchen,* ähnlich der Bayreuther Neschenhaube, an Sonn- und Festtagen aber die *Schirmhaube*. Das *Hinterschlaghäubchen* besteht aus einer den ganzen Kopf sammt den Ohren einhüllenden, oben nicht ganz bis an das Stirntuch reichenden Haube von weißen Linnen oder Baumwollzeug mit großem, senkrecht niedergehendem Boden, der im Genicke in Falten gezogen ist. Vorne ist es mit einer weißen Spitze *(den Netzen)* rings herum besetzt, so daß das ganze Gesicht von derselben umrahmt ist. Die Netzen sind zurückgeschlagen, liegen am Haupte platt auf, werden gegen die Ohren zu breiter, und stehen unterm Kinne in noch breiteren, gestärkten Flügeln vom Gesichte ab. Die Schirmhaube hat ein völlig rundes, dem Hinterhaupte fast wagrecht aufsitzendes Käppchen mit gesticktem Fleckle. Um dasselbe schlingt sich ein handbreites weißes, blaßblaues oder meergrünes Atlasband, unten in eine große, steife Masche mit kurzen Enden geschlungen, die das Genick bedeckt. Die dem Käppchen angesetzte ein halb Schuh breite Spitze schmiegt sich der Form des Kopfes an, ohne aufzuliegen, reicht noch 3 bis 4 Finger über die Stirne hinaus, und die ausgeschweiften, breiten Backenflügel laufen am Kinne mit den Bindbändern zusammen. Diese Spitze ist von zweierlei Gewebe, die äußere Hälfte feiner als die innere, und wird durch Stärke und dünnen Draht in ihrer Form gehalten. – Dem gegenüber gefällt sich der Bauer im Pantalon und in der Schirmmütze. –

Im äußersten Nordostwinkel der Provinz, dem Flußgebiete der Wondreb, scheidet sich endlich eine vierte und letzte Trachtengruppe aus. Der Egerländer Bauer bildet ihr Prototyp. In den wenigen Dörfchen des sogen. Fraißgebietes mit dem Hauptorte Neualbenreuth am hohen Dillen, im hügeligen Vorlande des Teplergebirges, hat sie sich noch bis in die Gegenwart am reinsten erhalten. Das sind jene gemischten Orte im Waldsassener Stiftsgebiete, deren Bevölkerung theils unter böhmischer, theils unter oberpfälzischer Landesherrlichkeit stund. Dem langen, zeitweise blutigen Streite, der aus dieser Collision der Hoheitsverhältnisse erwuchs, machte ein Compromiß vom Jahre 1591 ein Ende, wonach das Ober- oder Fraißgericht (Frais, Fraiß, Vrais-Frevel, Schmeller Idiot. Bd. 1, S. 617) zwischen Eger und Waldsassen alterniren solle. Daher der noch jetzt gänge Name »Fraißgebiet«, obwohl das Fraißgericht zu den Antiquitäten gehört und die Landesgrenze bereits abgeglichen ist.

Die Aehnlichkeit der Tracht des Egerländers mit jener des Bauern im Fraißgebiete gründet also auf historischen Voraussetzungen. Sie ist nicht minder der Ausdruck der Stammverwandtschaft wie des zur Zeit noch bestehenden lebhaften Verkehrs zwischen dem Eger- und Stiftergebiete, welchen der breite, freie Paß des Wondrebbettes hier mehr begünstigt, als die Scheidewand des Böhmerwaldes den Verkehr zwischen der übrigen Ostpfalz und dem Böhmerlande.

Der Bauer im Fraißgebiete kleidet sich also noch heutzutage nach Egerländer Weise, ohne zu fragen, ob sein Ahne stiftischer oder böhmischer Grund- oder Lehenhold gewesen. Auf seinem Kopfe sitzt ein rundes Hütchen mit etwas mehr denn handbreiter, in's Gesicht herein geneigter Krempe, mit halbkugelförmigen Gupfe, der dem Haupte schier aufliegt. Der Hut ist von einem breiten, schwarzen, enggefältelten Seidenbande vollständig überzogen, welches von der Spitze des Kopfes in zwei Maschen und zwei Enden nach vorne herabhängt und einen Theil der Krempe bedeckt. Der Egerländer Hut gibt ein flottes und gefälliges Ansehen.

Die Stelle des Leible vertritt ein dunkelfarbiges, hoch an den Hals reichendes Unterjäckchen ohne Kragen, der *Brustfleck,* über welchen die Hose mit dem Hosenträger sitzt. Letzterer spielt keine unbedeutende Rolle. Die Gurten von mindestens zwei Zoll breitem Leder, an den Rändern weiß passepoilirt, vereinigen sich vorne in einer Spitze. Ein ähnliches Querstück läuft über die Brust, mit eingepreßten Verzierungen, ab und zu selbst mit einer Stickerei versehen. Das bis an die Herzgrube reichende Beinkleid hat vorne einen mächtigen Messingknopf von mindestens zwei Zoll im Durchmesser für den Hosenträger. An diesen beiden Gewandstücken erprobt der Bursche sein Stutzertalent. Die schwarze, bocklederne Hose pludert weit und faltig um die Oberbeine, und wird unterm Knie zusammen geschnürt und gebunden. Die Schnürriemen werden gleichzeitig durch die Strupfen der geschmeidigen ziegenledernen Wadenstiefel gezogen, und halten diese ziemlich straff angespannt. Ein baumwollener, hinten vom Leibe abstehender Tuchjanker *(Wams),* der kaum eine Spanne unter die Achsel herabreicht, mit Seitentaschen, die Ränder alle mit rothen Vorstoß versehen, mit kleinen, eng aneinander gereihten Knöpfen vollendet den Anzug des ledigen Burschen, und nur der gesetztere Hausvater trägt als Sonntagsstaat einen kurztailligen dunklen Barchentrock, dessen Schöße – mit grellrothem Wollzeuge gefüttert – bis an die Knöchel reichen.

Die Weiber und Mädchen schlingen das große, schwarzwollene, mit bunten Fransen besetzte Kopftuch derart um, daß das hintere Ende in einem langen Zipfel über den Rücken fast bis zur Hüfte hinabhängt! Die seitigen Enden werden von rückwärts wieder nach vorne geschlungen und bilden über der Stirne zwei große, leichtgeschürzte Maschen, die nicht ohne bewußte Coquetterie drappirt werden. Wir möchten gerne diese Art, das Kopftuch zu schlingen, als slavische Sitte bezeichnen. Sie reicht mit geringer Variation ziemlich weit die Waldnaab herab, und hier begegnen wir auch den Ortsnamen Windisch-Eschenbach, Wendersreut, Wendern, Ratschin u. dgl. m., die uns mehr noch als die häufigen Namensausgänge auf »itz« an wendische Siedelung gemahnen. Ein Vorstädtchen Naabburgs heißt *Venedig,* ein Name, der zuverläßig eher wendischen als italienischen Ursprunges ist.

Den Obertheil des Anzugs bildet ferner ein einfärbiges, dunkles Tuchleibchen (Brustfleck), mäßig ausgeschnitten, und vorne mit bunten, rothen, gelben und grünen Litzen geschnürt, wodurch das Mieder entbehrlich gemacht wird. Kurze, bauschige Hemdärmel, die Falten über'm Ellenbogen in ein gesticktes, mit rothen Litzen verbrämtes Bündchen eingereiht, lassen den Vorderarm frei. Ein buntseidenes Tüchlein schlingt sich um den Hals, kreuzt vorne die Brust, und wird mit den Enden unter der Achsel in das Leibchen eingesteckt. Darüber wird für den Ausgang das engärmelige Wämschen, gleichfalls von einfärbigem dunklen Wollenstoffe, angezogen, gleich dem Leibchen von ziemlich kurzer Taille mit kleinen Schößchen, die sich gegen vorne fast gänzlich verlieren. Eine glatt anliegende, den ganzen Leib umfassende blaue Linnenschürze über dem dunklen, in reiche Falten gelegten Wollrock, der über die Knöchel herabreicht, dann weiße Strümpfe mit rothen Zwickeln machen den Anzug fertig. Als besonderer Festtagsstaat gilt ein shawlähnliches, schweres schwarzseidenes Halstuch, das *unter* dem Wamse über die Brust geschlungen und hinten lose überschlagen wird, so daß die Zipfel schier bis an die Waden herabhängen. Das Wämschen bleibt vorne offen.

Dem kleinen Stückchen Landes, auf welchem dieses originelle Bauerngewand in voller Reinheit auftritt, schließt sich nach Süd- und Nordwest eine verwandte Trachtenzone an. Dem Fraißgebiete steht trachtlich der »Stiftler« (Grundhold der ehemaligen Cisterzienser Abtei Waldsassen) am nächsten. Im weiteren Sinne markt sich die Gruppe ab von der Böhmergränze bis an den Steinwald und von der Waldnaab bis an das oberfränkische Sechsämtergebiet. Sie umfaßt insbesondere das Flußgebiet der Wondreb.

Der stiftische Bauer theilt sich in die Gewandstücke seines östlichen und südlichen Nachbars. Die lederne Kniehose verengt sich wieder, aber er trägt sie häufig über dem Unterleibchen, vorne mit dem bekannten großen Knopfe und den vorbeschriebenen Hosenträgern. Auch das Egerländer Hütl hat noch ab und zu Geltung. In dieser Mischlingstracht führt er den Namen »*Trummler*« (vielleicht von Trumm, plur. Trümmer = Stück). Im entfernteren Umkreise tritt wieder das Leible und der schmalkrempige Cylinderhut in seine Rechte; doch hat die Tracht den bäuerlichen Zuschnitt gewahrt. Als ein Uebergang in die verwandte Tracht des nachbarlichen Sechsämterbezirks (Wunsiedl) in Oberfranken ist die Pelzhaube (Fehhaube) anzusehen, eine grünsammtene Mütze mit rundem Käppchen, rings mit braunem Pelzwerk verbrämt, an der Vorderseite mit einem mehr als handbreitem Umschlag versehen, der – einem zurückgeschlagenen Schirm ähnlich – gleichfalls mit »Feh« überzogen ist.

Bei den Weibern im Stiftsgebiete gilt vorwiegend das schwarzwollene, mit bunten Fransen besetzte Kopftuch von etwas bescheidenerem Umfange als im Fraißgebiete, in ähnlicher Weise um den Kopf geschlungen, jedoch so, daß die Masche auf der linken Seite und mehr am Hinterhaupte sitzt. Weiter süd- und westwärts geht es in die triviale Form des »Dreizipfels« über. Die Backenhaube oder das *Schwalbennest,* wie sie hier genannt wird, kommt nur vereinzelt und als Feiertagsstaat als ein von der Nachbarschaft rezipirtes Gewandstück vor, sitzt dann sehr steil auf und hat ein Fleckle kaum von der Größe eines Thalers. Leible, Mieder, Wams und Kittel stehen in ihrem Schnitte zwischen der originellen Tracht des Ostens und der corrumpirten des Südwestens mitten inne.

Somit hätten wir die oberpfälzischen Trachtenformen mit möglichster Bündigkeit geschildert, und es bleibt uns nur noch ein Kapitel zu erledigen, das hier wohl füglich angereiht werden kann. Ich meine die Beschreibung des *Hochzeitgewandes,* wenn damit auch der Sittenschilderung einigermassen vorgegriffen wird. Wir behalten die bisher beobachtete Reihenfolge der Trachtengruppen bei und beginnen mit dem Oberpfälzerwalde und dem Böhmerwaldvorlande.

Im Oberpfälzerwalde herrscht die Sitte des Bayerwaldes. Sein Vorland am Regen gehört zu den ärmeren Partieen der Provinz, in welchen die großen s. g. geschenkten Hochzeiten äußerst spärlich vorkommen. Wo sich dieses Familienfest durchschnittlich auf den engsten Kreis der Häuslichkeit beschränkt, da verliert auch der Bauer den Geschmack, ihm eine dekorative Außenseite zu geben. Das ist hier der Fall. Braut und Bräutigam erscheinen gewöhnlich nur im Sonntagsgewande vor dem Altar. Um Falkenstein kleidet sie sich schwarz zum Zeichen der Trauer, daß sie ihre Jungfrauenehre aufgeben muß. Nur ganz selten wird statt der Festtagsbandhaube das »Brautkrönl« über das am Wirbel zusammen gebundene Haar aufgesetzt.

Am Pfahle, um Strahlfeld, Fronau trägt die Braut über das dunkle Gewand und den Schurz von schwarzem Seidenzeuge zwei Halstücher, ein schwarzes und ein weißes, jedes mit rothem Rande, die Enden am Rücken geschlungen und herabhängend. Weiter nördlich an der Ascha und Pfreimt ist der Brautkranz – das *Kranl* – schon wesentliches Bedingniß. Um Vohenstrauß besteht das *Kranl* aus einem vier Finger hohen oben offenen, mit Goldbrokat überzogenen, mit Perlen, Flinserln und Bouillons gestickten Käppchen, welches – nach oben sich verengend – gerade über das Haarnest paßt und sich der Kopfform anschließt. Am oberen Rande ist eine drei Finger hohe durchbrochene Verzierung von Draht mit eingefaßten Perlen und gepreßten Rauschgoldplättchen angebracht. Dieß bildet eigentlich die Brautkrone, während der untere Theil bei großen Hochzeiten auch den Prangerinnen gebührt. Das Kranl wird durch große, zweizinkige Nadeln am Haarnest festgehalten, deren platte Knöpfe – von der Größe eines Thalers – von gepreßtem Metall, mit Perlen verziert und ringsum mit bunten Glastropfen behangen sind. Der Bräutigam hat den Hut über die Hälfte des Kopfes mit einem Kranze umschlungen, auf goldbrokatenem Grunde angebrachte Perlen, Silber- und Goldtroddeln und künstliche Blumen. Die Filigranschnalle ist freigelassen. Von dem Hute des Brautführers flattert ein rothseidenes Band nieder; um Neunburg vor dem Wald hat der Bräutigam ein solches im Knopfloche.

Bezüglich des Dungagebietes wird sich auf frühere Schilderung bezogen. Wir gehen demnach unmittelbar auf die westoberpfälzische Trachtengruppe über.

An der Roth und im Neumarktischen bildet vorzugsweise bei den Katholiken das obenbeschriebene *Kranl,* jedoch ohne den kronenmäßigen Aufsatz, den Kopfputz der Braut wie der Brautjungfern, als Zeichen unbefleckter Jungfrauenehre. Wo dieses nicht der Fall ist, tritt die schwarze Bandhaube an die Stelle. Gegen die Lauterach zu wächst sich das Krönchen zu einem mächtigen, fußhohen *Prangerkranz* aus, von der Form einer plattgedrückten Kugel mit einem Durchmesser von 8 bis 10 Zoll, in welcher ein auf den Kopf passender, oben offener Cylinder sitzt. Dieser schwerfällige Kopfschmuck ist mit Goldbrokat überzogen, am Rande mit Gold- und Silberlitzen besetzt, in der Mitte und am oberen Rande von einem Blumenkranz umschlungen, von welchem bunte Perlenschnüre festonsartig herabhängen. Ein breites rothseidenes Band, in eine Masche geschlungen, flattert den Rücken herab. Von ähnlicher Form ist der Prangerkranz im Berglande an der Schwarzlaaber; desto zierlicher aber der Kopfputz der Prangerinnen. Ein mit Blumen und Flitter an seinen Silberdrähtchen geschmücktes, halbrundes Käppchen deckt das Haarnest vollständig. Es ist von einem Kranz rothseidener kleiner Bandmaschen umgeben. Das Ende dieses Bandes flattert frei den Rücken hinab bis an die Hüfte. Unmittelbar an denselben schließt sich die Binde, ein handbreites, steifwattirtes, rothes Seidenband mit Goldlitzen und weißen Spitzen besetzt, das sich platt vom Genick aus um das Vorderhaupt schlingt, die nach rückwärts gestrichenen Haare theilweise noch sichtbar lassend. Das ist das eigentliche *Bändl* (der Bendl nach Schönwerth).

Im Uebrigen gilt der dunklere Kirchenstaat mit schwarzseidener Schürze auch als Hochzeitsgewand. Der Bräutigam trägt den Hutschmuck in vorbeschriebener Weise.

An der Altmühl, im Hemauer Bezirke, vertritt bei der Braut der *Zopf* die Stelle des hinten niederhängenden Bandes. Er besteht aus einem handbreiten, steifgefütterten, rothen Wollbande, auf welches sechs von rothem Seidenbande zusammengezogene Rosetten aufgenäht sind; zwischen den Rosetten an den Rändern sitzen bunte Maschen von schmalem Seidenbande mit wallenden Enden. Der Zopf ist im Genicke an den mächtigen Prangerkranz angenistelt und wird an der Hüfte durch das Schurzband festgehalten, so daß die Braut buchstäblich den Kopf nicht zu rühren vermag. Die Prangerin hat ein ähnliches »Kranl«, wie die Bräute um Vohenstrauß, und der Bräutigam den Flitterkranz um den Hut.

Im Sulzbachischen besteht der ächte und gemeinhein auch noch gebräuchliche bräutliche Kopfputz aus sieben Theilen, dem *Bändel* und sechs *Nisteln.* Das Bändel hat die oben beschriebene Form, reicht aber bis in die Stirne herein und ist in wunderlichster Weise mit Goldlitzen, Flitter, gepreßten Metallplättchen und Spiegelchen verziert. Die Nisteln bilden zusammen das Krönl. Jede derselben besteht aus einem ovalen Spiegelplättchen von etwa 2" Durchmesser, mit Goldborten eingefaßt, an welche hohe Silber- und Golddrähtchen mit aufgesetztem Flitter die ganze Peripherie entlang angenäht sind. Die erste Nistel wird über dem Haarneste ange-

bracht, die übrigen reihen sich um dieselbe. Ein rothes Seidenband flattert den Rücken hinab.
Weiter nördlich, um Auerbach, Eschenbach, Grafenwöhr etc. verschwindet dieser eigenthümliche Brautschmuck fast gänzlich. Die Braut geht zumeist im bloßen Kopfe zum Altar, schmückt selten das Haar mit einem kleinen Kränzchen, oder trägt, wenn sie ihre Jungfrauenehre verloren hat, eine silberne Riegelhaube, gleich dem Münchener Bürgersmädchen, während die Brautjungfer die Bandhaube mit einem kleinen Kränzchen an der linken Seite – häufig von lebendigen Blumen – zu ihrem Kopfputze wählt. Nur auf der Thurndorfer Hochebene, wo theilweise noch behäbige Bauern sitzen, die den »Druispitz« nicht abgelegt haben, und denen die Redeweise in den Mund gelegt wird: *»'s san koin' über uns* (es sind keine über uns)« hält auch die Braut noch etwas auf das Bändel und die Nisteln wie im Sulzbachischen.
Im Amberger Bezirk gilt nach dieser Richtung nahezu dieselbe Sitte, wie um Neumarkt. Die junge Pfalz hinwieder hat selbst für Braut und Bräutigam, für Brautführer und Prangerin kein originelles Gewandstück gerettet. Das »Kranl« spielt nur selten eine Rolle.
Wir sind bei der letzten Trachtengruppe – dem Fraißgebiete – angelangt. Hier bildet das Feiertagsgewand der Braut auch den Hochzeitstaat. Der »stolze« Bauer aber läßt seine Tochter noch nach ächter Egerländer Sitte nur mit dem über den Rock niederhängenden Brautgürtel, dem s g. *Glockenpendel,* und dem langen schwarzen Wollmantel mit rothem Futter zur Trauung führen. Der Bräutigam hinwider trägt neben dem Sonntagsstaate ein Paar Pelzhandschuhe und eine Pelzmütze unterm Hütchen. Erst wenn die Trauung vorüber, setzt ihm die Prangerin ein Kränzchen auf den Kopf, welches er nach beendigtem Meßopfer auf den Hut steckt.
Im Stiftsgebiete geht die Braut im schwarzen Gewande zum Altar und bedient sich statt des Kopftuches der Bandhaube. Den Brautkranz trägt sie wie der Bräutigam, der Brautführer und das »Brautmoidla« nicht am Kopfe, sondern am Arme. Diese Sitte reicht herab bis nach Neustadt an der Waldnaab und das umliegende ehedem reichsunmittelbare Gebiet der Fürsten von Lobkowitz.
Also gewandet sich der Oberpfälzer an seinem Hochzeitstage.
Aus: Bavaria. Landes- und Volkskunde des Königreiches Bayern.
2. Band. München 1863. S. 177–192.

Oberfranken
DIE OBERFRÄNKISCHE VOLKSTRACHT
Von Eduard Fentsch

Selbst da, wo die nivellirende Gegenwart jede volksthümliche Eigenheit, jeden originalen Schnitt des Kleides verdrängt hat, griff sie mit auffallender Schonung an den *Kopfputz,* namentlich an jenen der Frauen. Das Volk scheint sich dessen bewußt zu sein, daß die Kopfbedeckung vorzugsweise der Tracht den Charakter verleihe. Darum hängt es wenigstens in dieser Beziehung noch gerne an alter Ueberkommniß. Während die wechselnde Mode selbst im entlegensten Winkel ihre Macht zur Geltung zu bringen wußte, hat sie großentheils die Grundformen dieses Hauptgewandstückes unberührt gelassen, und nur in der Ornamentik, in der nebensächlichen Ausschmückung mit Band und Spitze, Schleife und Falte ihre Kunst erprobt. Es bedarf nur einiger Abstraction, um aus diesen minder wesentlichen Umgestaltungen die alten Formen wieder heraus zu finden.
Die oberfränkische Bauerntracht bestätigt diese Behauptung in auffallender Weise. Der Kopfschmuck der Weiber hat sich trotz mancher Wandlungen einen Grad von Ursprünglichkeit gerettet, selbst da wo Wams und Kittel der

Ahnensitte völlig treulos geworden sind. Er gibt aus gleichem Grunde auch untrügliche Fingerzeige für die ethnographische Gruppirung.

So weit ostfränkische Cultur nachdrücklich sich geltend machte, so weit reichen auch die Varietäten der »Frankenhaube«, einer Abart der Bänder- oder Backenhaube, welche wir in der Oberpfalz kennen gelernt (vergl. Bd. II, S. 181). Jenseits dieser Grenze, welche nur das Bamberger Mainland, den untersten Regnitzgrund und zum Theile das Bayreuther Unterland umfaßt, tritt das Kopftuch an die Stelle der Haube. So im Fichtelgebirge, am Jura, im Frankenwalde und dem Voigtlande. Wir möchten dem Kopftuche gerne slavischen Ursprung zuschreiben.[1] Die Vermischung wendischer und deutscher Elemente spricht sich in der entweder abwechselnden oder gleichzeitigen Benützung von Kopftuch und Haube aus, wie solches in den Uebergangszonen, im Bayreuther Unterlande, dem oberen Regnitzgrunde und der Bambergischen Steigerwaldpartie als Sitte gilt. Im alten Wunsiedler Kreise hinwider, an Eger und Kössein bis an die Kornberge, drückt sich in der mit dem Kopftuche abwechselnd gebrauchten Haube und ihrer spezifisch oberpfälzischen Form die Zusammengehörigkeit mit dem benachbarten Pfälzer Lande aus. Wo dort das Kopftuch in Geltung ist, herrscht unverkennbare Uebereinstimmung mit der Tracht im oberpfälzischen Naabgebiete.

Damit haben wir im Großen die Grenzlinien der oberfränkischen Trachtenzonen vorgezeichnet. Sie fallen im Allgemeinen mit jener ethnographischen Gruppirung zusammen, welche wir in einem früheren Abschnitte versuchten. Im Verlaufe der folgenden Schilderung soll deshalb auch diese Gruppirung Maaß geben und die Reihenfolge bedingen.

Wir beginnen mit dem *Bayreuther Oberlande* und zwar zuvörderst mit der Centralgruppe des Fichtelgebirges. Die ächte, alte Tracht des Fichtelbergers besteht in einem langschößigen, dunklen Rocke, gemeinhin von sog. *Beidergemang* (Gewebe aus Wolle und Leine) mit großen, flachen Metallknöpfen, stehendem Kräglein und einer Taille, die auf der Hälfte des Rückens sitzt. Das bocks- oder hirschlederne ungefärbte Beinkleid reicht bis unter die Kniee, wo es über den weißen Strümpfen gebunden wird. Wadenstiefel mit geschmeidigem Schafte lassen oben noch einen Streifen Strumpfes unbedeckt. Auf dem Kopfe sitzt der »Drispitz«, der doppelt aufgekrempte breitrandige Filzhut. Das Haupthaar ist von der Stirne weg glatt nach rückwärts gestrichen, und wird am Hinterhaupte durch einen halbrunden, kurzgezahnten Kamm, welcher von einem Ohre zum anderen reicht, zusammen gehalten. Dieser Kamm ist ächt wendische Ueberlieferung, welche vorzugsweise nur noch da auftritt, wo dieses Volkselement, wie im nördlichen Frankenwalde und im Mistelgau, sonderlich rein sich erhalten hat. Und auch hier bedient sich nur die ältere Generation seiner noch gerne. Die Jüngeren haben sich dessen entschlagen, und sind großentheils auch dem aufgekrempten Filzhute treulos geworden. Eine corrupte, halbstädtische Tracht mit Langhose und Schirmmütze greift namentlich in den ärmeren und in jenen Gebietstheilen um sich, wo die Industrie ihren Sitz aufgeschlagen hat.

Bei den Weibern gilt das glatt und breit umgeschlagene, hinten einfach geschlungene Kopftuch. Der eine Zipfel wird über die linke Achsel gelegt, der andere hängt den Rücken hinab. Unter dem Kopftuche, welches bei den Protestanten zumeist von schwarzem, bei den Katholiken von buntfärbigem (rothem) Wollenstoffe ist, wird häufig ein Häubchen getragen, das in

[1] *L. Zapf* in seinen trefflichen Aufsätzen über das bayerische Voigtland (vergl. Morgenblatt von Hauff, Jahrgang 1860, Nr. 26, 27, 30 u. 31), denen wir Manches zu entlehnen uns erlaubten, nennt das Kopftuch ein altes fränkisches, westgermanisches Kleidungsstück, welches noch bei den Friesinen nördlich der Elbe und sogar bei der Landbevölkerung des nördlichen Frankreichs von Paris bis tief nach Belgien übliche Kopftracht ist. Wir halten die *Frankenhaube* für ächte, altfränkische Ueberlieferung, wenn wir auch zugestehen wollen, daß das Schlingtuch, als die einfachste und natürlichste Kopfbedeckung, älteren Ursprunges ist. Die Ausbildung der spezifischen Nationaltracht gehört einer späteren Periode an. Für *diese* war das Kopftuch in den wendischen Distrikten maaßgebend. Das im fränkischen Herzlande (in den unterfränkischen Gauen) theilweise vorkommende Kopftuch unterscheidet sich – wie wir später zu entwickeln haben – nicht unwesentlich vom slavischen.

Form und Schnitt mit dem Bayreuther sog. Neschenhäubchen Verwandtschaft hat, und nur der Spitzenkrause an beiden Seiten entbehrt. Das gestickte, spitzweckförmige »Haubenfleckle« guckt da, wo das Schlingtuch den Kopf frei läßt, hervor, und je nach der Stickerei desselben führt das Häubchen den Namen »gold-« oder »silberreiche Haube«. Im nördlichen Vorlande gegen die Saale und Pulschnitz (Münchberger Distrikt) tritt das Häubchen allgemach außer Gebrauch. Das Tuch wird um den blanken Kopf geschlungen, das Haar zurückgekämmt, und über dem Wirbel in Zöpfe geflochten, welche durch einen Kamm mit hohem, nicht selten durchbrochenem oder sonst verziertem Rande gehalten werden. Im südlichen oberpfälzischen (katholischen) Vorlande ist die Bandhaube der nördlichen Oberpfalz im Schwange. –

An dem mäßig ausgeschnittenen Leibchen hängt der Rock oder »Kittel« gewöhnlich von dunklem, einfärbigem Woll- oder Halbwollstoff, bis an die Knöchel reichend, und mit einem hellfarbigen Bande eine Handbreite über dem Randsaume eingefaßt. Bisweilen vertritt ein eingewirkter Streifen die Stelle des aufgenähten Bandes. Ueber das Leibchen wird die »Schoßjacke« oder das »Pritschwams« – ein kurzschößiges Jäckchen – angezogen, darüber der bunte Schurz. –

Die Tracht im bayerischen *Voigtlande* steht im Charakter von jener im Fichtelgebirge nur unwesentlich ab. Doch hat auch sie ihre Nüancirungen, die sich an bestimmte Lokalgrenzen knüpfen. Wir unterscheiden wesentlich drei Zonen derselben: die Wasserscheide und das obere Hügelland, den Saalgrund, und das Mainthal, für welche wieder der Kopfputz der Weiber Maaß gibt. Im oberen Hügellande schmückt ein Kamm mit auffallend hohem Rande das Hinterhaupt, und gibt dem darum geflochtenen Kopftuche etwas Kühnes und Markirtes. Das zu einer glatten Wulst emporgestrichene, zu einem breiten Zopfe geflochtene und aufwärts geschlagene Haar wird durch diesen zierlich durchbrochenen, etwas nach vorne geneigten Kamm zusammengehalten, und das Schlingtuch von vorne nach hinten so um den Kopf gelegt, daß das Hinterhaupt frei bleibt. Das Tuch wird im Genicke gebunden, die eine Hälfte des Endes flattert den Rücken hinab, die andere wird über die rechte Schulter geworfen. Im Selbitzgebiete erreicht der Kamm womöglich eine noch bedeutendere Höhe, und sitzt senkrecht auf. Im Saalgrunde hinwider wird er auffallend klein. Das im Hügellande fast jederzeit dunkelviolette Kopftuch ändert im Saalthale seine Farbe in Ziegelroth, im Maingrunde in Türkischroth, und in beiden Gegenden gilt wieder der Haubenfleck, um welchen das Tuch in ähnlicher Weise geschlungen und auf der Stirne zu zierlicher Masche gebunden wird (Maschentuch), wie im Bayreuthischen. In den katholischen Enclaven wird das Schlingtuch zu einem schmalen Stirnbande, hinter welchem das Kämmchen frei im Haare steckt. –

In Betreff der übrigen Gewandtheile und ihres Zuschnittes bewähren die voigtländischen Weiber und Mädchen einen anerkennenswerthen Geschmack. Die Taille sitzt am rechten Flecke, der Schnitt ist knapp, hebt die meist schlanken Körperformen und hat dem städtischen Kleiderkünstler manche kleine coquette Form abgelauscht, ohne jedoch den bäuerlichen Typus im Ganzen völlig zu verwischen. Die Farbenzusammenstellung ist nicht geschmacklos.

»Man trägt im allgemeinen leichte und wohlfeile Stoffe und der dunkle, mit breiten blauen Bändern besetzte Friesrock, der das kernigere, abgeschlossenere Bauernthum des Maingrundes bezeichnet, ist hier zur Unmöglichkeit geworden, obwohl es keineswegs an schweren kostspieligen Kleidern für besondere Gelegenheiten fehlt. Eine an feste herkömmliche Stoffe und Farben gebundene Tracht ist daher nicht mehr vorhanden. Trotz der jeder Käuferin überlassenen freien Wahl würde man indessen eine hellgrüne Schürze auf brennrothem Rocke, wie dergleichen in den katholischen Bezirken häufig zu treffen ist, vergeblich suchen. Die Kleiderstoffe sind meist dunkel, braun, grau etc. in den verschiedensten Schattirungen, wozu die auf ein gefälliges Maaß reduzirte blaue oder carmoisinrothe Schürze recht wohl kleidet. Den Oberkörper umschließt ein Orleans- oder Sammtjäckchen (Spenser) von dem sich wieder die buntseidenen Kopftuchspiegel lebhaft abheben. Im Hause oder beim Tanze zeigt sich jedoch das Mädchen stets in den blanken, bis über die Ellenbogen aufgestreiften Hemdärmeln. Den Hals ziert eine mehrmals umschlungene Silberkette, auf dem Busen schimmert eine Schnur aneinander gereihter Goldstücke.« –

»An den Fenstern des voigtländischen Bauernhauses fehlen selten die ›Straußenscherben‹ mit wohlriechenden Blumen, welche die Schöne gerne vor die Brust steckt oder bei besonderen Gelegenheiten in würzige Sträuße bindet. Namentlich sind die dunkelrothen Nelken und das Marumkraut (Marmserm, marum verum) beliebt, welche neben dem weißen, zusammengelegten Schweißtuche in der Hand des geputzten Bauernmädchens nicht leicht fehlen.« (Zapf l. c. S. 647 ff.) –

Die Männertracht in den Dörfern des oberen Saalgebietes ist beinahe völlig modernisirt und erst gegen Hof und am Main treffen wir wieder althergebrachtes, stattliches Bauerngewand. Namentlich kann der städtische Cylinder, den der voigtländische Bauer an Festtagen zu dem feintuchenen Rocke und langen Beinkleide trägt, dem Freunde des Volksthümlichen wenig zusagen. Vor Allem gern, schon aus Billigkeitsrücksichten, kleiden sich die *Weber* auf städtische Art, was ihnen die Erzeugnisse der Industrie, deren Diener sie sind, sehr erleichtern. So tragen sie häufig kurze, modern geschnittene Röcke von hellem Sommerzeug, daher der Scherzreim:

Kan Bauern mog i net,
Des is a Pflock,
I möcht an Weber hob'n
Mit 'eren Rock!

Im *Egerländchen* und an der *Kössein* vernehmen wir nicht blos oberpfälzischen Klang in der Sprache, wir treffen auch gleiche Gewandung in Schnitt und Stoff, wie im nachbarlichen oberpfälzischen Naablande (vergl. Bd. II. S. 188). Die katholischen Weiber schlingen das rothbraune Tuch dreizipflig über den ganzen Kopf, oder tragen die pfälzische Bandhaube, während die Protestantin das schwarze Schlingtuch ähnlich wie die Bayreutherin, nur auffallend schmäler umbindet. Die Mädchen gehen sehr häufig im blosen Kopfe. – Die Männertracht ist namentlich in den Weberbezirken halbstädtisch und corrupt.

Im *Bayreuther Unterlande*[2] zwischen Fichtelgebirg und Jura hat der bäuerliche Styl in der Tracht manigfach Schaden gelitten. Wir sind in der Umgebung der ehemaligen, durch den Luxus ihrer Fürsten nicht wenig berühmten Residenz, die auch auf das Bauernhabit einen merklichen Einfluß ausübte. Doch hat sich wieder im weiblichen Kopfputze ein Stückchen Originalität erhalten. Das kennzeichnende Merkmal der Bayreuther Mädchen ist das bereits erwähnte *Neschenhäubchen,* das ziemlich senkrecht dem Hinterhaupte aufsitzt. Um das ovale, unten zusammen gezogene Bödchen (Haubenfleck) von der Größe einer flachen Hand, meist aus Gold- oder Silberstoff mit eingewirkten buntseidenen Blumen, reiht sich die eigentliche Kappe, kaum etliche Finger breit, die sich platt dem Hinterhaupte gegen die Ohren zu anschmiegt, und mit breiten Bindbändern versehen ist. Ein ungesteifter Spitzenrand garnirt das Häubchen. Derselbe ist oben am Scheitel glatt und zurück-

[2] Zur Vermeidung von Mißverständnissen sei wiederholt bemerkt: Wir bezeichnen die Gegend vom Main bis zum Ostabhange des Juras als Unterland blos im Gegenhalte zum Fichtelgebirgshochlande. Nach der Territorialeintheilung des ehemaligen Fürstenthums Culmbach-Bayreuth gehörte die Amtshauptmannschaft Bayreuth mit jener von Hof, Wunsiedel und Culmbach, dann den Oberämtern Gefrees (Berneck, Goldkronach), Creussen (Pegnitz, Schnabelweid und Osternohe) Lichtenberg und Münchberg zum »Oberlande«. Das Unterland war gebildet durch die Amtshauptmannschaften Neustadt an der Aisch und Erlangen, dann die Oberämter Baiersdorf, Hoheneck (Ipsheim) und Neuhof, welche jetzt sämmtlich zu Mittelfranken geschlagen sind.

geschlagen, an den Seiten aber bis herab zum Kinn in Falten gezogen und nach auswärts stehend. Gegen unten wird er breiter, und umrahmt das ganze Gesicht nicht übel. Diese Spitzen, die *Neschen,* sind es, welche dem Häubchen, das schließlich nur eine zierliche Variante der Backenhaube ist, zu seinem Namen verhalfen. Ueber dasselbe wird das schwarzwollene Kopftuch breit und massig gelegt, so das nur das Bödchen frei bleibt, und die Neschen von den Ohren bis unter das Kinn das Antlitz umsäumen. Oberhalb der Stirne wird das Tuch in einen losen Knoten gebunden, und die Enden mit einiger Coquetterie wieder eingeschlungen, daß nur die dunklen Fransen über die Schläfe hereinfallen. Häufig muß das Kopftuch allein für den Werktag ausreichen. So weit es das Hinterhaupt frei läßt, guckt dann der breite, zierlich geflochtene, hoch aufgesteckte und durch einen Kamm gehaltene Zopf heraus. –

Ein dunkelgrünes gestricktes Mützchen mit enganliegenden Aermeln und kurzen Schößchen, darüber ein buntseidenes Brusttuch, ein Rock von dunkelblauem oder schwarzem Wollstoff, in der halben Höhe mit zwei Streifen hellblauen Bandes besetzt, dunkle Schürze, weiße Strümpfe und Halbstiefelchen bilden die übrigen Theile des Gewandes, zu dessen unerläßlicher Ergänzung die *Paterlschnur* (eingereihte schwarze Glasperlen, vordem zu pater noster Kugeln verwendet) um den Hals gehört.

So treffen wir in der Weibertracht noch Charakter, während die Männerkleidung eines solchen völlig entbehrt. Nur in einem kleinen Bezirke hat sich auch nach dieser Richtung noch ein achtbarer Grad von Volksthümlichkeit erhalten. Wir meinen den *Mistelgau.* – Ein meist tafelförmiges Getreideland, vom Ostabhange der sog. Neubürg (bei Wonsgehaig) bis an den Sophienberg und die waldbewachsenen Hügel um Dondorf zunächst Bayreuth reichend, umfaßt derselbe lediglich die Ortschaften Bärenreuth, Brenz, Forkendorf, Gefees, Haag, Mistelbach, Mistelgau, Oberschrenz, Pettendorf, Pittersdorf, Seitenbach, Trebersdorf und Voitsreuth. Vorzugsweise nur im Hauptdorfe Mistelgau und seiner näheren Umgebung gilt jene volksthümliche, eigenheitliche Nationaltracht, der wir eine ausführlichere Schilderung gönnen müssen.

Der Mistelgauer streicht sein langes Haupthaar nach slavischer Sitte von der Stirne zurück. Unterhalb des Wirbels wird es durch einen halbrunden Kamm, wie wir ihn bereits oben beschrieben, festgehalten. Ein breitkrempiger, unaufgestülpter Schlapphut mit rundem Köpfchen sitzt ihm keck auf den Ohren. Schnüre, die vom Rande der Krempe zur Mitte des Gupfes laufen, halten jene, damit sie nicht zu schlaff niederhänge. An der inneren rechten Seite der mehr als schuhbreiten Krempe aber prangt eine Rosette von schwarzen Seidenbändern mit einem golddurchsponnenen Knopf in der Mitte, das eigentliche Abzeichen des Mistelgauers, dem der Volksmund die Bezeichnung »Hummelnest« beilegte. Denn der Bauer dieses Gaulandes heißt durchweg nur »Hummelbauer«, ein Spitzname, dessen Deutung wir bereits gegeben haben. Nachdem der Hummelbauer lange Zeit hindurch handgreiflichen Protest gegen diesen Gattungsnamen eingelegt und hiedurch denselben allerwärts nur noch mundgerechter gemacht hat, bequemt er sich dessen neuerlich, oder zahlt mit gleicher Münze aus, und heißt seine Nachbarn auf der steinreichen Dondorfer Gemarkung und Umgebung die »Steinwespen«. –

Die Stelle des breitkrempigen Filzhutes vertritt Werktags häufig die grüne Sammtmütze mit einer Verbrämung von Marderfell, von gleicher Form, wie sie der Bauer im Waldsassener Stifte trägt (vergl. Bd. II. S. 189), nur daß der vordere Theil des Pelzumschlages bedeutend höher ist. Die ältere Generation stülpt selbst den Hut über diese Mütze. Ein schwarzes, halbseidenes Halstuch, vorne in eine Masche geschlungen und überdieß durch eine Art fibula mit gewaltig großer Glasperle zusammengehalten, läßt den oberen Theil des Hemdkragens noch sichtbar. Aehnliche in Tombak gefaßte Glasknöpfe dienen, das Hemd um den Hals und vorne an den Aermeln zusammen zu halten. An diesen Kleinigkeiten hängt der Mistelgauer mit aller Entschiedenheit. Ein schmales, abgenähtes Unterleibchen von buntem Perse, bisweilen mit Goldschnüren besetzt, reicht bis zur Hälfte der Brust, so daß der obere Theil des Hemdes sichtbar bleibt, und vertritt die Stelle der Weste. Darüber wird der lederne Hosenträger gelegt, ein Hauptstück des Gewandes, der nicht angeknöpft, sondern mit handfesten Hacken am Beinkleide befestigt wird. An die vordere Quergurte desselben ist der »Brusterfleck« angesteppt, eine lederne Zunge von der Größe einer derben Handfläche, welche just über der Herzgrube den größten Theil des Unterleibchens deckt. Was der schmucke Ledergurt dem bayerischen Hochländer und Tyroler, das ist der Brusterfleck dem Hummelbauern. Zierlich durchschlagen, gesteppt, mit Seide und Pfauenfedern gestickt, gilt er als Hauptzier des ganzen Anzuges, als sonderliches Augenmerk des ländlichen Stutzers und zumeist auch als Dokument bäuerlichen Wohlstandes. Es liegt ein ausgesprochenes Selbstgefühl schon in der Art wie der Mistelgauer das Wort »Brusterfleck« mit dem vollen Gewichte seiner Consonanten herausstößt!

Als Kirchenstaat gilt der kurze, kaum bis an die Kniee reichende Rock von schwarzem Beidergemang oder »Weschert«, wie der Stoff hie zu Lande heißt. Grünes Futter und gleicher Vorstoß ist unerläßlich. Die Taille des Rockes steht kaum eine Spanne vom Halse ab, und die Falteneinschläge der beiden Schöße sitzen schier unter der Achsel. Knopf und Knopfloch sind durch Häckelchen und Schlinge wie beim Menoniten vertreten. Im Wirthshause oder sonst, wo der Bauer nicht mit allem Aufwande des Respektes zu erscheinen hat, vertauscht er den Rock mit dem hellblauen Tuchjanker (Schalk) mit weißem Futter und Vorstoß und einer doppelten Reihe engzusammengestellter, halbkugelförmiger Metallknöpfe. Die schwarzledernen weiten Pumphosen sind unterm Kniee zusammengezogen und mit den Hosenriemen gebunden, welche zugleich als Strumpfbänder gelten. Weiß ausgenähte, ziemlich stramm angezogene Wadenstiefel lassen noch einen Theil der weißen oder grauwollenen Strümpfe unterm Knie unbedeckt.

Also gewandet sich der gerechte Mistelgauer vom Schuljungen bis zum ehrwürdigen Altsitzer, und ob auch Einer hie und da am Schnitte seines Kleides etwas zu tadeln fände, so muß er doch gestehen, daß die Tracht im Ganzen – ungerechnet ihre Originalität – nicht übel anläßt. Im Durchschnitte sind die Burschen des Gaues gelenkig und geschmeidig, und der breitkrempige Hut, der kurze Kittel und die weiten Beinkleider geben ihrer Erscheinung etwas Keckes und Malerisches, das nur durch die verschobene Hifte Schaden leidet.

Minder kleidsam, aber nicht weniger eigenthümlich ist die Weibertracht. Die Hauptrolle am Kopfschmucke spielt das Schlingtuch. Im Sonntagsstaate ist es von roth und schwarz gestreiftem Wollenzeuge, in der Trauer weiß mit feinen schwarzen Streifen. Gleich einem Turban sitzt es, durch eine Einlage von Pappe gehalten, ziemlich senkrecht am Vorderhaupte, wohl schuhhoch über die Stirne hinausreichend und die Haare fast gänzlich verhüllend. Die schmal und glatt zusammen gelegten Zipfel sind im Nacken einfach geschlungen, und während der eine über den Rücken hinunter fällt, wird der andere mit unverbrüchlicher Regelmäßigkeit über die rechte Schulter nach vorne geworfen. Unter dem Kopftuche sitzt das Neschenhäubchen. Es gleicht dem Bayreuther; doch sind die Neschen am Vorderhaupte nicht umgeschlagen, sondern stehen aufrecht, und reichen über die Höhe des Kopftuches hinaus. Das sog. *abgestickte* Bödchen ist im Genicke zusammengezogen und mit schwarzseidenen, fliegenden, langen Bandmaschen versehen. Um den Hals schlingt sich die Paterlschnur oder eine silberne Kette. Das gestickte, dunkelgrüne, kurztaillige Mützchen (Schoßwams) mit hellgrüner Einfassung bleibt vorne an der Brust gewöhnlich offen, und läßt das Leibchen sehen, an welchem der Rock hängt. Ersteres hat womöglich eine noch kürzere Taille als das Schoßwams, ist sehr weit ausgeschnitten, zumeist von schwarzem Halbseidenstoffe und häufig mit Silberborten oder Goldschnüren verbrämt. Darüber ist ein seidenes, meist schwarz und roth gestreiftes Brusttuch gelegt, welches den vom Leibchen freigelassenen und blos mit dem Hemde bedeckten Busen schützt. Das Hemd selbst ist langärmelig, am Halse und an den Handbündchen reich mit Spitzen garnirt. Ein faltenreicher, schwarzer oder dunkelblauer Wollrock, in der Hälfte der Höhe mit zwei Reihen hellblauen Bandes eingefaßt, wird hart unter der Achsel vom Leibchen festgehalten und reicht bis an die Knöchel; darüber der grüne Fürfleck, durch bunte Seidenbänder gehalten, die vorne in langer Masche herabflattern. Weiße Strümpfe mit rothen Zwickeln und Schuhe, vielfach auch Knöchelstiefelchen, vollenden den Anzug. Aeltere Frauen tragen noch über den Rist ausgeschnittene Schuhe, wie sie zur Renaissancezeit üblich waren, und das drei bis vier Hand breite weiße Kirchentuch, glatt über den Rücken gelegt, vorne an der Brust nicht geschlungen sondern flach gekreuzt, an das weiße Tuch der slavischen Klageweiber gemahnend. –

Eine originelle Sitte der Jungfrauen und Weiber macht den Pelzmuff Jahr aus Jahr ein zu einem ergänzenden Bestandtheil des Kirchenstaates. Er ist nicht selten von kostbarem Feh und – um diesen zu schonen – mit Seidenstoff überzogen. In der Kirche wird er auf der Brüstung des Betstuhles aufgepflanzt, am Schlusse aber während des Vaterunsers vor das Gesicht gehalten. Auf den harmlosen Fremdling macht dieser Brauch einen überraschenden, nahezu komischen Eindruck. Dagegen ist ein anderer Gewandtheil seit den ersten Dezennien dieses Jahrhunderts in Abnahme gerathen und nun fast völlig verschwunden. Das sind die breiten, mit metallenen Buckeln und Beschlägen zierlich ausgeschmückten Ledergürtel, welche gleich den altdeutschen Besteckgürteln schief von der Hifte herabhingen und sonderlich dazu dienten, das Schnappmesser zu tragen und den Rock zu schürzen. –

Wir gehen mit unserer Schilderung auf *Bamberger Gebiet* über und beginnen zuvörderst mit dem *oberfränkischen Juralande*. Die Tracht des Bauern in der »fränkischen Schweiz«, dem eigentlichen Kern dieser Gruppe, gilt so ziemlich als Prototyp, von welchem der Siedler im Ebermanstädter Grunde, im Forchheimer Bezirke und dem unteren Regnitzthale sich nur geringfügige Abweichungen erlaubt. Der rundköpfige, breitkrempige Filzhut, ist heraußen im Grunde mehr im Schwange, als drinnen im Gebirge. Der kleinere Hintertheil der Krempe ist entweder einfach lothrecht aufgestülpt, so daß der Rand die Höhe des Kopfes um ein Beträchtliches überragt, oder die Stulpe erstreckt sich auf die ganze hintere Hälfte der Krempe und bildet eine Kante mit zwei nach links und rechts schräg vorlaufenden Flügeln. Die vordere flache Schaufel wird – gleich den aufgekrempten Theilen – durch Schnüre festgehalten, die sich um einen in der Mitte des Kopfes angebrachten Knopf schlingen, und ist ein wenig aufwärts gerichtet. Handsam – nach unseren verwöhnten Begriffen – mag diese massige und umfangreiche Kopfbedeckung wohl kaum genannt werden; aber sie gibt der Erscheinung noch etwas Derbes, Keckes und Ursprüngliches, selbst wenn die übrigen Gewandstücke (wie dieses im inneren Juralande sehr häufig der Fall ist) vom ächten bäuerlichen Schnitte abweichen. – Hie und da in ganz vereinzelten Exemplaren tritt auch noch der dreifach aufgestülpte Hut – eine übertragene städtische Sitte aus der

Mitte des vorigen Jahrhunderts – auf den Schauplatz.
Wo noch eine vollgewichtige Bauernschaft seßhaft ist, gilt auch die kurze, gelblederne Beinhose mit Wadenstiefeln und der langschößige Rock von Beidergemang oder dunkelblauem Tuch. Aber auf den steinigen, wasserlosen Hochebenen des Juraberglandes ist eine solide Behäbigkeit nicht gerade vorwaltend. Die Armuth bequemt sich dem wohlfeilsten Stoffe und dem simpelsten Schnitte, und so treffen wir denn das lange Beinkleid mit Bundschuhen und eine ausgesucht geschmacklose Schirmmütze häufiger als die landesübliche Bauerntracht. –
Aeußerst kleidsam gewanden sich die Weiber und Mädchen unserer Gruppe. Den Kopf bedeckt ein rothes, buntberändertes, bei den Protestanten in der Streitberger Enclave meist schwarzes oder schwarz und roth gestreiftes Schlingtuch. Es ist also umgebunden, daß die beiden wieder nach vorne geschlungenen und über der Stirne einfach geknüpften Enden wie zwei geneigte Flügel nach den Seiten abstehen. Der ganze Kopf ist damit bedeckt, und der hintere, eingeschlagene Zipfel hängt nahezu bis an die Taille herab. An hohen Festtagen tritt ein weißes Tuch an dessen Stelle, dreieckig zusammengelegt und über den Kopf geworfen, die Seitenenden nach hinten geschlungen und im Genicke gebunden. Der eine Zipfel wird dann regelmäßig über die rechte Achsel gelegt, und hängt vorne die Brust herab, während der andere mit dem mittleren Tuchende den halben Rücken bedeckt. Das weiße Tuch gebührt sich auch zu Kindtaufe, Hochzeit und Begräbniß. Im letzteren Falle – einer unverkennbar slavischen Sitte – wird es als Zeichen der Trauer tiefer in die Stirne hereingezogen, und die beiden Seitenzipfel wieder nach vorne geschlungen und dort geknüpft. –
Der nahezu bis an die Knöchel reichende, reich in Falten gelegte Rock ist durchschnittlich von braunrothem, schwarzblauem oder dunkelviolettem »Dermet«, einem Gewebe aus Baumwolle (Zettel) und Wolle (Einschlag) und hat hart über'm Saume eine Einfassung von hellfarbigem Bande. Er bildet als Kittel gewöhnlich einen selbständigen Gewandtheil und wird durch Gurten, gleich den Hosenträgern, also gehalten, daß zwischen ihm und dem Brustflecke das blanke Hemd ein Paar Fingerbreit durchguckt. Das geschieht mit einiger coquetten Absichtlichkeit und läßt sich auch gut an, da aus gleichem Grunde die Taille tiefer auf der Hüfte sitzt. Der wenig ausgeschnittene Brusttheil führt insolange, als er demgemäß gleichfalls eine selbständige Rolle spielt, den Namen »Brusterfleck«. Bildet er mit dem Rocke nur ein Ganzes, so heißt er »Leible«. Leible und Brusterfleck schmiegen sich glatt an die Busenform, sind vorne mit einer Reihe blanker Knöpfchen zugehalten, und reichen höher hinauf als der tiefer ausgeschnittene Mutzen, der darüber angezogen wird. Hat dieser Letztere Schößchen, so gebührt ihm die Bezeichnung »Wamesle«, wenn nicht, so heißt er »Stutzl«. Das Wamesle ist von dunkelfarbigem, bei den Katholiken wohl auch von geblümten Zeuge mit mäßig kurzer Taille, häufig mit einer Einfassung von breitem, grünen Seidenband. Nach älterem Schnitte laufen die Schößchen hinten in zwei langgespitzte, steife Lappen aus. Die enganschließenden Aermel reichen bis an das Handgelenk und lassen die Spitzen, womit die Bündchen des langärmeligen Hemdes eingefaßt sind, noch vorgucken. – Ein buntseidenes, bei dem Protestanten meist schwarz und roth gestreiftes Halstuch wird über das Wams angelegt, so daß das Eck den halben Rücken hinabreicht, während die beiden Flügel *über* der Brust aber *unter* dem stets offenen Mutzen sich kreuzen und mit ihren Enden zu beiden Seiten tief herabhängen. Eine Schürze, an hohen Festtagen von weißem Linnenzeuge mit Randstickerei, bei der Braut von schwarzem, und bei den Kranzjungfern von buntem Seidenstoffe, weiße Strümpfe mit eingewirkten rothen Zwickeln und

weit ausgeschnittene Schuhe vollenden den Anzug. Im nördlichen Theile des Gebirges gegen Lichtenfels ist die slavische Sitte der rothen Strümpfe noch vorwaltender, und die Vorliebe für grelles Roth kündet sich namentlich in den Farben der Kopftücher.

Im *Maingrunde um Bamberg* tritt eine Abart der Frankenhaube an die Stelle des Kopftuches, und verräth ostfränkischen Cultureinfluß. Nur die Bequemlichkeit der Toilette und die Wohlfeilheit des Schlingtuches verdrängt neuerer Zeit die landesübliche »Bamberger Haube« mehr und mehr. Die erwähnten beiden Faktoren sind es überhaupt, welchen die Gegenwart das Uebergewicht über das traditionelle Gewand allenthalben verschafft. Der erleichterte Verkehr und der Fortschritt der Industrie macht dieselben nahezu unüberwindlich. Ersterer insbesondere bedingt die Stätigkeit des Grundbesitzes, und an diese knüpft sich wie an ihr Schicksal die Stätigkeit der nationalen Tracht. Nun ist aber neuerlich der Grundbesitzwechsel eben so in Fluß gerathen, wie der Waarenverkehr. Wir fürchten, es möchte schon im nächsten Jahrhunderte der Prozeß der Ausgleichung auf diesem Gebiete so weit vorgeschritten sein, daß für vergleichende Trachtenstudien kaum mehr die territoriale Marke ausreichen werde. Wohl wird auch die »Bamberger Haube« alsbald zu den Reliquien einer überstandenen Epoche gezählt werden. Das verpflichtet uns in erhöhtem Maaße, ihrer Schilderung ein Paar Zeilen zu widmen. Ihr Gupf unterscheidet sich kaum merklich von jenem der bekannten Bänderhaube. Statt der den Rücken hinabwallenden fliegenden Bänder aber hat sie diese in eine steife Masche geschlungen, die in zwei mächtigen, schier fußbreiten Flügeln auseinander stehen. Senkrecht wie eine Wand bilden diese Maschen den Hintergrund des Kopfes, in der Mitte überragt von der kegelförmigen Spitze der Kappe. Die Enden des Maschenbandes hängen etliche Hand breit über den Nacken herab. – Diese Haubengattung ist spezifisch katholisches Abzeichen, und geht mainabwärts wieder in die gewöhnliche Bandhaube über. Im protestantischen Aurachgrunde tritt wieder völlig der Character des fränkischen Häubchens auf, nur ist dieses mit einer anderthalb Zoll breiten, am Kopfe zurückgeschlagenen, an den Bindlappen sich fortsetzenden und bis an's Kinn herabreichenden schwarzen Spitzengarnitur besetzt, anklingend an das protestantische Bayreuther Neschenhäubchen. Als eine Spezialität erwähnen wir das Kopftuch der Bamberger Obsthändlerinnen, das breite, rothe, sogenannte *Pfeffertuch*. –

Den Maingrund aufwärts und im *mittägigen Vorlande des Frankenwaldes* an der unteren Rodach und Steinach, am weißen Maine und der Schorgast ist sporadisch – namentlich an den Feiertagen, und bei den Bürgerinnen der Landstädtchen häufiger als am platten Lande – noch die Bamberger Haube in Uebung. Statt des Bindbandes wird sie durch ein schmal zusammengelegtes Stirntuch, schwarz mit rothem Rande, gehalten. Bei den protestantischen Weibern und Mädchen hinwider gilt das schwarze Schlingtuch wie im Bayreuther Lande, und nicht selten das Neschenhäubchen. Die übrigen weiblichen Gewandtheile tragen hier wie im Maingrunde um Bamberg weder jenen entschiedenen noch jenen gleichförmigen Character, wie die Tracht der angrenzenden Juragruppe. Es herrscht viel Willkür in Stoff, Farbe und Form. Gleiches gilt auch von dem männlichen Anzuge. Eine verdorbene städtische Mode mit Haube und Langhose, welche der Bequemlichkeit Rechnung trägt, drängt den alten, landesüblichen Gebrauch in den Hintergrund, oder hat eine Art Zwittertracht zuwege gebracht, deren Zusammenstellung an's Komische streift. So gilt in Stadt Kronacher Umgebung als Sonntagsstaat die kurze, schwarze oder dunkelblaue Manchester-Weste, ein bis an's Knie reichendes Beinkleid von gleichem Stoffe, das sich nach unten verengt und am Kniebuge durch vier blanke Metallknöpfe zusammengehalten wird, blaue Strümpfe und Schuhe, und zu alle dem ein halbmoderner blauer Stutzfrack, der wirklich mit sichtlicher Beschämung in solcher Umgebung auftritt. Werktags hat noch bessere alte Sitte das Vorrecht. Da spielt noch der ungebleichte Beidergemang[3] eine Rolle bei Brustfleck, Schalk und Kniehose, dazu Strümpfe ohne Vorfuß, »Degel« genannt, und schwere Bundschuhe. Der ehrsame Dreimaster aber, der hier weiland *über* die mit Pelz verbrämte grüne Sammtmütze aufgesetzt wurde, ist durch die Schirmmütze fast völlig verdrängt.

Die Weiber des Kronacher Bezirkes hüllen den Kopf in wollene oder halbwollene Tücher von möglichst ungebrochener Farbe, grün, amaranth, scharlach, mit grellbunter Bordüre und dergleichen Fransen in ähnlicher Weise, wie es in der fränkischen Schweiz Sitte ist. Das tief ausgeschnittene Leibchen ist gleichfalls wie im Jura vom Rocke getrennt, so daß zwischen beiden das blanke Hemd hervorguckt. Das weite, faltige Busentuch wird vorne eingesteckt. Ein Paar buntgewirkte Traggurten laufen über dasselbe weg, und halten den faltenreichen Friesrock, zu welchem meist gebrochen blauer, grüner oder rother Wollstoff verwendet wird. Zwei, auch drei Reihen heller, verschiedenfarbiger Bänder bilden die Einfassung. Das ganze Costüm hat etwas Freies, Malerisches, hebt die Figur und ist überhaupt äußerst kleidsam. Ein natürliches Schönheitsgefühl kündet sich in der Wahl und Zusammenstellung der Farben, welche – unten gebrochen – nach oben zu ganzer Frische und Reinheit sich steigern.

Eine weitere Trachtenzone bildet der tiefere, *nördliche* und *nordöstliche Theil des Frankenwaldes* bis zum Rennsteige. Die Gewandung des Mannsvolkes, wohl auch die der Weiber und Mädchen am Werktage steht zwar von jener der südlichen Nachbarschaft wenig ab; am Sonn- und Feiertage aber spielt der originelle, ächt slavische s. g. »Hadern« eine kennzeichnende Rolle. Er besteht aus einem hellen, feingeblümten, am Rande gestickten und mit schmalen Spitzchen besetzten Linnentuche, welches gesteift und in den verschiedensten, launigsten Formen und den Kopf geschlungen wird. Schier jedes Thälchen hat sich eine eigenthümliche, ortsübliche Weise, den Hadern umzubinden, gewahrt. Die auffallendsten Formen sind jene in der Umgebung von Steinwiesen, wo das nach vorne geschlungene rechte Tuchende als ein weit vom Kopfe abstehender, faltiger, fächerartiger Flügel aus dem Knoten heraustritt, während der schmale, linke Zipfel glatt der Stirne gegen das Ohr zu anliegt; ferner jene im Tschirner und Reichenbacher Bezirke, wo der Hadern dem nach dem Wirbel zurückgestrichenen und dort in eine Wulst zusammen gebundenen Haare fast in Gestalt eines Helmes aufsitzt. Es bedarf eines eigenen Drahtgeflechtes, um diesen fußhohen künstlichen Bau in den Fugen zu halten. Aehnlich, nur etwas weniger steif, aber desto gewaltiger im Umfange, schlingen die Weiber von Steinbach am Walde ihren Hadern, der also gestärkt und künstlich gefügt ist, daß er wie eine Kappe vom Kopfe genommen und wieder aufgesetzt werden kann. In der Masse des dazu verwendeten Tuches, das wie ein aufgeblasener Sack am Kopfe sitzt, verschwindet schier das Gesichtchen. Namentlich mag es der Tschirner Hadern mit seiner Helmform gewesen sein, der die gemeingiltige Ansicht hervorrief, die wendischen Weiber, welche weiland mit diesem Kopfputze ihren Männern zur Schlacht das Geleite gaben, hätten daher auch dessen Bezeichnung (von »Hader« Streit) genommen. Der generelle, auch in Altbayern übliche Ausdruck »Hadern« bezeichnet aber nicht blos ein abgenütztes, schlechtes Stück Tuch, sondern wird namentlich in der älteren Sprachweise in der Bedeutung eines guten, verwendbaren Stückes gebraucht,

[3] Bademå oder Bedermä˜ im Dialekte, dem gegenüber reines Linnen als *Tuch* und ganz wollener Stoff als *Zeug* bezeichnet wird.

so »Handhadern« (Handtuch), »Pranghadern« (Manschetten). Das slavische Gewandstück hat sich einem deutschen Namen bequemen müssen.[4]

Der vollständige Feiertagsanzug einer katholischen Frau zu Steinbach am Walde, Tschirn, Reichenbach, Steinwiesen und Umgebung besteht – den Hadern ungerechnet – aus folgenden Stücken: Um den Hals hängt eine Schnur Paterlen mit einem Marienbildthaler. Eine Halskrause von Linnen, mit Spitzen besetzt, ist über das rothseidene Brusttuch ausgeschlagen. Das vorne weit ausgeschnittene, meist bunte Leibchen ist mit farbigem Bande eingefaßt, darüber ein gleich weit ausgeschnittener, engärmeliger Mutzen ohne Kragen. Dieser Schnitt des Mützchens ist spezifisch katholisch, während jenes der Protestanten (beinahe allgemein von der Pegnitz bis an den Thüringer Wald) nahe bis an den Hals reicht, mit bauschigeren Armeln, die sich erst am Handgelenke verengen, und mit einem breiten Umschlagkragen versehen ist. Hellgrüne Schürze, blauer oder brauner, faltenreicher Rock, am Saume hellblau, auch weiß eingefaßt, weiße Strümpfe mit rothen Zwickeln und Drollenschuhe bilden die übrigen Gewandtheile. –

Jenseits des Rennsteiges in dem alten protestantischen *Amte Lauenstein* hat sich schließlich auch noch eine eigenheitliche Landestracht erhalten. Im Westgebiete (Ebersdorf und Umgebung) sitzt den Weibern ein kleines, schwarzes Bandhäubchen auf dem Kopfe. Darüber schlingt sich – breit zusammengelegt – ein gestärktes weißes Linnen- oder Baumwollentuch, im Genicke geknotet, die Enden gestickt und mit Spitzchen besetzt, wie zwei breite, steife Flügel wagrecht vom Kopfe abstehend. Das ist der »Lappen«,[5] ein Synonyme des Hadern. Die Spitzenkrause um den Hals fehlt. Ein dunkles, meist violettes Halstüchlein wird fast völlig bedeckt von dem gleichfalls dunkelfärbigen, geschlossenen Mutzen, dem »Mäß« nach landesüblicher Ausdrucksweise, das nach dem vorerwähnten protestantischen Muster geschnitten ist. Der enggefältelte Rock von dunkler Farbe reicht kaum bis an die Knöchel, ist mit hellem Bande eingefaßt, und vorne durch eine graublaue Schürze bedeckt. Beim Kirchgange gilt das sogenannte »Kirchtuch«, ein etwa schuhbreit glatt zusammengelegtes, weißes Linnentuch, das um den Rücken geschlungen und über der Brust glatt gekreuzt wird.

Der Osttheil des Thüringer Waldes, der Lauensteiner Bezirk, unterscheidet sich in trachtlicher Beziehung von der vorgeschilderten Gruppe wesentlich nur durch die Kopfbedeckung der Weiber. An die Stelle des »Lappens« tritt ein Spitzenhäubchen mit handbreiter, steifer, cylinderförmiger, senkrecht aufsitzender Kappe, von den röhrenförmigen Falten einer etwas breiteren, gesteiften, schwarzen Florspitze wie von Orgelpfeifen umstellt. Lange, fliegende Maschen und Enden von breitem, schwarzen Seidenbande flattern tief den Rücken hinab. Ein schwarzes Seidentuch mit farbigem Rande wird handbreit um die Stirne geschlungen und vorne in eine bescheidene Masche geknüpft. Kurze Haarlöckchen hängen über die Stirne herein. Werktags vertritt ein dunkelblaues Tuch Haube und Lappen. Es wird so umgeschlungen, daß es das Hinterhaupt bedeckt, und über der Stirne einen Theil des nach dem Wirbel zurückgekämmten Haares sichtbar läßt.

Noch kömmt Einem hie und da ein altes Mütterchen in den Weg, das die zu Anfang dieses Jahrhunderts außer Mode gekommene sogenannte Herrnhuter Tracht nicht abgelegt hat. Sie besteht in allen Theilen aus schwarzem Wollenzeuge. Der weit ausgeschnittene Mutzen hat eine merklich längere Taille, und unterscheidet sich von seinem modernen Nachkömmlinge insonders

[4] Auch in der Nordost-Oberpfalz gilt der Ausdruck »Hadern« für Kopftuch. – /
[5] Der Ausdruck »Lappen« in der Bedeutung eines reinen, ganzen Tuchstückes kömmt auch anderwärts in Franken vor. Auf der östlichen Vorrhön heißt das Tuch, welches die Braut dem copulirenden Pfarrer nach Ortsgebrauch zu schenken hat, »Wischlappen«. –

durch die engen Aermel und die langen, steifen Schöße, die hinten in zwei spitzigen Lappen sich vereinen.

Eine weitere, erst in den letzten Jahrzehenten verkommene Sitte, die nur noch sporadisch auftritt, sind die sogenannten »Schauben«, kurze, gefältelte Mäntelchen, die namentlich beim Marktgange getragen wurden. Dazu gehörte wesentlich ein runder Filzhut mit schuhbreiter Krempe, welcher bei eintretendem Regenwetter über den Lappen aufgesetzt wurde, und also die Stelle des Regenschirmes vertrat. Ganz verklungen ist die wendische Sitte, wonach sich die Weiber bei der Trauer in ein weißes, sackähnliches Gewand fast völlig einhüllten. Nunmehr gilt Schwarz als Trauerfarbe, und nur der Lappen bleibt weiß.

Was die Männertracht in den letztaufgeführten Gegenden betrifft, so hat die neuere Zeit fast jeden volksthümlichen Zuschnitt verdrängt. Selbst der Stoff – der ehrbare Beidergemang – hat sein uraltes Anrecht verloren. Der breitkrempige Stülphut und die Kniehose gehören zu den seltenen Erscheinungen. Die Dorfschneider sind in den Städten zur Lehre gegangen, und übertrugen ihre kosmopolitischen Ansichten auf die Erzeugnisse ihrer Kunst. Dem Kleingütler aber, der hierorts die Mehrzahl bildet, fehlt es an jenem bauernstolzen Selbstgefühle, das sich von einer Schneiderlaune nicht in's Schlepptau nehmen läßt. Zudem wird am platten Lande viel gehandwerkert, in den Schieferbrüchen, bei den Flößern und Tafelmachern in Lohn gearbeitet und in der Noth zu Manchem gegriffen, was dem gerechten Bauernwesen Abbruch thut. –

Wir sind mit unserer Rundschau zum Schlusse gediehen. Es erübrigt nur noch eine flüchtige Schilderung des bäuerlichen Hochzeitsgewandes.

Im protestantischen Theile des Fichtelgebirgs und seiner nördlichen und östlichen Vorlande unterscheidet es sich kaum vom feiertägigen Kirchenstaate. Neben dem Rosmarinsträußchen[6] bildet nur die schwarzseidene Schürze der Braut einen wesentlichen Bestandtheil. In dem Winkel zwischen Kössein, Eger und Wondreb gilt noch vorzugsweise die Sitte des oberpfälzischen Naablandes und des Waldsassener Stiftsgebietes (vergl. B. II. S. 192).

Desto auszeichnender ist der Brautschmuck im Mistelgau. Der Hochzeiter stülpt die gewaltigen Krempen seines Schlapphutes für diesen Festtag nach drei Seiten aufwärts, also daß die eine Spitze wohl einen Schuh breit gerade über die Stirne hinaus ragt. Am äußersten Rande, in dem Winkel, welchen die aufgeschlagenen Krempen bilden, sitzt ein mächtiger Blumenstrauß, mehr wag- als senkrecht, in der Mitte der Rosmarinstengel, und bunte, silber- und golddurchwirkte seidene Bändchen flattern herab. Fein und zierlich ist der Kopfputz der Braut und der Brautmaden (Kränzljungfern). Ehe es zur Copulation geht, wird sie »'bändert«. Zu dem Ende werden die Haare aus der Stirne zurückgekämmt, am Wirbel in ein Nestchen zusammengefaßt, und dieses durch einen metallenen Pfeil gehalten. Am Pfeil und um das Nestchen wird nunmehr mit dem »Bändern« begonnen. Ein mehrere Ellen langes rothes Seidenband wird erst um das Haar, dann vorrückend bis nahezu an die Stirne in der Weise geschlungen, daß das Ganze die Form eines äußerst zierlichen Käppchens gewinnt. Es bedarf einer ganz besonderen Geschicklichkeit zum Bändern; denn der oberste Theil muß sich wie eine schmucke, faltenreiche Garnirung um das Haarnest winden, welches gewissermaßen das Bödchen bildet, und jede einzelne Schlingung zeigt eine launige Variation, indem das Band selten glatt, sondern in Falten, Zacken, Rauten etc. umgelegt, und durch Stecknadeln, an welche je ein silbernes oder goldenes Flinselein gefaßt ist, an das Haar befestigt wird. Damit wird die Wirkung einer feinen Stickerei hervor-

[6] Im Mistelgau spielt der Rosmarin auch beim Leichenbegängnisse eine Rolle. Stirbt ein lediger Bursche, so wird der Sarg von Jünglingen zum Kirchhofe getragen. Jedem derselben steckt ein Rosmarinsträußchen an der Linken Seite des Rockes. (Vergl. Abschn. V. S. 366).

gerufen. Im Genicke werden die Bandenden zu einer großen, flatternden Masche gebunden. Mitten über der Stirne aber prangt ein Büschel kleiner künstlicher Blümchen auf Zitterdraht. Das Haar guckt nur an der Stirnspitze und an beiden Seiten zunächst der Ohren ein wenig vor. – Den Hals schmückt eine silberne Kette oder etliche Reihen von Paterlen, gleichfalls am Rücken mit ansehnlicher, fliegender Bandmasche gebunden. Ein reich festonirter oder gestickter Linnenkragen (Hemdkragen) legt sich über das grünseidene Brusttuch, und an der Seite prangt ein Blumenstrauß mit Rosmarinbüschel, der schier bis zur Höhe der Stirne reicht. – In ähnlicher Weise schmückt sich die Dirne zur Confirmation und zum »Plantanz«, nur daß im letzteren Falle an die Stelle der dunklen Schürze eine hellere, meist grünseidene tritt. –

Im Main- und Regnitzgrunde wird – wo noch Bauernbrauch gilt – die Braut gleichfalls »gebändert«, jedoch nur um die Stirne und das Vorderhaupt[7] während senkrecht über dem Wirbel das »Kranl«, die Brautkrone, sitzt, ähnlich jener der westlichen Oberpfalz (vergl. B. II. Seite 191). An der Wiesent und im Juraberglande, wo dieser Brautschmuck noch besondere Berechtigung hat, unterscheidet er auch – neben den übrigen Gewandstücken – die katholische von der protestantischen Hochzeiterin. Wir versuchen die vollständige Schilderung einer katholischen Braut im untern Wiesentgrunde:

Das Haupthaar wird von der Stirne bis zum Genicke gescheitelt und hinten zu zwei Zöpfen mit eingeflochtenem zinnoberrothem Wollbande vereint, welche je um die Hälfte des Kopfes sich schlingend oben am Wirbel zusammen gesteckt werden. Zunächst wird das bekannte rothe Seidenband um Stirne und Vorderhaupt drei- bis viermal so geschlungen, daß es vorne alle Haare bedeckt, während rückwärts die von den Zöpfen eingefaßte Stelle offen bleibt. Im Nacken unter dem Scheitel, wo die beiden Zöpfe auseinandergehen, sitzt sowohl der Knoten des erwähnten Flechtbandes als die breite, auseinanderstehende Masche des »Bändels«, beide mit herabflatternden Enden. Senkrecht über dem Wirbel aber ruht der Brautkranz, ein kugelförmig ausgebauchter Cylinder von etwa einem halben Fuß Höhe, die Kopfbreite überholend, mit Flitter, Bouillons, Zitterdraht, Glasperlen und kleinen künstlichen Blumen fein verziert und behangen. Der bis über den Busen ausgeschnittene Brusterfleck von grünem Zeuge, knapp anliegend, ist mit zwei Reihen rothseidenen Bandes eingefaßt, und vorne an der Brust mit blanken Metallknöpfchen zusammengehalten. Darüber legt sich das buntseidene Brusttuch, dessen Zipfel, durch das Schurzband gesteckt, zu beiden Seiten nahezu bis an die Kniee herabfallen. Ueber das Brusttuch wird der weit ausgeschnittene, engärmelige Stutzl angezogen. Seine Brustlappen sind am vorderen Rande nur wenig über handbreit und stehen offen. Der Stoff ist je nach Ansehen und Vermögen schwarze Seide, selbst Atlas mit eingewirkten bunten Blumen, und statt eines Schoßes dient eine ringsherum laufende Einfassung von breitem grünen Seidenband. Ueber Brusttuch und Stutzl aber wird noch ein weiteres großes Schlingtuch von schwarzer Seide mit buntem Rande um den Hals von rückwärts nach vorne und wieder zurück – breit und bauschig – geschlungen und hinten überschlagen, so daß die beiden Enden massig und faltenreich den Rücken herab bis zur Taille hängen. Das halbe Kinn steckt in dieser wulstigen Halsbinde, dem Abzeichen des höchsten Staates. Zwischen dem Dermetrocke und dem Brusterfleck guckt das blanke Hemdchen vor; weiße Strümpfe mit rothen Zwickeln und eine schwarzseidene Schürze vollenden den Anzug.

In gleicher Weise gewandet sich die Prangerin (Kranzljungfrau) und die Marienbildjungfer am Fronleichnamstag, nur daß erstere regelmäßig

[7] Dieses ersetzt die Stelle des oberpfälzischen steifen »Bändl's« (vergl. Bd. II. S. 191).

eine buntseidene, letztere eine weißlinnene oder baumwollene, am Rande festonirte und gestickte Schürze umthut, deren Bindband vorne in eine Masche von rothem Seidenband mit bis an den Kleidsaum herabwallenden Enden ausläuft. –

Von diesem katholischen Hochzeitgewande unterscheidet sich das protestantische in etlichen Dingen wesentlich. An die Stelle des »Stutzls« tritt das vorne zugehaltene, mit Umschlagkragen, abwechselnd auch mit Schößchen versehene »Wamesle«. Das Brusttuch fällt hinten über dasselbe heraus, während es vorne in der bereits geschilderten Weise eingesteckt wird. Das Schlingtuch um den Hals dagegen fehlt gänzlich; an die Stelle desselben tritt statt der einfachen fliegenden Masche im Genick eine Art Zopf von reihenweise zusammengestellten zahlreichen Maschen, der bis an die Hifte herabhängt. Der Kopf wird in gleicher Weise gebändert und mit dem Krönchen versehen, wie bei der Katholikin. Von der Brautmad unterscheidet sich die Hochzeiterin selbst nur durch den schwarzen Rock und das schwarzseidene Fürtuch. Der Rosmarinbüschel bildet ausnahmslos den Busenschmuck. –

Der Hochzeiter hinwider begnügt sich mit dem Sonntagsstaate; dem Brautführer gebührt der am Griffe mit Bändern verzierte Degen, das Symbol des Brautschutzes.

Auch im Frankenwalde gilt bei der Braut die Sitte des Bänderns; doch ist der Wirbel mit dem Zopfe nicht frei, sondern durch ein sternförmiges, aus Bändern und Flitter zusammengesetztes Käppchen, dem sogenannten »Fleck«, bedeckt. Der Brautkranz unterscheidet sich nur durch die Form von jenem in der fränkischen Schweiz. Er läuft wie ein etwa handbreiter Cylinder senkrecht um das Haupt, am Stirnsaume nur einen schmalen Streifen des »Bändels« sichtbar lassend. – Im protestantischen Thüringer Walde hört dieser Brauch auf. Braut und Bräutigam begnügen sich mit dem nüchternen Sonntagsgewande in möglichst dunkler Farbe, und stecken das Rosmarinsträußlein an.

Einer besonderen Sitte des Frankenwaldes sei noch Erwähnung gethan. In Teuschnitz und Umgebung erhalten die männlichen Gäste von den Brautleuten ein Schnupftuch zum Geschenke. Das wird beim Kirchgang mit einem Ende vorne in das oberste Knopfloch des Rockes gesteckt, und flattert die Seite herab. –

Wir beschließen hiemit unsere Trachtenschilderung. Die lokale Sitte und die Wandlungen der Mode, denen sich auch das Bauernhabit zu fügen versteht, erzeugen einen so namhaften Reichthum an Combinationen und Permutationen der Grundformen, daß wir es uns nur an einer flüchtigen Zeichnung dieser letzteren mußten genügen lassen. Für eine erschöpfende Darstellung der Einzelheiten würde weder der Raum dieses Buches, noch das Interesse des Lesers ausreichen.

Aus: Bavaria. Landes- und Volkskunde des Königreichs Bayern. 3. Band. München 1865. S. 367–385.

Mittelfranken

DIE MITTELFRÄNKISCHE VOLKSTRACHT

Von Eduard Fentsch

Die nachfolgende Trachtenschilderung soll einigermassen Gewähr leisten, daß die in einem früheren Abschnitte versuchte Gruppirung des Landes nicht auf willkührlichen Vorausetzungen beruhe. Wir beginnen mit der Juragruppe.

Auf der Eichstätter Alp, insbesondere der Nordhälfte am linken Altmühlufer, begegnen wir durchweg einer augenfälligen Verwandtschaft des Volkscharakters mit jenem der benachbarten Oberpfälzer. Das drückt sich auch in der äußeren Erscheinung und in der Bauerntracht aus. In den Bezirken Beilngries, Greding und Kipfenberg finden sich bei Männern und Weibern nahezu dieselben Gewandstücke mit gleichem Zuschnitte wie im Heidecker Oberlande (vergl. B. II. S. 180) oder dem Untergäu um Hilpoltstein. Der Holz- und Gauländer auf der Hochplatte des rechten Flußufers bildet bereits den Uebergang zum oberbayerischen Bauern der Donauebene, gleich dem oberpfälzischen Schambachthaler (vergl. B. II. S. 183). Bei der weiblichen Tracht sind diese Analogieen durchgreifend, höchstens, daß sich einige Nüancirungen in der *Bänder-*, *Bart-* oder *Backenhaube* (*Budhaube* vergl. B. II. S. 181) vorfinden. Im Eichstätter Bezirke sitzt sie schier lothrecht über dem Wirbel, die steife, konisch zugespitzte Kappe von ziemlicher Höhe. Im Mörnsheimer Thälchen nähert sie sich bereits der schwäbischen Grundform, niedrig und dem Hinterhaupte platt anliegend. Dort gilt auch als Feiertagsstaat der ledigen Dirnen ein dunkles, eng und platt anliegendes Wämschen, bis an den Hals reichend und vorne an der Brust lappenförmig mit schwarzem Sammte besetzt, eine Modernisirung des älteren *»Wamesle«*, während im wohlhabenden Gäulande das schwarze gestickte Mieder mit Silbergeschnür und die silberne Halskette nicht selten an bayerische Nachbarschaft gemahnt.

Dem Mannsvolk hinwider ist ein charakterisches Trachtstück abhanden gekommen. An die Stelle des »Dreimasters« trat der mäßig hohe Cylinderhut mit schmaler, ring's am Rande aufstehender Krempe. Dadurch unterscheidet sich der Bauer im Fürstbisthume wesentlich von seinem protestantischen Nachbar auf dem Westjura. Seit etlichen Jahrzehnten hat auch der dunkelblaue oder dunkelgrüne Tuchrock mit blanken Metallknöpfen den Barchentrock verdrängt, den wir auf dem Heidecker Oberlande (vergl. B. II. S. 181) kennen gelernt, und der noch beim lutherischen Bauern am Hahnenkamme seine Geltung als Feiertagsgewand hat. Damit ist bereits angedeutet, daß die alte Eichstätter Marke auch eine Trachtengrenze bilde.

An die Stelle der lebhaften, meist ungebrochenen Farben, wie sie die Weiber an Kittel und Fürtuch, die Männer am Leible vorzugsweise lieben, tritt im protestantischen Altmühlgebiete, am Hahnenkamm und Hesselberg, das dunkelfärbige Gewand. Der gerechte Bauer läßt sich noch den »Druispitz« am Kopfe gefallen, und unterscheidet sich dadurch nicht blos vom Katholiken im Bisthume, sondern auch von dem Leerhäusler und Hintersassen seines eigenen Ländchens, der sich – wie allenthalben so auch hier – mehr nach Willkühr, Bequemlichkeit und Wohlfeilheit gewandet. Die volksthümliche Tracht ist Bauernerbe. Vom Treuchtlinger Busen aber bis an die Wörnitz und nordwärts bis an den »Sand« (die Keuperebene gegen Ornbau) sitzt eine behäbige Bauernschaft mit erklecklichem Grundeigenthume, die in Bildung, Sitte und Tracht die Verwandtschaft mit dem Rieser Schwaben deutlich kund gibt. Der breitschauflige Rieser Bauernhut reicht ziemlich genau bis an die Südgrenze der mittelfränkischen Provinz von Gundelsheim bis an's Würtembergische. Eine Linie von der Altmühl unterhalb Gunzenhausen (die Ortschaft Aha liegt noch ausserhalb derselben) bis gen Dürrwangen bezeichnet das Uebergangsgebiet in die Zone des mittelfränkischen Dreimasters, dessen beide Spielarten, die »Finkenstecher« oder »Zaunschlupfer« und die »Wolkenz'reißer« oder »Siebenmorgenhüte« ihre ganz bestimmten Demarkationslinien haben. Das Pappenheimer Land und der ganze Südosttheil bis hinauf nach Pleinfeld und herüber an die Altmühl bis gen Aha dann von hier aus südwärts nahe dem linken Ufer des Rohrbachs bis an die Grenze ist die Zone des Finkenstechers, dessen breite Krempen auf zwei Seiten zu je mehr als einem Drittheil in langem spitzen Winkel aufgeschlagen sind, so daß ihre Ränder noch theilweise den runden Gupf bedecken. Die Spitze sieht nach hinten; vorne bildet die Krempe eine *schmale* Schaufel. Jenseits Pleinfeld, auf der

Gunzenhauser Ebene und am Sande bis gegen die Wörnitz, wo der Dreispitz sich überhaupt verliert, ist das Terrain der Siebenmorgenhüte, deren breiter Rand nach hinten kaum zur Hälfte aufgekrempt ist, rückwärts einen stumpfen Winkel und vorne eine um so *breitere* Schaufel bildend. Der Unterasbacher (an der Altmühl bei Gunzenhausen) hält es gewissenhaft mit dem Finkenstecher, während sein Vetter in Oberasbach auf kaum eine halbe Wegesstunde sich mit aller Entschiedenheit auf die Seite des Wolkenz'reißers geschlagen hat. Diese auseinander gehenden Ansichten über Schicklichkeit und Würde beschränken sich aber lediglich auf die Kopfbedeckung. In allen übrigen Theilen der Mannskleidung herrscht auf diesem protestantischen Juragebiete und seinem Vorlande ziemliche Uebereinstimmung. Ein schwarzsammtenes Leibchen (Weste) mit Beinknöpfen, dunkler, langschößiger Barchentrock, dessen Taille nahe den Schulterblättern sitzt, mit stehendem Kragen ohne bunten Vorsprung und schweren, halbkugelförmigen Metallknöpfen, anschließende lederne Kniehosen[1] über den weißen Strümpfen gebunden, und geschmeidige Wadenstiefel bilden den Kirchenstaat. Werktags tritt der Schalk (Janker) an die Stelle des Rockes. Ab und zu bequemt sich noch ein »gestandenes« Bäuerlein der älteren Sitte, und trägt zu den schwarzen Wollstrümpfen hohe, bis an die Knöchel reichende sogenannte »Lappenschuhe«.

Beim Weibervolke gilt durchweg noch die bekannte Backen-, Band- oder Barthaube, hier »Bödeleshaube« genannt, mit einer lokalen Nüancirung der Form, mehr dem schwäbischen als oberpfälzischen Typus sich zuneigend, Käppchen und Lappen liegen dem Haupte platt auf, und lassen vorne noch einen Theil des nach germanischer Sitte gegen den Wirbel zu gekämmten Haares sichtbar. Das gold- und perlengesticke Bödchen, das ihm den Namen gibt, fällt lothrecht ab; breite, schwarze Seidenbänder, in zwei Maschen und zwei längeren Enden, flattern von seinem Rande bis zur Hüfte nieder. An den Lappen befinden sich gleich breite seidene Bindbänder, die unter dem Kinne lose und in coquetter Weise zu einer Masche geschlungen werden.

Diese allgemeine Grundform erleidet manche unwesentliche, lokale Abweichung, wie zum z. B. im Weissenburgischen, wo der steife Cylinder des Käppchens etliche Fingerbreit über das tiefliegende Bödele hinausreicht, oder kündet durch besondere decorative Zuthaten (Chenillen und Seidenbandgarnirungen) die Wohlhabenheit der Besitzerin oder die Laune und den Geschmack der Näherin.

Neben dieser Kopfbedeckung, in welcher wir nur die Variation eines gemeinsamen, vom Lech bis an die Rhön und von der untern Donau[2] bis an den Frankenwald reichenden Haubengenus von ähnlichen Bestandtheilen und gleicher Zusammensetzung zu erkennen haben, und welche sich hier als Frankenhaube, dort als Oberpfälzer- und Schwabenhäubchen eingebürgert hat, besitzt aber namentlich das Land am Hahnenkamm und Hesselberg noch ein Original-Trachtenstück in der festtägigen *Florhaube* der protestantischen Weiber und Mädchen, die aber bereits allgemach von der handsameren Bödeleshaube verdrängt wird. Von dem runden, handhohen, mit einem reichgefälteten Seidenbande überzogenen Käppchen laufen radienförmig feine übersponnene Drähte aus, an der Peripherie durch einen stärkeren Draht zusammengehalten. Darüber ist eine schwarze, steif gestärkte, gegen den Käppchenrand in Falten gezogene Florspitze gespannt, so daß das Ganze einem offenen Sonnenschirme von mindestens zwei Schuh im Durchmesser nicht unähnlich sieht. Der Gupf mit seinem kleinen goldgestickten »Fleckle« sitzt über dem Haarneste, und die

[1] Schon Sidonius Apollinaris schildert die Franken: Enge angeschlossene Kleider umhüllen der Männer lange Gestalten. Das Knie ragt unter denselben hervor. / [2] Selbst das oberbayerische sog. Dachauer Häubchen (vergl. B. I. S 432) und jenes der Weiber im Abensgebiete (vergl. B. I. S. 1011) gehören der gleichen Grundform an.

ganze Scheibe der Haube ist nach hinten geneigt, vorne aber etwas übergebogen, so daß Haupt und Obergesicht beschattet wird. Vom Flecke (Bödele) herab flattern nach hinten über den Rand der Haube zwei lange Maschen von breitem, schwarzem Florseidenbande. Dieser höchst eigenthümliche Kopfschmuck, zu welchem beim Kirchgange Spenser, Rock und Schürze von schwarzem Merino und ein weißlinnenes, über die Achseln reichendes Brusttuch getragen wird, verleiht den Weibern und Dirnen ein ernstes, nahezu quäckerhaftes Gepräge. Er entspricht in frappanter Weise der farblosen, protestantischen Nüchternheit und der Lasur von Pietismus, welcher wenigstens die *äußere* Erscheinung des sonst lebfrischen, geweckten und sinnlich anregbaren Bauerncharakters jener Gegend etwas abdämpft. Eine originelle Wirkung macht es auch, daß der schwarze Merinorock bis zur halben Höhe herab in enge Falten genäht ist. Auch die Spenserärmel sind eng schließend und das weiße Halstuch schlingt sich möglichst faltenlos um den Nacken und kreuzt sich über der Brust – Alles in ehrbarer Glätte und mit puritanischem Anstande, der wenigstens so lange nicht verletzt wird, als die Kirchenthüren offen stehen. Den profanen Staat bildet ein »Wamesle« von dunklem Tuch oder Wollzeug, glatt anliegend mit wattirten Aermeln und kurzen Schößchen, dann ein dem Brustfleck anzuhängender Wollrock von gebrochen blauem oder rothem Grunde mit schwarzen Blumen und abgepaßter Bordüre. –

Wir beschauen uns zunächst die Tracht auf der Frankenhöhe, im nachbarlichen oberen Altmühlthale und dem Taubergrunde. Um allen Vorwürfen zu begegnen, sei dieses Mal dem schönen Geschlechte der Vortritt gestattet. Dazu veranlaßt uns überdieß auch jenes weibliche Gewandstück, welches sich auf dem platten Lande, nicht nur die meiste Originalität gerettet hat, sondern auch – und zwar gerade aus diesem Grunde – ein Kennzeichen lokaler Volksthümlichkeit abgibt. Ich meine die Haube. In der vorbezeichneten Region gilt noch die unverkümmerte Herrschaft der schwarzen Bandhaube. Sie kömmt in drei Varianten vor: im südlichen Altmühl- und Wörnitzthale als kleines, am Hinterhaupte aufliegendes sog. *Patschhäubchen* mit rundem Köpfchen und kleinem, in der Form wechselnden Bödele. Sie kömmt der schwäbischen Haube am Schwarzwalde ganz nahe, und gibt der Volksverwandtschaft einen weiteren Ausdruck. An der oberen Altmühl und im Taubergrunde metamorphosirt sie sich in die sog. »Gahaube« (Gauhaube) oder »aufgestellte Haube‹, wie sie um Rothenburg bezeichnet wird. Sie hat ihr Prototyp im Uffenheimer Gau (daher auch ihr Name), und zeichnet sich durch ein steifes, cylinderförmiges Käppchen mit tiefliegendem Haubenfleckle aus. Diesen beiden Formen gegenüber erscheint als dritte, spezifisch katholische, die Haube, welche die Weiber in den ehemals eichstättischen Enclaven an der Altmühl und am Sande (Herrieden, Ornbau, Eschenbach etc.) tragen. Sie ist ein wenig nüancirter Abklatsch der steilen, konischen Bandhaube auf der Eichstätter Alp, und hat nicht selten ein calicobraunes oder schwarz und weißes Stirntuch im Geleite, gleichfalls ein entschiedenes Kennzeichen katholischer Tracht. Wie das Idiom, so hat sich auch dieses und manches andere Gewandstück vom Mutterlande auf diese kleinen, weit abgelegenen Enclaven verpflanzt und auffallender Weise um so zäher erhalten, je schärfer der Gegensatz der Umgebung.

Neben dieser gemeingiltigen Kopfbedeckung kömmt beim protestantischen Weibervolke sporadisch auch die Drahthaube oder Florkappe vor, welche wir am Hahnenkamme trafen. Ihre Benützung beschränkt sich durchschnittlich nur auf die hohen Feste, die Communiontage und sonstige besondere Kirchenfeierlichkeiten. Sie erleidet – wie jeder volksthümliche Trachttheil – ihre örtlichen Modifikationen, deren eingehende

Schilderung kaum dem Zwecke und Umfange dieses Buches entsprechen dürfte. So erscheint sie im Tauberthale bei Gelegenheit der höchsten Kirchweihfeste als *weiße* Florkappe, deren Köpfchen reich und bauschig mit weißen oder lichtmeergrünen Seidenbandmaschen umsteckt ist. Zu dieser Festtracht gehört dann als unerläßlich das weiße, große, an den Rändern reichgestickte sog. *Spitzentuch* und das *Paterle* (Perlenhalsband) um den Hals mit dem eingeöhrten *»Rößles-Neuner«* vorne dran. Statt der weißen Haubenbänder gebühren den Müllersfrauen als besonderes Standeskennzeichen hellblaue. Die blaue oder blaugraue Farbe gilt überhaupt als Leibfarbe der Müller.

Ein schwarzer Rock, ein oder zwei Handbreit über dem Saume mit einem schwarzen Sammtbande eingefaßt, ein dunkelfarbiger, mit breitem Umschlagkragen versehener, geschlossener Wollspenser (Mutzen), der noch häufig nach älterem Schnitte kleine, hinten in zwei steife, spitze Lappen auslaufende Schößchen hat, ein schwarz und roth gestreiftes Halstuch, dunkles, an hohen Festtagen weißlinnenes Fürtuch und schwarze Strümpfe vollenden den Anzug des protestantischen Mädchens an der oberen Altmühl, Wörnitz und Tauber. Der schwarze Strumpf insbesondere gilt als Abzeichen gegenüber der katholischen Dirne, welche blaue Strümpfe trägt. Daher auch die zur Zeit noch üblichen gegenseitigen Spottnamen: Schwarz- und Blaustrümpfe, ohne daß gerade mit Letzterem auf weibliche Gelehrsamkeit angespielt werden wollte. Die Blaustrümpfe haben überhaupt mehr auf helle bunte Farben, als die Schwarzstrümpfe, und der Zeugmacher zu Cronheim (bei Gunzenhausen), der ein ganz probates Mittel zum Rothfärben der Stoffe besitzt, zählt seine Kunden schier ausschließend unter dem katholischem Weibervolke, das keinen geschmackvolleren Sonntagsstaat kennt, als den hochrothen Wollrock, der zu Cronheim seine satte, recht in die Augen springende Farbe erhielt. Schließlich darf er wohl auch roth und braun gestreift sein, wenn er nur *gelegte* Falten hat, die ihn vor den *Reihfalten,* wie sie im protestantischen Lager gelten, kennzeichnet. Auch in der Form der Mützchen ist ein confessioneller Unterschied bemerklich. Die katholische Dirne vermeidet den Kragen, faßt den Halsrand mit buntem Seidenbande ein, läßt auch die Flügel gern vorn an der Brust offen, und gestattet einen Blick in die Geheimnisse des Unterleibchens. Sie kleidet sich ohne Widerrede zierlicher und coquetter, als die Protestantin.

Diese feinen Differenzen kennt die Männertracht nicht. Der langschößige Rock, die kurztaillige Weste, die schwarzlederne Kniehose mit den Wadenstiefeln hat hüben wie drüben Berechtigung, und selbst der Dreimaster gilt noch in beiden Lagern ohne Rücksicht auf das Glaubensbekenntniß, obwohl er neuerer Zeit dem schmalkrempigen, nach oben ausgeschweiften Cylinderhute, manigfach das Feld räumen muß. Nur bevorzugt der katholische Bauer das rothlindische Leibchen mit blanken, halbkugelförmigen Metallknöpfen und den rothgefütterten Barchentrock, während der protestantische consequent bei der schwarzmanchesternen Weste bleibt, und für seinen Rock lieber dunkelfärbiges Tuch auswählt. – Dagegen fehlt es nicht an lokalen Nüancirungen – namentlich des Hutes. Die Siebenmorgenhüte reduziren stromaufwärts ihre Schaufelbreite einigermassen. Im Brünster-Thale,[3] wo ein körniges, solides und behäbiges Bauernthum der Vorväter Ueberkommniß ehrt, und auf vollkommen gerechte Bauerntracht sein Stück hält, hat sich auch eine originelle Hutform erhalten, die noch einigermaßen an Holzschnitte des sechzehnten und siebenzehnten Jahrhunderts gemahnt. Der sechs bis acht Zoll breite Rand ist lediglich rückseits aufgeschlagen; dieser aufgekrempte Theil

[3] Zur »Brunst« gehören die Gemarkungen der Dorfschaften Steinbühl, Sachsen, Schwand, Waizendorf, Steinberg, Erlach, Rothenbach. Eckardsweiler, Eierlohe u. Weissenkirchberg. –

legt sich knapp an den Gupf, und geht auf beiden Seiten verloren nieder, so daß der vordere flache Krempenrand kaum eines Spannes Breite hat. Zum Theile hat das Brünster Hüt'l auch noch im Hohenlohenschen (um Schillingsfürst) Geltung. –

Selbst in der Art, wie der Hut am Kopfe sitzt, kündet sich landesübliche Sitte. Beim Tauberthaler laufen die beiden aufgeschlagenen Krempen des Dreimasters gleichmäßig schief nach hinten, so daß die Spitze just über dem Nacken steht, während im oberen Altmühlthale die linke Seite des aufgekrempten Randes gerade von vorne nach hinten gerichtet ist, so daß die Schaufel sich regelmäßig nach rechts kehrt. Darin liegt etwas Entschiedenes und Herausforderndes, was zum Charakter des vermöglichen und etwas übermüthigen »Wäldlers«[4] nicht übel paßt. Dagegen bequemt sich der gesetzte, ruhige Bauer des mittleren Wörnitz- und Sulzachgrundes in seinem Phlegma Allem was ihm der Hutmacher in die Hand schiebt. Er und seine Sippe hält überhaupt wenig auf Kleiderpracht und derartigen Tand, so daß sich der Städtebürger weidlich beklagt über die schlechte Kundschaft, welch er an solchen »Knausern« habe. Nur *einen* Luxus treibt er, von dem er sich nicht abbringen läßt, – das sind die schwarzen, bockledernen Handschuhe, die ihn auf allen Festgängen begleiten. Doch sorgt er dafür, daß ihm diese Hoffart nicht allzu theuer zu stehen komme. Fragliche Handschuhe zieht er *niemals* an, er läßt sich's genügen, sie in der Hand zu tragen, um sie seinerzeit ebenso unbeschädigt dem Sohne zu hinterlassen, wie er sie selbst als theuerwerthes Erbstück vom Vater überkommen. – Die Tracht um Uffenheim unterscheidet sich wenig von jener der südlichen Nachbarschaft, welche die Form ihrer tonangebenden weiblichen »Gahaube« geradezu dem weißen Gau entlehnt hat.

An der Nordwestgrenze spielt die reiche Ochsenfurter Gautracht herüber, die einer späteren Schilderung vorbehalten bleibt. Somit wenden wir uns ohne weiteren Aufenthalt dem Aischgrunde zu, dessen oberer Theil (schwarzer Gau) sich gleichfalls der Trachtenzone der Tauber- und Gollachthales anschließt. Doch verliert sich allgemach ein ächt bäuerlicher Zuschnitt und gleichen Schrittes hiemit gewinnt der moderne Cylinderhut beim Mannsvolke den Vorrang vor dem gemüthlichen »Druispitz«. Eine sonderliche Erscheinung ist der nur nach vorne langschirmige, zu beiden Seiten über die Ohren herunter gebundene Strohhut, den die Mädchen und Frauen bei der Feldarbeit benützen, und der an die städtische Hutfaçon der dreißiger Jahre gemahnt. Um Windsheim erscheint er sporadisch, wahrscheinlich nur aus unterfränkischer Nachbarschaft importirt, wo er in den protestantischen Gaudörfern Sennfeld und Oberndorf nahezu ausschließend heimatsberechtigt ist.

Die Aisch abwärts treten je mehr und mehr alle Gattungen, von Band-, Gau- und Spitzenhauben in den Hintergrund, und das Kopftuch, breit und massig umgeschlungen und über den Rücken hinabhängend, vertritt deren Stelle. Wir begegnen dem Kopftuche in Gegenden, wo ungemischt germanische Bevölkerung mit ziemlicher Verläßigkeit angenommen werden darf. Das Vorhandensein dieses Gewandtheiles berechtigt demnach keineswegs zu der Voraussetzung slavischer Geblütsmischung. Umgekehrt aber können wir füglich die Behauptung wagen, daß überall da, wo die Bevölkerung von slavischen Elementen stark imprägnirt ist, das Kopftuch bei der Tracht eine unerläßliche Rolle spiele. Wir haben in einem früheren Abschnitte auf die Colonisation des östlichen Aischgebietes durch wendische Stämme hingewiesen. In dieser Zone herrscht das slavische Kopftuch, und ihm zum Gegensatze wird gerade auf diesem

[4] Die Gegend westlich der obersten Altmühl führt noch heutzutage den Namen: der Wald, obwohl die früher bestandenen großen Forstungen durchgängig sehr gelichtet sind. Zum Walde gehören insbesondere die Dorfschaften: Dornhausen, Oberndorf, Geslau, Stettberg, Gunzendorf, Hürbel, Kreuth, Ratzwinden, Aidenau und Steichnach.

Strich Landes die Bänder- oder Backenhaube jeder Gattung schlechtweg »Frankenhaube«[5] genannt. –

Wir wagen uns an eine Conjektur, indem wir den Unterschied zwischen germanischem und slavischem Kopftuche zu bestimmen versuchen. Die Tracht in den nordöstlichen Slavenländern – in der fränkischen Schweiz, am Fichtelgebirge und am Frankenwalde – hat uns hiezu bereits Belege gegeben. Das Bunte, Bauschige, Malerische, welches theilweise selbst in das Ungeheuerliche und Groteske überspringt, verräth wendischen Ursprung; das Steife, Glatte, Bescheidene, Ein- oder höchstens Zweifärbige mag germanische, oder wenigstens von Germanen rezipirte Tracht sein. Bei Letzterer verkümmert das Kopftuch gerne zu einem schmalen Stirntuche, welches blos einen ergänzenden Theil des Hauptschmuckes bildet, während das wendische Tuch den einzigen und ausschließenden Kopfputz ausmacht. –

Das bunte Kopftuch wird an Feiertagen mit einem weißen vertauscht. Bei hohen Kirchenfesten (Frohnleichnam) trägt die Jungfrau wie bei der Hochzeit das Haar aufgesteckt, ein breites rothes Band mit einem Flitterkranz um den Scheitel (sog. Halbhaube), um den Hals ein Gehänge von Bernstein. Der Rock ist reich gefältelt; nicht selten wird ein zweiter darunter angezogen, um Taille und Hüfte auszuzeichnen. Das abgestutzte Mützchen ist gewöhnlich von dunkler Farbe.

Was die Männertracht betrifft, so weicht sie nur unwesentlich von jener im sog. Knoblauchlande (Nürnberg) ab, deren Beschreibung wir im Folgenden nachtragen. Die noch vor etwa 40 Jahren übliche Sitte der weißgrauen oder hellblauen Röcke ist abgekommen.

Schließlich noch eine Bemerkung. Wie einerseits die Patschkappe, die Bödeles- und Gauhaube auch bei den älteren erbgesessenen Bürgerinen der betreffenden Märkte und Landstädtlein noch in Ehren gehalten und getragen wird, so hat sich andererseits in denselben Kreisen da und dort noch ein »altfränkisches« Gewandstück im Gebrauche erhalten, dessen man – wenn auch vereinzelt – auf dem Kirchgange oder bei Kindtauf und Hochzeit kann gewahr werden. So weiß es die anständige Bürgersfrau älteren Schlages zu Neustadt an der Aisch nicht anders, als daß sich für den hohen Fest- und Communiontag die »eingekrauste Haube« am Kopfe gezieme, die mit ihren langflügeligen, weit über die Stirne vorreichenden steifen Spitzen, welche knapp an die Wangen gebunden werden, recht nachdrücklich vor weltlicher Zerstreuung hütet, da sie nach rechts und links alle Aussicht benimmt, und dem Prediger auf der Kanzel zu einem raschen Ueberblick über seine aufmerksamen und wirklich andächtigen Zuhörerinen verhilft. –

Die Originaltracht des *Steigerwäldler* Bauern besteht in einem doppelt aufgekrempten Hute mit ziemlich breiter Schaufel, schwarzseidener Halsbinde, kurzem, rothlindischem Leible, langschößigem Tuchrock, hirsch- oder rehlederner ungefärbter Kniehose und Wadenstiefeln. Sie ist neuerlich rar geworden. Die jüngere Generation fühlt sich zum großen Theile behaglicher in der Langhose und dem Cylinderhut. Man spottet altfränkischer Tracht, findet zudem auch das Moderne praktischer und – billiger! Letzteres ist für den Steigerwäldler von sonderlicher Bedeutung, da weder sein Besitzthum groß, noch sein Verdienst sehr erklecklich, wie das eben beim Wagenschmier-Schwelen und Weinpfähle-Schneiden vorkömmt. Daher mag's wohl auch rühren, daß man im ganzen Frankenlande nicht so viel Leute barfuß laufen sieht, als just am Steigerwalde.[6] – In den eingestreuten protestanti-

---

[5] Im engeren Sinne ist die Frankenhaube eine Abart der Uffenheimer Gauhaube, sitzt aber steiler am Kopfe und läuft konisch zu. Sie tritt namentlich in der Umgebung Fürth's auf. / [6] Der bei weitem ärmere Rhöner und Spessarter bedient sich mindestens der Holzschuhe, die er freilich auch selber fabrizirt, während sich die Holzschnitzereien des Steigerwäldlers beinahe ausschließend auf Landwirthsgeräthschaften beschränken. Ob aber gerade – nach C. J. Weber's Ansicht – der Keupersand, auf dem sich mit aller Gemüthsruhe barfüßig wandern lasse, die Ursache dieser Entsagung sei, mag unentschieden bleiben.

schen Gemeinden hat selbst der ältere und vermöglichere Bauer die gelbe Lederhose und den Dreispitz abgelegt. Statt des Letzteren trägt er ein kegelförmiges, ziemlich niederes Hütl mit handbreiter Krempe. So namentlich an der reichen Ebrach.

In der Weiberkleidung macht sich ein Unterschied bemerkbar. Westwärts gegen den Gerolzhofer Gau herrscht die Bandhaube und die Tracht dieses Gaulandes. Gegen Osten nimmt das große, bunte slavische Kopftuch überhand, welches – im Dreieck zusammengelegt – vorne über der Stirne in loser, nicht unmalerischer Weise gebunden wird, während der mittlere Zipfel lang über den Rücken hinabhängt. Dazu gehört ein carmoisinrother, ziemlich kurz geschürzter Wollrock mit handbreitem, hellblauem Streifen etwa einen halben Schuh über dem Saume, weiße Strümpfe mit eingewirkter bunter (meist rother oder blauer) Verzierung an den Knöcheln, dann Leibchen und Mützchen wie im nachbarlichen Unterfranken, Alles von frischer, lebhafter Farbe. Die Frauen in den protestantischen Gemeinden tragen vorzugsweise die Frankenhaube. –

Wir steigen von den Waldhöhen südostwärts nieder in die Ebene und wenden uns zunächst an die Regnitz und Pegnitz, um unsere Trachtenstudien auf dem weiland Gebiete der Reichsstadt Nürnberg fortzusetzen. Eine allenthalben erprobte Thatsache tritt uns auch hier wieder entgegen. Volksthümliche Tracht verkommt auch auf dem platten Lande, sobald sich Armuth und Besitzlosigkeit breit machen. Wir geben zu, daß dieser Satz nur da Giltigkeit habe, wo das Volk im Großen und Ganzen hinter dem Fortschritte der modernen Cultur nicht zurückgeblieben ist. Völker zweiten und dritten Culturranges können auch in den tiefsten Schichten das Typische ihrer Nationaltracht nicht los werden, weil ihnen die modernen Vorbilder fehlen. Diese Vorbilder sind eine wesentliche Bedingung der Corruption des volksthümlichen Gewandes.

Wir müssen hier noch eine Bemerkung anreihen: Form und Zusammenhalt der einzelnen Trachtenstücke auf dem platten Lande ist nachweislich nicht Erzeugniß der Bauernphantasie, sondern blos die übertragene und mit mehr Zähigkeit festgehaltene städtische Mode einer gewissen Culturepoche. Ebenso wenig können wir zugeben, daß selbst da, wo wir noch von bäuerlicher Originaltracht reden, diese völlig unberührt geblieben sei von den Wandelungen, welche der Anzug des Städtebürgers erfuhr. Dennoch ist die Einwirkung der bürgerlichen Mode – sonderlich in der nivellirenden Gegenwart – auf die Gewandung des besitzarmen, taglöhnernden Häuslerproletariats ihrem Wesen nach eine andere, als der blos umgestaltende Einfluß, welchen die Stadt und ihre Tracht auf das aristokratische Bauernthum äußert. Der Kleingütler recipirt schlechtweg, was er für bequem, handlich und wohlfeil erachtet. Standesvorrechte und Standesvorurtheile, welche bestimmte Formen und Verhältnisse bedingen, haben für ihn keine oder nur geringe Bedeutung. Schließlich setzt ihn der Bauer selbst außerhalb des Standes und erachtet ihn für unebenbürtig. Um so fester hält dieser an Stand und Gewand; Letzteres ist ihm Ausdruck des Ersteren. Er macht Fronte wider die Macht der Bürgermode, und bequemt sich ihr höchstens in kleinen, unwesentlichen Dingen. Die Summe dieser kleinen Dinge ändert mit der Zeit zuletzt wohl auch den Charakter seines Anzuges. Aber diese Aenderung geschah auf dem Wege eines langdauernden Prozesses, nicht durch Uebertragung ganzer, unbäuerlicher Gewandstücke von kurzer Hand. Aus diesem Grunde hat die Tracht des gerechten Bauern selbst da, wo sie modernisirt ist, immerhin noch eine gewisse Eigenthümlichkeit und Originalität sich gerettet.

Die kleine Gruppe, deren Marke wir soeben überschritten, liefert einige Beweisstücke für die Giltigkeit der voraufgestellten Behauptungen. Ein trefflich und sorgfältig angebauter Landstrich zieht sich im Nordwesten Nürnbergs vom rechten Pegnitzufer über Schnigling und Lohe bis an die Gräfenberger Landstraße, bekannt unter dem Namen *»Knoblauchland«*. Da sitzt ein solider, wirthschaftlicher Bauer, der seine ziemlich magere Scholle durch Fleiß und rationelle Behandlung zu einem wahren Gartenlande umgeschaffen hat. Zwar ist Grund und Boden viel zersplittert, und die überwiegende Mehrheit der Colonen besteht aus Kleinbauern, die nicht just die Gutsherren spielen können, vielmehr selber – oder mindestens durch ihre Weiber und Töchter vertreten – den Kleinhandel mit ihren Bodenerzeugnissen betreiben. Aber es findet sich doch durchschnittlich ein anständiges Genüge und wohl auch etwas drüber hinaus, und vom Kleinbauern bis zum Häuslervolk ist noch ein gewaltiger Sprung. Im Knoblauchlande hat sich auch in der That noch etwas von eigentlicher Bauerntracht erhalten. Das Männervolk trägt einen nach oben und unten stark ausgeschweiften Cylinderhut mit etwa zwei Zoll breiter Krempe und überhangenden Quasten, ein Leibchen, Brust- und Rückentheile von Manchester mit eng aneinander gereihten, schwarz übersponnenen Knöpfen. Der dunkle, schwarzgefütterte Barchentrock mit einem kaum Daumen breiten, stehenden Krägelchen hat den schon früher beschriebenen Schnitt. Schwarze Lederhose, weiße Strümpfe und Wadenstiefel wechseln mit der Langhose von Tuch und den sog. Halbstiefeln (hohen Schuhen).

Bei den Weibern ist die am Hinterhaupte mäßig steil aufsitzende Bänderhaube im Schwange. Das eigentliche Haubenband überragt das ziemlich tief liegende Bödele. Ein schmal zusammengelegtes rothgeblümtes Tuch ist über die Stirn um den Kopf gewunden, so daß die beiden Enden wieder nach vorne geschlungen und handbreit über der Stirne in einen Knoten gebunden werden. Dazwischen ist nur ein wenig von dem nach links und rechts gescheitelten Haare sichtbar, während vorne das Stirntuch den Haarwuchs bedeckt. Das ächt bäuerliche Röckle (Spenser) sammt dem schwarztuchenen, enggefälteten, ziemlich kurz geschürzten und unten am Rande mit eingewirkter Bordüre versehenen Rock ist seit etlichen Jahrzehenten durch eine Art persenen Ueberrockes verdrängt, welcher jedoch von einer kennzeichnenden Farbe und Form nicht läßt. Der Stoff ist durchgehends schwarzblauer Pers mit weißen Punktchen oder Blümchen. Bis an die ziemlich kurze Taille reicht ein breiter, über die Achseln hängender, rund ausgeschnittener Ueberschlagkragen von gleichem Zeuge, mehrstreifig mit schmalen schwarzen Sammtbändern besetzt. Die Aermel sind faltig, der Rock reicht bis über die Knöchel. Eine bunte Schürze vollendet den Anzug, in welchem wir Frauen und Dirnen auf dem Nürnberger Markte mit ihren runden Rückenkörben und blechernen Milchnäpfen in geschwätziger Emsigkeit jeglichen Tages begegnen können.

Mit minderer Gewissenhaftigkeit wird in den westlichen Dorfschaften auf bäuerlichen Schnitt des Gewandes gesehen. Der Strich um Lay, Schweinau, Klein- und Großreuth bis an die Rednitz bildet in wirthschaftlicher Beziehung den Uebergang zur östlichen Nachbarschaft der Stadt gegen Mögling und aufwärts die Pegnitz, wo Armuth und Verkommenheit Gemeinderecht haben. Ist der Boden unfruchtbar und träge, sind es die Colonen noch viel mehr, so lange sie sich nicht ihrer Freiheit und Selbständigkeit begeben haben. Hier ist das Lager, daraus die Nürnberger Fabrikherren das Contingent ihrer Arbeiter rekrutiren. Hier findet sich auch von Bauerntracht kaum mehr eine Spur. Pantalon und Schirmmütze, bürgerliches Langkleid und städtische Muster für Haartour und Kopfschmuck haben das Ehrengewand des Landvolkes verdrängt.

Um Fürth ist nicht minder nationale Bauerntracht seltener geworden; sie tritt aber auf, wenn es sich darum handelt, den Bauern in seiner vollen Geltung und Berechtigung zu zeigen. Bei profanen Festlichkeiten, bei Aufzügen und Hochzeiten und wenn der Bursche zu Roß sitzt, da trägt er – seinen protestantischen Glaubensgenossen zum Trotz – das rothe Leibchen mit großen Knöpfen, den Schalk und die pelzverbrämte Sammtmütze.

Aehnlich der Tracht der Knoblauchbauern ist jene des Landvolkes in der Niederung des linken Regnitz-Rednitzufers von der Aurach bis an die Schwabach. Doch nimmt auch hier der Geschmack an der Langhose überhand; nur der Cylinderhut behält die bäuerliche Form, und die über die Krempen herabbaumelnden schweren Seidenquasten gelten als unerläßlicher Schmuck. Dem Weibervolke ist noch die Bödeleshaube gerecht, und das seidene Stirntüchlein, nach dem Muster der Dirnen im Knoblauchlande umgeschlungen, gilt zugleich auch als confessionelles Unterscheidungsmerkmal. Die Katholikin zeichnet sich durch das rothe Kopftuch aus, während tiefer unten – um Erlangen und Baiersdorf – das rothbraune Kattuntuch beinahe ausschließend als Kopfschmuck im Schwange ist. – An hohen Festtagen aber wird zum Kirchgang ein großes, weißes Linnen- oder Baumwollentuch, dreieckig zusammengeschlagen, über den Kopf gelegt, die Seitenenden vom Genick wieder nach vorne geschlungen und am Vorderhaupte geknüpft, während der mittlere Zipfel breit und massig nach hinten hinabhängt und den Rücken bis an die Taille verdeckt. Reichere Stickerei längs des Saumes und in den Ecken verräth das »fürnehmere« Bauernweib. Wendische Sitte mag hier anregend gewesen sein. –

Einer vereinzelten Erscheinung muß hier noch Erwähnung geschehen. Eine eigenthümliche, von aller Nachbarschaft zu unterscheidende Weibertracht ist in dem Dörflein *Spardorf* (Bez. Erlangen) zur Zeit noch in Geltung. Feiertags erscheint die Spardörferin in weißer, großer Spitzenhaube, ähnlich jener, welche wir an der oberen Altmühl und Tauber kennen gelernt. Ein großes, gesticktes, weißes Flortuch hüllt die Schulter bis an die Hüfte ein und kreuzt sich vorne über der Brust. Dazu gehört ein faltiges Kleid von schwarzem Seidenzeuge. Dieses prunkende Gewand geht etwas über Bauerntracht hinaus. Man sagt auch den Spardorfer Weibern nach, daß sich der Ortsname ihrer Heimat nicht eben von ihrer Sparsamkeit ableite. –

Südlicher, gegen die fränkische und schwäbische Rezat zu, ist die bereits geschilderte Tracht des Juravorlandes in Geltung, durch lokale Sitte und Liebhaberei nur unwesentlich umgestaltet, während im Osttheil des Pegnitz-Stromgebietes, welches die Jurahöhen in weitem Kreise umbuchten, im Hersbruck- Laufer Gebiete und der Nürnberger Schweiz durchgreifende Analogieen mit dem Bauernhabit des benachbarten oberpfälzischen Landes gelten. –

Die bisherigen Beobachtungen erstreckten sich auf das Grenzland, welches gleich einem breiten Gurt das Binnenland Mittelfrankens (Gebiet der oberen fränkischen Rezat, der Bibert- und Zennquellen) rings umschließt. Sei uns noch ein flüchtiger Blick in das Herz der Provinz gestattet. Nicht ohne Grund haben wir bei unserer Schilderung diesen Weg eingeschlagen. Die mittelfränkischen Trachtenzonen schwächen sich von der Peripherie gegen das Centrum ab. Im Mittelpunkte sind die Farben sehr abgetont, und gehen ineinander über. Nordwestlich der Kreishauptstadt reicht noch die Rothenburger und Uffenheimer Gautracht herüber. Der schmalschauflige Dreimaster und das Gauhäubchen geben den Charakter, der sich gegen Nordosten und die Rezat abwärts gemach verliert. Jenseits Heilsbronn und Windsbach hat sich den Schwabach- und Aurachgrund herauf gleiche Art der Gewandung eingebürgert, wie an der Rednitz. Gegen Süden aber – von der Wasserscheide bis zu den Ebenen der Altmühl – macht sich Verwandtschaft geltend mit der Tracht am Hahnenkamme. Die Bandhaube der protestantischen Weiber ist eine Variante des Patschkäppchens, das wir dort kennen gelernt, hat auch diesen Namen überkommen, und ist nur etwas kleiner geworden. Er sitzt fast ganz im Nacken über dem tief hinten geflochtenen Zopfe. Die Haare sind zurückgekämmt, und lassen das ganze Oval des Gesichtes frei. Selbst die schmalen Bindbänder der Kappe laufen hinter den Ohren herab. Ueber dem geschnürten Leibchen sitzt ein dunkles Tuchmützchen mit breitem, umgeschlagenen Kragen, und gewöhnlich noch mit Schößchen versehen, welche hinten in zwei gesteiften, langen, spitzigen Lappen sich begegnen; ein dunkelblauer oder rothbrauner Wollrock mit eingedruckten schwarzen Blumen, nicht über die Knöchel fallend und handbreit über dem Saume mit einem blauen oder schwarzen Bande eingefaßt; weiße oder schwarze Strümpfe mit »Schleicherlen« (weitausgeschnittenen Schuhen) vollenden das profane Gewand, in welchem sich die Dirne zierlich anläßt, und das ihrer Erscheinung noch etwas altfränkischen Schnitt verleiht.[7] Für den Kirchenstaat gilt der schwarze Merinospenser und Rock mit weißem Halstuch und weißer Schürze und der dachförmigen weißen oder schwarzen Drahthaube, deren wir früher Erwähnung gethan.

Die katholischen Frauen und Mädchen in den ehedem eichstättischen Enclaven an der Rezat, Aurach und dem Eschenbach gewanden sich gleich ihren katholischen Landsmänninen am Sande und an der Altmühl. Das Häubchen hat ähnliche Form wie auf der Eichstätter Alp und das breite, die Ohren verhüllende Bindband mit der gewaltigen Masche vorne am Kinne läßt sie am ersten Blicke von der protestantischen Nachbarin unterscheiden. –

Dieselben Analogieen gelten auch bezüglich der Männertracht. –

Wir beschließen diesen Abschnitt, indem wir noch dem Hochzeitsgewande eine kurze Schilderung angedeihen lassen. Auf der Eichstätter Alp hat sich in dieser Beziehung – je nach der Angrenzung – gleiche Sitte erhalten wie in der benachbarten oberpfälzischen Altmühlgruppe oder an der Roth und Schwarzach (vergl. B. II. S. 191).[8] Eines eigenthümlichen Schönheitsmittels, das hierum im Gebrauche, müssen wir noch Erwähnung thun. Die Braut bestreicht sich die Stirne mit Eiweiß, um derselben Glanz zu verleihen. – Auf dem Hahnenkamme vertritt ein kleines Kränzchen von künstlichen Blumen, welches die über dem Scheitel zusammengebundenen Haare umschlingt, die Stelle des hohen, flitterreichen »Kranl's«. Lange, buntseidene Bänder flattern von demselben über den Rücken hinab, so bei der Braut wie bei ihrem »Gspiel« (Kranzljungfer). Nordwärts in den protestantischen Gegenden von der fränkischen Rezat bis zur Aisch und auf dem fränkischen Landrücken verschwindet auch dieses, und die Braut läßt sich's am Kirchenanzuge und einem Sträußchen von Myrthen oder Rosmarin auf dem bloßen Haupte genügen. Ist sie nicht mehr Jungfrau, so trägt sie die Bödeles- oder Bandhaube auch bei der Trauung. Dagegen ist in den katholischen Bezirken namentlich an der fränkischen Rezat noch der *Prangerkranz* mit dem *Bändl* im Schwange, wie in der nachbarlichen Oberpfalz (vergl. B. II. S. 191). Die Braut erscheint im dunklen Gewande vor dem Altare; der Bräutigam hat den Flitterkranz um den Hut gewunden

---

[7] Im Wirthshaus zu Merkendorf war's, an einem Sonntag Nachmittag, da hat mir ein Bauernbursch ein feines Lied vorgesungen, das die Tracht der Dirnen poetisch also schildert:

Auf Trauern folgt bald Freud,
Das tröst' uns allezeit.
Weiß ich mir ein schönes Mägdelein
Mit zwei pechschwarzen Aeugelein,
Die mir das Herz erfreut.

Schönes Mützelein hat sie an,
Das steht ihr gar gut an.
Ihre Brüstelein die sein geschnüret,
Ihre Röckelein die sein gezieret,
Und alsdann – wie schaut's mich an!

Schöne Schleicherlein hat sie an,
Die stehn ihr gar gut an.
Geht sie des Morgens über die Gassen,
Schau ich ihr nach und kanns nicht lassen,
Dieweil sie mir's hat angethan.

[8] Im Bisthume Eichstätt – und wohl nicht hier allein – war es bis an das sechzehnte Jahrhundert Sitte, daß den Brautleuten während der Trauung vor dem Altare Meßgewänder umgethan wurden, vorbildlich an die Vermählung Christi mit seiner Braut gemahnend. Die Kirche selbst schaffte diesen Mißbrauch ab, und es trat nunmehr der »Brautrock« an dessen Stelle.

An der unteren Aisch gilt die vorbeschriebene *Halbhaube* als Brautschmuck. Am Steigerwalde gleicht das reich mit Flitter, Rauschgold und Blumen verzierte Krönchen der katholischen Braut dem »Schäpple«, wie es in der fränkischen Schweiz (sieh dort) üblich ist. In Geiselwinden und anderen Steigerwalddörfern hat überdieß die Sitte Bestand, daß die beiden Brautführer je ein buntes Schnupftuch von der Braut zum Geschenke erhalten, welches sie beim hochzeitlichen Kirchgange an die Achsel anheften müssen, so daß es der Länge nach am Arme herabflattert. –

Manche Einzelheit an der Tracht des mittelfränkischen Bauernvolkes bliebe noch zur Besprechung übrig. Der gebotene Raum setzt uns eine Schranke, und dürfte da und dort eine Lücke entschuldbar machen. Soweit unsere gewissenhaften Forschungen reichen, glauben wir aber, dem geneigten Leser das Wesentlichste nicht vorenthalten zu haben. –

Aus: Bavaria. Landes- und Volkskunde des Königreichs Bayern. 3. Band. München 1865. S. 985–999.

Unterfranken und Aschaffenburg

DIE UNTERFRÄNKISCHE VOLKSTRACHT

Von Eduard Fentsch

Wir beginnen mit unseren Trachtenstudien am Mittelmaine und zwar zuvörderst in den *östlichen* Gauländern. Ein in allen Theilen originelles Bauerngewand hat sich im Umfange derselben noch bei der weiblichen Bevölkerung in *Gochsheim, Sennfeld, Grafenrheinfeld* und überhaupt in den nordwestlichen vom Maine umflossenen und gemeinhin – aber irriger Weise – noch zum Schweinfurter Gau gerechneten Winkel des *Geroldshofer* Gaulands erhalten. Während Mädchen und Frauen der katholischen Dörfer dieses Bezirkes durchweg dem Vorbilde ihrer übermainischen Nachbarinnen sich anschließen, und von der *Geldersheimer* Tracht, die wir im Nachfolgenden kennen lernen werden, wesentlich nicht abweichen, unterscheidet sich die Protestantin schon durch die Haubenform. Die mäßig hohe und spitzige, ziemlich senkrecht am Hinterkopf aufsitzende schwarze Bandhaube hat im Genicke eine fliegende Masche, welche den Rücken bis nahe zur Hälfte hinabflattert. Die breiten Bindbänder werden unterm Kinne lose in eine Masche geschlungen. Ein schwarz und rothgestreiftes, seidenes, handbreit zusammengelegtes und vorn geknüpftes Kopftuch verhüllt einen Theil der Stirne und läßt nur wenig von den gescheitelten, nach den Schläfen gestrichenen Haaren sehen. Unter dem bis zur Hälfte des Busens ausgeschnittenen, nicht grellfarbigen Leibchen reicht das Hemd bis zum Halse, und ein buntes, kreuzweise über die Brust gelegtes Halstuch vollendet die Bekleidung des Oberkörpers für den Werktag. Zum Feststaate gehört noch ein dunkler Spenser (Mützchen) mit engen Aermeln, welcher über das Leibchen angezogen wird, und ein seidenes Halstüchlein. Der Wollrock, länger als bei den katholischen Dirnen und fast bis zu den Knöcheln reichend, ist von dunkler gebrochener Farbe, meist rothbraun, violett oder dunkelgrün, und zunächst dem Saume mit einem handbreiten Bande von anderer, aber meist wohlstimmender Farbe eingefaßt. Im Sommer eine weißleinene, bei festlicher Gelegenheit eine dunkelblaue Perkalschürze mit breiten, bunten Bindbändern, dann blaue Strümpfe mit weißen Zwickeln und weitausgeschnittene Schuhe ergänzen die Tracht.

Als einer ganz besonderen Eigenthümlichkeit, welche ausschließend in den Dörfern Sennfeld und dem protestantischen Oberndorf jenseits des Maines vorkommt, ist der langschirmigen, wagrecht am Kopfe sitzenden Strohhüte Erwähnung zu thun, welche in ihrer Form den städtischen Capothüten einer früheren Mode nahe kommen. Der Schirm ist gewöhnlich bunt gefüttert und eingefaßt, und ein schwarzes Band schlingt sich um den Kopf. Getragen wird er zur Feldarbeit und beim Marktgange nach Schweinfurt oder Würzburg, letzteren Falls über die Bandhaube. – Der Bauer, überall in der Tracht weniger conservativ als seine Ehehälfte, erscheint im Gerolzhofer Gau ganz selten mehr in seinem Originalanzuge, bestehend aus dem Dreimaster mit breiter Schaufel, dem blauen Tuchjanker und dem langschößigen blauen Tuchrock, dann den gelben, unter'm Knie gebundenen Lederhosen und Wadenstiefeln. Pantalon und Schirmmütze haben beinahe allenthalben die ächte Bauerntracht verdrängt. In Schwebheim, Sennfeld und Umgebung ist das Tragen von grünen, dem Kopfe anliegenden Sammtmützchen mit Pelzverbrämung unter den Burschen noch sehr häufig. Das wesentlichste Unterscheidungsmerkmal zwischen dem katholischen und dem protestantischen Bauern gibt das Leibstückle (Weste) ab, das bei ersterem gewöhnlich von Scharlachtuch, bei letzterem von schwarzem Manchester ist. Südlicher im Gerolzhofer Gau wird die schwarze Lederhose sehr gang und gäbe, und hier verliert auch die Tracht der Mädchen jene Zierlichkeit, wie wir sie oben kennen gelernt haben. Bunte Perse treten an die Stelle der Wollstoffe; die Mädchen gehen viel blosköpfig und haben das Haar durch hohe durchbrochene Kämme gehalten. Am südlicheren Steigerwald und an der Gollach (im Uffenheimischen) gewinnt die Bandhaube schon eine Form, wie sie im Mittelfränkischen häufiger ist und den Namen der »aufgestellten« führt. Der cylinderförmige Kopf sitzt wagrecht am Hinterhaupte, das Haubenfleckle liegt tief darinnen, und die hinten herabflatternde lange Bandmasche ist an dasselbe angereiht. Die Weiberhaube im *Hofheimer* Gau – eine der Sennfelder ähnliche, aber etwas höhere und spitzigere Bandhaube – sitzt hinwider sehr steil auf dem Kopfe, und die fliegende Masche ist sehr breit und lang, unterscheidet sich auch wesentlich von der protestantischen dadurch, daß sie vorne nicht gebunden, sondern am aufgenestelten Haar festgesteckt wird. Die protestantischen Weiber im Hofheimer Gau tragen sich Sonntags vom Kopf bis zum Fuß schwarz und werfen selbst über die Haube noch ein großes, schwarzes, am Kinne geschlungenes, hinten den halben Rücken bedeckendes Tuch. – Von der Männertracht gilt dasselbe wie im Gerolzhofer Gau, nur daß die dort noch üblichen Pelzmützchen hier nirgends getroffen werden. Wie überhaupt die Frauenhaube beinahe das Einzige ist, was noch die Eigenthümlichkeit der ländlichen Tracht rettet und das essentielle Unterscheidungsmerkmal verschiedener Gebietstheile bildet, so finden wir denn auch im östlichen Theile des Haßwaldes, im Lauter-, Baunach- und Itzgrunde noch eine besondere, dem Bambergischen angehörige Haubenform. Es ist eine spitzige, steil aufsitzende Bandhaube, hinten mit zwei gleich Flügeln auseinanderstehenden, gewaltigen Maschen von spannbreiten, schwarzen Seidenbändern, die durch Draht gehalten werden, während die kurzen Enden über den Rücken hinabflattern. Das schwarz- und rothseidene Stirntuch fehlt nirgends. – Die männliche Bauerntracht hinwider ist hier durchweg durch städtische Mode corrumpirt.

In den *westlichen Gauländern* hat sonderlich das reiche Tafelland an der obern Wern *(Schweinfurter Gau)* noch eine volksthümliche Tracht gewahrt, die in den Dörfern, Schnackenwörth, Schleerieth und den umliegenden Orten, namentlich aber in dem bereits oben genannten *Geldersheim* noch einen gerechten Bauernstand signalisirt. Die Männer tragen rundköpfige Hüte mit breiten, unaufgeschlagenen Krempen, deren Rand durch Schnüre, welche am Gupfe zusammenlaufen, festgehalten wird. Das schwarze Hutband ist mit Gold durchwirkt, und schwere schwarzgoldene Trotteln hängen auf der rechten Seite tief über die Krempe herab. Durch diese

Kopfbedeckung, welche auch im angrenzenden Euerdorfer Bezirke Heimathsrecht hat, unterscheidet sich der Bauer wesentlich vom Gauländer südlich des Maines. Neben dem Hute bildet die kurze Weste (Leibchen) ein Prunkstück des Gewandes, das die Behäbigkeit zur Schau trägt. Sie ist von Scharlachtuch, mit großen, halbkugelförmigen, enge gereihten Metallknöpfen besetzt, um den Hals mit breiter Goldborte eingefaßt und in gleicher Weise am unteren Rande handbreit verbrämt. Zum Kirchgange ziemt sich ein langschößiger, blauer Tuchrock mit umgestülptem Kragen, sonst ein Janker von dunklem Tuche. Pantalons haben die lederne Kniehose und die Wadenstiefel fast völlig verdrängt.

Die spitz zulaufende Bandhaube der Mädchen ist höher und sitzt senkrechter als jene der Gochsheimerinnen. Die breiten fliegenden Maschenbänder hängen tiefer den Rücken hinab, und das Bindband fehlt gänzlich. Um den Hals schlingt sich von vorne nach hinten ein schweres, großes, schwarzseidenes, theilweise auch mit Spitzen besetztes Tuch, am Nacken geschlungen, mit herabreichenden Enden. Es ist breit und faltig gelegt, so daß selbst ein Theil des Kinnes davon überdeckt wird. Ein hellfarbiges, meist rothes, zierlich gesticktes Leibchen mit ziemlich langer Taille reicht bis zur Hälfte des Busens, ist oben mit andersfärbigem Bande oder mit Goldborte eingefaßt und vorn mit Metallknöpfen garnirt. Das Hemd reicht bis zum Bündchen am Halse, die Aermel sind kurz; den Vorderarm bedeckt ein gewirktes oder sammtenes sogenanntes »Stutzel«. Zum Festschmucke wird über das Leibchen ein buntseidenes, minder tief ausgeschnittenes »Mützli« (Mützchen, Spenser) ohne Schöße und mit halbweiten Aermeln angezogen. Der Rock von grellfarbigem, eintönigem Wollstoffe ist sehr kurz, in enge Falten gereiht, unten mit einem handbreiten Bande von anderer, aber stimmender Farbe eingefaßt. Ein seidenes Brusttüchlein, vorne in's Mieder eingesteckt, ein Marienbildthaler an langer, silberner Kette um den Hals und ein Fürtuch von blauem Glanzperkal vollenden das Gewand. Gegenüber dieser äußerst kleidsamen Tracht der Mädchen gebührt dem Bauernweibe ein schwarzer Rock mit einer Einfassung von schwerem schwarzem Moiréeband, der ihm ein stattliches Ansehen gewährt, dazu eine dunkle Schürze, weiße oder blaue Strümpfe mit rothen Zwickeln und buntgestickte Schuhe. Dieser zierliche Anzug hat sich auch im Reichsthale noch ziemlich vollständig erhalten, nur daß dort die Röcke womöglich noch kürzer sind und kaum die Waden bedecken. Tiefer, im Werngrunde und südlicher den Main hinab verlieren sich die hellen, bunten Farben und die Wollstoffe, und statt der Haube wird im Sommer häufig ein rothes Tuch, breit zusammengelegt, über den Kopf geschlagen und unter'm Kinn gebunden, also daß es selbst die Achseln noch verhüllt.

Der katholische *Ochsenfurter* Gaubauer hält noch vieler Orten am Dreimaster, an der rothlindischen Weste, der gelben Lederhose und den Wadenstiefeln. Dem protestantischen ziemt der schwarzmanchesterne Brustfleck. Für den Gang zur Kirche und zum Gericht dient der langschößige blaue Tuchrock. – Die Originaltracht der Bäuerin ist namentlich im Herzen des Gaues äußerst kleidsam, hell und sonnig. An Stelle der Haube schlingt sie, wenigstens im Sommer, ein großes, weißes, an den Rändern gesticktes Tuch derart um den Kopf, daß der gestärkte hintere Zipfel breit und flach auf der Schulter liegt und mit seinem Ende weit über die Hiften hinunter reicht. Die Seitenzipfel werden nach vorne um den Kopf geschlungen und über der Stirne geknotet. Den Hals verhüllt ein buntes Seidentuch, ähnlich gelegt wie bei den Mädchen des Schweinfurter Gaues, wie denn überhaupt die hierortige Tracht von der im eben genannten Bezirke nur dadurch wesentlich absteht, daß sie statt der einfärbigen dunklen Stoffe gestreifte und hellbunte Zeuge, und statt knapper Zierlichkeit Masse und Faltenreichthum liebt. So reichen z. B. die weiten Hemdärmeln schier bis an's Handgelenke, wo sie in ein schmales Bündchen eingereiht sind, während sie die Geldersheimerin bis an den Ellenbogen zurückstreift. Die Falten des Rockes sind nicht, wie bei dieser, gelegt, sondern gereiht, wodurch der Rock selbst weiter und bauschiger erscheint. Wesentliches Kennzeichen ist die unter dem Halstuche hervorguckende s. g. *Spitze,* eine Art Krause von einer doppelten Reihe handbreiter gefältelter Spitzen, welche aber nur von einer Schulter bis zur andern reicht und an beiden Enden angesteckt wird. Der Brustfleck oder das Leibchen ist ziemlich tief ausgeschnitten, mit mehreren Reihen heller Seidenbänder garnirt und vorne mit silbernen oder sonstigen Metallknöpfchen zusammengehalten. Darüber wird ein lichtfarbiger, engärmeliger Mutzen angezogen. Rock und Fürtuch sind gewöhnlich von gestreiftem oder geblümtem Zeug, ersterer mit hellcarmoisinrothem Grunde und mit andersfarbigem Bande berändert. Gegen Aub tritt diese Bandeinfassung höher hinauf. Im Winter tritt an die Stelle des Kopftuches häufig die schwarze Gauhaube (Bandhaube), hoch und spitz, die mit geringer Nuancirung auch in der Bucht, welche der Main von Würzburg bis Wertheim umfluthet, Geltung hat. Nur gegen den westlichen Maingrund in Rothenfelser und Marktheidenfelder Umgebung wird sie niedriger und sitzt schier wagrecht am Kopfe. Hier ist auch wieder das unschöne, meist rothe Stirntuch, handbreit flach zusammengelegt und hinten gebunden, im Schwange.

Der Häcker im *Mainthale* selbst kleidet sich beinahe völlig städtisch, selbst die Weiber und Mädchen, die sich höchstens noch die Bandhaube gefallen lassen. Bis in die jüngere Zeit hatten sich blos die protestantischen Frauen von Sommer- und Wintershausen noch eine originelle Gewandung bewahrt, die aber jetzt nur noch an einigen alten Mütterchen erblickt wird. Das ziemlich lothrecht aufsitzende Sommerhauser Häubchen besteht aus einem nach oben sich erweiternden etwas ausgeschweiften Cylinder mit tiefliegendem Bödele und kurzer fliegender Masche an der Rückseite. Das als altfränkisch beiseite gelegte Mützchen war viereckig ausgeschnitten, schmiegte sich knapp an den Leib, hatte enge Aermeln, kurze Schößchen und hinten an der Taille zwei rautenförmige, spitz herablaufende, steife Lappen. – Die Bandhaube in der Umgegend von Volkach, Dettelbach, Münsterschwarzach etc. ähnelt im Schnitte jener zu Bischofsheim im Rhönlande, dem wir zunächst unsere Wanderung zulenken wollen.

Die ältere volksthümliche Tracht des Mannsvolkes im *Rhöngebirge* bestund aus einem rundköpfigen, breitkrempigen Hut, die Ränder durch Schnüre an allen Seiten aufwärts gehalten; aus einem kurzen, kaum bis an die Hifte reichenden weißen, blauen oder weiß und blau gestreiften Kittel von einem landesüblichen Gewebe aus Leinen und Baumwolle (»halb leinen, halb schweinen«, wie es im Volksmunde heißt), welches – jetzt noch vielfach gebraucht – den Namen *»Beidergemang«* führt; einer kurzen scharlachrothen Weste mit eng aneinander gereihten halbkugelförmigen Metallknöpfen; einer gelbledernen Kniehose, blauen Strümpfen und Wadenstiefeln. Dem runden Hute ging noch der an zwei Seiten aufgestülpte, hinten spitze, vorn mit einer Schaufel versehene Dreimaster (Wolkenbrecher) vor, dem eine mit Pelz verbrämte Haube als Unterlage diente. Letztere ist gänzlich verschwunden, der Dreimaster werden neuerlich selten, und selbst der rundköpfige Hut macht da und dort dem cylinderförmigen, oder gar der Schirmmütze Platz. Den Kittel von Beidergemang, der den folgerichtigen Namen »Aermelsding« führt, weil schließlich die Aermel den meisten Zeug absorbiren, verdrängt vielfach der tuchene, langschößige Rock, und die gelben Lederhosen sind noch rarer geworden als der Scharlach an der Weste. Halbleinene Pantalons von gestreiftem Beidergemang und Sonntags etwa, wenn es die Verhältnisse gestatten, wollene Tuchhosen sind in Mode gekommen. Wie allenthalben, so ist auch auf der Rhön und ihren Vorlanden der Bauer schneller bei der Hand, von der Tracht der Väter abzuweichen, als sein Weib. Auf der hohen Rhön ist die s. g. Bänder- oder Backenhaube die gängste. Sie wird zwar sehr vielfach durch ein einfaches buntes Kopftuch ersetzt, das übrigens die Mädchen, namentlich bei der Arbeit im heißen Sonnenschein, gar geschickt also umzubinden verstehen, daß es nach vorne einen breit vorstehenden schützenden Schirm bildet; – aber im Allgemeinen und insbesondere als Festtagsschmuck wird doch der Haube das Recht gelassen. Nur auf der Hochebene zwischen den schwarzen Bergen und der Saale gilt noch theilweise die schöne alte Sitte, daß die Mädchen baarhäuptig gehen, das lange, schöne Haar in Zöpfen mit Bändern durchflochten über den Rücken hängend oder durch einen Pfeil hinten im Neste gehalten. Sporadisch erscheint im Saalgrunde, namentlich an der Mündung der Lauer und dieses Nebenflüßchen aufwärts, statt der Haube ein etwa vier Finger breites hochrothes Band, welches nahe der Stirne über das zurückgestrichene Haar um den Kopf sich schlingt. Das schöne, reiche Haar ist in Zöpfen geflochten, über dem Wirbel genestelt und durch einen metallenen Pfeil gehalten. Der ganze Kopfputz sieht äußerst freundlich aus. – Im Königshofer Grabfeld gilt das Kopftuch, beziehungsweise für die Arbeitszeit der blose Kopf, und die Zöpfe werden durch einen hohen Kamm zusammengehalten. Doch läuft auch hier überall die Bandhaube nebenher. In dieser Letzteren findet sich übrigens eine Stufenreihe von Varietäten, die beinahe mit dem Relief des Landes in einiger Wechselbeziehung zu stehen scheint. Im Sinnthale ist das Köpfchen klein, nieder, breitgedrückt, und das dreieckige Haubenfleckchen nach unten gerichtet. Nördlich der Sinn gegen den Völkersberg zu bekommt der Kopf allbereits die halbrunde Kuppenform; das Haubenfleckchen im Centrum dieser »Droschelnester« – wie sie der Bauer scherzweise nennt – hat kaum die Größe eines Thalers. Aehnlich ist die Form im Gebiete der Vorberge des Dammersfelds und Kreuzberges, aber die Kappe sitzt allbereits steiler und senkrechter auf. An der hohen Rhön endlich strebt sie verwegen in die Höhe, ein wahrer, schwarzer Basaltkegel, länger als der Kopf, der diesem vulkanischen Nachgebilde zur Grundlage dient. Um diese Höhe zu erzielen, mußte selbst das Bindband wegfallen und in den untersten Gürtel des Haubenkopfes degeneriren; und damit auch die Uebergangsformation nicht fehlt, ist zu allem Ueberflusse ein mehr denn handbreit zusammengelegtes Kopftuch um die Stirne gebunden. Selbst für die undurchdringlichen Rhöner Nebel hat das erfinderische Geschlecht ein sinnbildliches Stück Kopfputz. An den Festtagen wird über den ganzen hohen Haubenküppel ein großes, weißes, in den Ecken gesticktes Linnentuch gar kunstreich geschlungen, welches die Haube ganz verdeckt und hinten in einem langen breiten Zipfel sich über die Schulter legt. Wo gegen Fladungen zu die Berge sich wieder verflachen, nimmt auch das Häubchen an Steilheit und Höhe ab. Gegenüber dieser vielleicht nicht ganz zufälligen Erscheinung müssen wir uns doch vor consequenten Folgerungen verwahren. Dem widerspräche die Thatsache. Das Tafelland des Königshofer Grabfeldes weist beinahe dieselbe steile Haubenform nach, wie wir sie in Bischofsheim fanden. –

Wir gehen in der Beschreibung der einzelnen Trachtentheile weiter. In der Vorrhön erscheint die Frau im Sonntagsstaate mit einem Janker oder *Mutzen* von Halbwollenstoff oder Pers, wo das Vermögen reicht wohl auch von Seide. Er ist ohne Schöße und hat halbweite, oben in Falten gezogene Aermel. Unter dem Mutzen ist das ausgeschnittene Leibchen oder die Weste. Der meist bouteillengrüne oder schwarze Wollrock, dessen Stoff die landesübliche Bezeichnung »Moldung«, führt, reicht bis an die Knöchel und ist unten roth oder schwarz eingefaßt. Darüber geht die persene oder seidene, meist einfärbige Schürze. Ueber den Mutzen ist ein großes, Brust und Rücken völlig bedeckendes, meist mit Fransen besetztes Halstuch geschlungen, welches mit dem Schurzbande gehalten wird, und ein kleineres buntseidenes Halstüchlein, vorne in einen Knoten gebunden, vollendet den Brustschmuck. Das größere Halstuch ist nicht selten am Rückenzipfel mit Perlen und Seide gestickt. Weiße Strümpfe und Tuchschuhe erscheinen nur beim Staate; im Haus und bei der Arbeit gilt der blaue Strumpf und der Holzschuh – bei Männern wie bei Weibern und Kindern, dessen melodisches Geklapper namentlich auf den gepflasterten Straßen der Städtchen und Märkte den ganzen Tag forttönt. Selbst die s. g. *Schleichwacht,* d. i. der Bauer, der abwechslungsweise die Kirchen- und Nachtwacht übernehmen muß, trabt, ihrem Namen und ihrer Bestimmung zum Trotz, in schweren Holzpantoffeln einher und verscheucht schon *damit* alles unsaubere Gesindel. – Tiefer im Gebirge wird der Rock namhaft kürzer; violette Strümpfe gelten als ganz besonderer Staat, die von den schwarzen Moldungsröcken mit handbreiter blauer Einfassung gar zierlich abstechen. Auch der Janker, nach ächter älterer Tracht von ähnlichem Zeug und engärmelig, ist theilweise mit gleichen blauen Bändern eingefaßt. Das größere Halstuch fällt weg und ein kleines buntseidenes Halstüchlein ist vorne eingesteckt. Die als solche bewährten Jungfrauen dürfen auch den Marienbildsthaler an silberner Kette um den Hals tragen, und jene vier Mädchen des Dorfes, welche wegen besonderer Sittsamkeit auserlesen sind, bei der Frohnleichnamsprocession das Bild der unbefleckten Himmelskönigin zu tragen, dürfen sich auch das ganze Jahr hindurch – soferne kein Unglück sich ereignet – ein kleines Kränzchen künstlicher Blumen auf die rechte Seite des Haubenköpfchens stecken. Das sind die s. g. *Mariabildsmadle.* Die zierlichste, nunmehr aber beinahe ganz in Verfall getretene Tracht der Marienbildsjungfern hatte das Saalthal aufzuweisen. Sie bestund in einem rothen kegelförmigen Bandhäubchen, am Kopfrande mit gelber, ausgezackter Einfassung, dem breit um den Hals geschlungenen, theilweise das Kinn verdeckenden, hinten geknüpften buntseidenen Halstuche, unter welchem die breite Spitzenkrause, wie wir sie im Ochsenfurter Gau fanden, über Achsel und Brust hervorguckte. Der Marienbildsthaler an silberner oder vergoldeter Kette hängt über das Mützchen, das meist von braunem Wollenzeuge, nach älterem Schnitte mit langen Schößen und rothem Passe-poil versehen und über die Brust mit rothen Bändern so geschmückt war, daß zwischendurch das Leibchen heraussah. Die kleidsamste Tracht findet sich wohl auf der Hochebene, südlich der schwarzen Berge, namentlich in Langenleiten und Umgebung. Der Mutzen bleibt im Sommer, wie auch anderwärts, gewöhnlich außer Gebrauch. Das am ganz kurzen, nur bis an die Waden reichenden Rock befindliche Leibchen – ziemlich weit ausgeschnitten – ist von rothem Scharlachtuch, am Rücken mit Goldlitzen gestickt, oben am Halse mit blauen Seidenbändern passepoilirt und vorne auf der Brust in der Weise übereinandergelegt, daß es einem zu beiden Seiten mit Metallknöpfen besetzten Brustlatze ähnlich sieht. Dieses Leibchen ist nicht steif gefüttert, sondern schließt sich schmiegsam den Formen an. Der schwarze Wollrock ist enge gefältelt und unten mit handbreiter blauer Einfassung besetzt. Seitdem der blose Kopf mit langen, banddurchflochtenen, niederhängenden Zöpfen selten geworden, wird das Haar aufgewickelt und ein rothbuntes, vorne geknüpftes Kopftuch darüber geschlungen. Vordem, und zwar bis in die letztere Zeit, waren neben den rothen, mit gelb eingewirkten Zwickeln versehenen Strümpfen auch hohe

Stöckelschuhe mit Schnallen im Schwange, die aber jetzt beinahe gänzlich abgekommen sind. Die protestantischen Weiber tragen sich zumeist schwarz. An den Communiontagen ist es Sitte, daß sie ein großes weites Linnentuch um Rücken und Arme schlingen, während das weiße Kopftuch bei den Weibern in Schmalwasser als Trauerzeichen bei den Leichenbegängnissen gilt. – In Irmelshausen, Aubstadt und Umgebung – dem protestantischen Theile des Königshofer Grabfeldes – tragen die Weiber, wenn sie zum Abendmahle gehen, schwarze oder blaue Radmäntel von Tuch, bis über die Waden reichend, mit kleinem, ausgezacktem, mit Schnüren besetztem Kragen.

Dem *Odenwälder* Bauern ist der volksthümliche Schnitt seines Gewandes abhanden gekommen. Er bequemt sich derselben verdorbenen halbstädtischen Tracht wie der Häcker im Maingrunde. Nur auf den Hochebenen hat sich – wenigstens rücksichtlich der Wahl des Stoffes – noch einige Ursprünglichkeit erhalten. Statt Wollentuch und Leder verwendet selbst der wohlhabende Bauer für Rock und Hose gerne den Beidergemang, den er mit der verkürzten Form »Bederi« bezeichnet. Schnitt der Männer- wie Weiberkleidung hat durchgreifende Aehnlichkeit mit jenem des Westspessarts; ja der Spessarter hat sogar Trachtstücke, welche er vom Odenwälder recipirte, mit mehr Zähigkeit erhalten als dieser selbst. Dazu gehört insbesondere eine Gattung von Weiberhauben, die noch in der Fremde den Namen »Odenwälder-Häubchen« führt, im Mutterlande selbst aber nur noch bei Weib und Tochter des conservativen, behäbigen Höhenbauern in Geltung ist. Wir werden es bei der nächsten Gruppe kennen lernen. An seiner Statt ist die bekannte Bandhaube in Aufnahme gekommen, mit etwas höherem Gupfe als die südnachbarliche Schwabenhaube, aber dennoch niedriger als das s. g. sächsische Häubchen im Kahlgrunde. Der Volksmund bezeichnet diesen Uebergang treffend mit dem Namen *»Schwäbsächser«*. In den Hochdörfern hängt auch der Bauer noch mit Vorliebe am Dreimaster, den er, die Spitze nach vorne gerichtet, etwas kühn auf's Ohr setzt und *»Sehweg«* getauft hat, als Warnung für alle jene, die sich in eine nähere Berührung mit ihm einlassen und gleichzeitig Sorge tragen wollen, daß ihnen der vorspringende Schnabel die Augen nicht aussteche.

Wir sind bei der letzten Gruppe, dem *Spessart,* angelangt, und haben vorerst im *Würzburger* Theile unsere Trachtenstudien fortzusetzen. Dem Maingrunde, dann dem Lohrer und Marktheidenfelder Bezirke fehlt ein volksthümliches Bauerngewand. Um so origineller und ursprünglicher vom Wirbel bis zur Zehe kleidet sich der protestantische Hochdörfler zwischen Hasselbach und Main. Er bekundet mit Weib und Kindern auch im Gewande seinen Conservatismus, und verdient sohin auch nach dieser Richtung eine eingehende Schilderung. Sein Haupt bedeckt der rundköpfige Hut, dessen breite Krempen Werktags nach zwei Seiten aufgeschlagen sind, während das letzte Drittel eine nach vorne gerichtete Schaufel bildet. Am Sonntage wird regelmäßig auch diese aufgekrempt, so daß die schneidige Kante mitten über der Stirne aufwärts läuft. Das meist blonde oder hellbraune, vorne nach altdeutscher Sitte kurz und wagrecht abgeschnittene Haar überdeckt die beiden Ohren und die Rückseite des Halses, um den ein schwarzes Seidentuch mit vorspringendem Hemdkragen geschlungen ist. Die kurze Weste, das s. g. *Brusttuch,* ist von dunkelblauem Zeuge, am Rande hellblau passepoilirt oder mit hellblauen Litzen gestickt, und wird durch kleine, halbkugelförmige, eng aneinander gereihte Metallknöpfe zusammengehalten. Ueber die Weste wird ein bis an den Nabel reichender, weiter, zweibündiger Janker, die *Aermelweste,* und darüber erst der Rock oder s. g. *Mutzen* getragen, beide gleichfalls von dunkelblauem Tuch, letzterer mäßig langschößig, mit umgeschlagenem, aber steif aufgerichtetem Kragen.

Werktags verdrängt – wenigstens bei der älteren Generation – der langschößige einbündige Rock von grünem Beidergemang den Tuchrock. Das ist der ächte, alte Spessarter Rock mit stehendem Kragen, weiten Aermeln und breiten, mit drei gewaltigen übersponnenen Knöpfen markirten Umschlägen. Daneben gilt die weiße Leinen- oder Beidergemangshose, während die gelblederne Kniehose nur zum Feiertagsstaate verwendet wird. Die Rand der schwarzen Wollstrümpfe wird, wann die Kniehose in Gebrauch tritt, in eine Wulst zusammengewickelt, unterhalb welcher ein ledernes Strumpfband mit Schnalle, durch die Stiefelstrupfen gezogen, zugleich die Strümpfe und die stramm angezogenen Wadenstiefel festhält. Der lange Hasel- oder Weißdornstock wird nur während der Arbeit, beim Kirchgang und beim Besuch von Pfarramt oder Gericht abgelegt. Als Zeichen des höchsten Staates bei Hochzeit, Kindtauf, Communion wirft der Bauer noch einen weiten, bis an die Knöchel reichenden Radmantel ohne Kragen von dunklem Tuche um.

Die Kopfbedeckung der Weiber ist eine Variation der fränkischen Bandhaube, aber eine sehr wesentliche. Der cylinderförmige Gupf, welcher bei letzterer die Hauptrolle spielt, ist zu einem kleinen Käppchen verkümmert, das mit seinem ovalen Bödele hart über dem Nacken sitzt. Dagegen haben sich die abgenähten Ohrenlappen zu einer förmlichen Haube ausgedehnt, die vom Wirbel bis über die Stirne herein und bis unter die Ohren den ganzen Vorderkopf anschmiegend bedeckt. Die breiten Bindbänder werden unter'm Kinn zu einer großen Masche geschlungen, so daß blos das Oval des Gesichtes, aber keine Spur von Haar sichtbar ist. Eine schmale Spitzengarnirung legt sich fein und zierlich auf Stirn und Wange. Diese »Kappe«, wie sie schlechtweg genannt wird, gibt ein gar bescheidenes und züchtiges Ansehen. Ueber dieselbe trägt die Frau beim Kirchgange vom Tage an, wo sie zum erstenmale ausgerufen ward, eine weiße Haube mit weitem, gezogenem Gupfe und mehr als handbreiter gesteifter Spitze, welche über die Stirne und rückwärts über den Hals bis an die Schultern reicht. Im Hause und bei der Arbeit wird statt der Kappe bloß ein dunkles Tuch, der s. g. Kopflappen, übergeschlagen und am Kinn geknotet. Um den Hals ziemt sich vor allem das s. g. Pudele, eine zehn- bis zwölffache Reihe offener Seidenschnüre, eine Art Collier bildend. Darüber wird ein großes, hellrothes, bei den verheiratheten Weibern dunkelblaues Halstuch von hinten nach vorne und wieder zurück geschlungen. Zwischen Halstuch und Leibchen guckt das gefältelte Hemd handbreit vor. Das Leibchen von façonirtem Baumwollenzeug ist mäßig tief und viereckig ausgeschnitten, sehr kurztaillig, aber äußerst zierlich. Der dunkle Stoff ist mit enggefälteltem hellblauem Seidenbande von einer Achsel zur andern eingefaßt und mit rothem Vorstoß versehen. Kleine Silberknöpfchen bilden am Busen einen liegenden Halbkreis. Darüber wird das engärmelige Mützle von dunkelblauem Wolltuche angezogen, das vorne gleichfalls mit einem Halbkreis enggereihter Metallknöpfe garnirt ist. Der äußerst faltenreiche, dunkelblaue, braune oder violette Wollrock geht hoch über die Hifte herauf, ähnlich wie bei den Bauernweibern der nördlichen Münchener Ebene (Dachau, Bruck), und reicht kaum bis zur Hälfte der Wade. Ein breites, gleichlanges Fürtuch von dunkelblauem Perkal mit hellblauseidenem Vorstoß und Bindbande, blaue Strümpfe mit weißen Zwickeln und weitausgeschnittene Schuhe bilden den Rest des Anzuges, welcher der Trägerin ein höchst eigenthümliches Ansehen gewährt. Wo die Bauerntracht eine derartige Originalität sich gerettet hat, gilt auch noch die Sitte, daß Knabe und Dirnlein, wenn sie kaum vom Wickelbande sich losgemacht haben, den Zuschnitt des Gewandes nach ehrbarer Vätersitte sich gefallen lassen müssen. So auch hier. Nur in den ersten Jahren gebührt dem Buben eine Kappe ähnlich der oben beschriebenen Weiberhaube, aber mit großem, dem Hinterhaupte anliegenden Fleckle mit aufgenähtem Kreuze von grünem Seidenbande.

Den Cyclus unserer Trachtenbilder beschließen wir mit der Darstellung der Gewandstücke, wie solche am *Hoch-, Vor-* und *Hinterspessart* Berechtigung haben. Die ältere, ächte Gewandung des Bauern am Hochspessart bestund aus einem breitschaufeligen, hinten zu beiden Seiten aufgekrempten s. g. Schlapphute. Bei eintretendem Unwetter wurden die zusammenhaltenden Schnüre am Gupfe gelöst, und die niederfallenden Krempen hatten als Regenschirm zu dienen. Ueber die rothe Tuchweste wurde der hellgrüne, bis über die Kniee reichende Linnenrock gezogen, mit stehendem Kragen, sehr breiten Aermelaufschlägen und großen übersponnenen Knöpfen. Erst zu Anfang dieses Jahrhunderts wurden die Schöße bis nahezu an die Knöchel verlängert. Der selbstgewebte Stoff wurde auch daheim gefärbt. Die gelbe Lederhose reichte über die Kniee und wurde durch sogenannte Knieriemen mit Schnallen gehalten; baumwollene Strümpfe und s. g. Bändel- oder, bei den Behäbigern, Schnallenschuhe vollendeten den Anzug. In den Vorthälern und im Kahlgrunde waren auch bis über die Kniee reichende Gamaschen, namentlich im Winter und als Ehrentracht, in Geltung. Der alte Hochspessarter trug jederzeit einen Stock von Wachholder oder Weißdorn von der Länge eines gewöhnlichen Menschenkindes, welche er durchschnittlich weit überragte; denn er genoß weiland des Rufes, zu den größten und stattlichsten Männern des Churmainzer Landes zu gehören. – Diese Tracht sieht man jetzt nur selten und in Bruchstücken an der absterbenden Generation. Langhose und Jacke von Beidergemang bilden nunmehr den Werktagsanzug, wohl auch den Feststaat der ärmeren Classe. Der besserer Bauer erscheint im langschößigen, einbündigen, mit Heidelbeeren gefärbten Tuchrocke. Nur sporadisch, wie in Partenstein und der Umgebung des Lohrbaches, ist noch der rundköpfige Hut mit breiter, unaufgeschlagener Krempe im Schwange. Alle sonstige Originalität der Tracht ist verwischt, und selbst die Schlafmütze, die s. g. *Schnättelkappe,* die ehedem Tag und Nacht nicht vom Kopfe des Bauern kam, ist pietätlos beiseite gelegt.

Mehr Eigenthümlichkeit hat noch die weibliche Landestracht gewahrt. Ueber dem nach altdeutscher Sitte zurückgestrichenen Haupthaar, das hinten in eine Wulst – die s. g. *Haarranke* – gewickelt wird, sitzt ein einfaches Häubchen, das »Comödche«, welches seinen Namen gar wohl verdient, denn es hält einzig und allein die ganze flüchtig construirte Haartour zusammen und erspart Haarnadel, Band und Kamm. Es ist ein einfaches glattes Käppchen mit ovalem Bödchen ohne alle Garnirung, ganz am Kopfe anschließend, mit über die Ohren reichenden, spitz zulaufenden Lappen und schmalen Bindbändern. Ursprünglich von Kamelgarn, ist es jetzt gewöhnlich von hellem, geblümtem Piqué oder abgenähtem Perse, Ohrlappen und Bödchen häufig mit kleiner bunter Stickerei versehen. Der Rand ist mit farbigem oder schwarzem Seidenbande eingefaßt. Das Comödchen ist die ursprüngliche Form des »Odenwälder Häubchens«.

Um Partenstein, Ruppertshütten und an der Lohr, dann im Kahlgrunde und Hinterspessart verschwindet das Comödchen, und die bekannte Bandhaube tritt wieder an dessen Stelle. Katholiken und Protestanten finden in ihr das unterscheidende Kennzeichen. Das protestantische Häubchen ist kleiner und verjüngt sich mehr nach oben. Die Katholikin setzt es senkrechter auf und schlingt gewöhnlich ein Stirntuch um. Im Kahlgrunde und Hinterspessart erleidet es eine kleine Nüancirung, ist vorn mit Sammt und aufgenähten Silberbördchen verbrämt und hat eine große Masche mit steifen auseinanderstehenden Flügeln, die unmittelbar über der Haarranke sitzt. Die Bezeichnung *Kopf-* oder *sächsische Haube* ist hierfür geltend und soll auf die Abstammung deuten. – Im Bachgaue, namentlich um Radheim, Mosbach, Wenigumstadt etc. etc. tritt eine weitere Haubenform auf, die insbesondere an den »hohen Tagen« oder als Trauerzeichen getragen wird. Sie ist von weißem Piqué, sitzt wie ein wagrechter Cylinder am Haupte; die Lappen decken die Ohren; der senkrecht niederfallende Boden ist rings mit einer Spitzengarnirung versehen. Theilweise kommt sie auch im Elsavagrunde, in den protestantischen Orten Sommerau, Eschau u. a. vor. Der Schnitt der übrigen weiblichen Gewandstücke unterscheidet sich von jenem des Ostspessarts wenig. Auszeichnend ist, daß das Mädchen ihr Mützchen ziemlich regelmäßig mit blauem, die Frau mit grünem Seidenbande einfaßt. An die Stelle der Knöpfchen vorne an der Brust treten Häfteln oder s. g. Krappen. Der Rock ist zumeist von blauem Wollzeuge, faltenreich, mäßig hoch geschürzt, mit einem schwarzen Sammtbande etwas über dem Saum eingefaßt. Tritt man aus dem tieferen Walde und Kahlgrunde gegen den Main heraus, so gewahrt man alsbald Abnahme alles bäuerlichen Wesens im Gewande. Gestrickte Wollenjäckchen haben das Mützchen großentheils verdrängt. – Damit sind wir am Ziele unserer Wanderung.

Aus: Bavaria. Landes- und Volkskunde des Königsreichs Bayern. 4. Band. München 1866. S. 259–271.

Schwaben und Neuburg

DIE SCHWÄBISCHE VOLKSTRACHT

Von Felix Dahn

Die Manichfaltigkeit der Trachten, welche früher in den schwäbischen Gebieten so reich und reicher war als in den Bergen und Thälern von Oberbayern, hat seit dem Anfang dieses Jahrhunderts sehr abgenommen: in den wohlhabenderen Schichten der bäuerlichen Bevölkerung nimmt die Nachahmung städtischer Moden überhand und auch in den unteren Kreisen bringt eine gewisse Gleichförmigkeit durch: die originellen, bunten, complizirten Trachten weichen der simpeln und unterscheidungslosen »Hausknechts-Tracht«, welche wir, aus früheren Schilderungen bekannt, als die allgemeine Regel voraussetzen und übergehen.

So ist in dem bayerischen Stück der Bodenseeufer, in dem Gebiet der Gerichte Lindau und der alten Herrschaft Wasserburg schon seit dem Anfang dieses Jahrhunderts mit dem Einmarsch der Franzosen die früher übliche altschwäbische Tracht des Oberlandes verschwunden und aus steter Nachahmung der herrischen Moden, die jetzige Gewandung hervorgegangen: da sieht denn der Bauer im Frack, mit hohem Hemdkragen und Cylinder abgeschmackt genug aus und nicht minder die Weibsleute, welche alle städtischen Zuschnitte und Stoffe vom Pers bis zur Seide, französische Spitzenhauben und sogar Hüte zur Schau tragen.

Jene altschwäbische Tracht, welche uns bei alten der vorigen Generation angehörigen Leuten noch hie und da begegnet, bestand bei Männern und Buben in blauen Kamisolen oder Leibröcken (Tschoppen), rothen oder schwarzen Lendenwesten mit einer Knopfreihe (»Dutteknöpf«), schwarzen ledernen oder zwilchnen Kurzhosen, Strümpfen aus weißer Leinwand oder Wolle und Schnallenschuhen.

Als Kopfbedeckung trugen sie den Dreispitz oder den Schaufelhut, im Winter kleine, spitzzulaufende Mützen von grünem Sammt, mit Fuchs- oder Marderpelz verbrämt, Pelzkübel genannt. Um den Hals trug man den schwarzen Flor. Damals kannte man keinen Regenschirm und keine Stiefel: gegen das Wetter schützte ein »Holzmäntele«, eine dichte Kotze aus weißer Wolle mit einem Einschnitt zum Durchstecken des Kopfes, unter den Armen mit zwei Holzkloben zu schließen. Als Zierrath war auf der Brust meist ein Herz und der Name des Besitzers aus rothem Tuch aufgenäht.

Die ältere Weibertracht zeigte ein wollenes Mieder, unter welchem der farbige Brustfleck, »Bleatz« = Latz mit Schnürband und silbernen Hacken befestigt wurde; am Mieder hing auch der wollene Rock von rother, grüner, schwarzer Farbe, den Hals deckte ein leinenes Goller, die Schürze (Fürfleck) war von blauer oder gedruckter Leinwand oder auch von dunkler Wolle. Die Strümpfe waren rothwollen, dazu kamen Stöckel- und Schnallenschuhe. Als Oberkleid trugen sie die Schoppe (Schaube), eine Jacke, über der Brust geschlossen, mit Schößen, die nach vorn in eine Spitze ausliefen. Die engen Ellenbogenärmel hatten einen herabhängenden Ueberschlag. Den Hals bedeckte ein großes schwarzseidnes Schlingtuch mit über den Rücken hängenden Enden. Als Kopfbedeckung wurde im Winter die Pelzhaube getragen, im Sommer die allgäuische Radhaube von ihrer ältesten bescheidnen bis zu ihrer modernen ungestaltene Form. In ihrer ältesten Gestalt, wie sie zu Anfang dieses Jahrhunderts noch getragen wurde, zeigt sich diese als ein dem 16. und 17. Jahrhundert angehöriges Kleidungsstück. Ihr Hintertheil bildet ein Bödchen, in der Mitte gradartig erhöht, rund, vier bis fünf Zoll im Durchmesser. Der Vordertheil besteht aus einem Häubchen mit Stirnspitz und Ohrlappen in Form der sogenannten Maria-Stuarthauben. An dieser ist ein fünf bis sechs Zoll breiter Spitzenvorstoß angebracht, nach der Seite gebogen, über der Stirne platt, dann fein gefältelt und in Draht gefaßt. Um das Bödchen geht in Radform ein Drahtgerüst von eindrittel Zoll in die Höhe, zu unterst hängt eine kurze Schleife von breiten Bändern, das Vordertheil ist von geripptem Sammt, das Bödchen Atlas, der Reif mit Chenille überspannt, die Bänder schwarze Seide.

Vor dreißig bis vierzig Jahren entstand eine Abart dieser Radhauben; man ließ die Stirnspitze weg und schmälerte den Besatz der Vorderhaube, erhöhte dagegen das Rad um mehrere Zoll und verlängerte die Bandschleifen, das Bödchen wurde jetzt von glattem schwarzem Sammt, das Vorderhäubchen von geripptem Sammt, das Rad von Posamentirarbeit mit Chenille gefertigt. Eine weitere Umgestaltung erfuhren diese Hauben vor etwa fünfzehn Jahren: die Räder von gewaltigem Umfang wurden fünf bis acht Zoll hoch von Silber- und Golddraht und auch die Bandschleifen breiter und länger. Seit acht bis zehn Jahren wird aber diese monströse Kopfbedeckung dem jüngern Geschlechte zu lästig und man sieht allgemein schwarze Tüllhauben, klein, nur den Hinterkopf bedeckend, mit schwarzseidnen Bandschleifen.

Ueberhaupt herrscht die schwarze oder sonst dunkle Farbe in der Tracht der Bodenseeufer und des Allgäus vor, schon wegen des langen Trauergehens, das hier Sitte ist und zu der sonstigen schwarzen Gewandung noch »Stauchen und Gebände« das alte nonnenhafte Schleiertuch erheischt; auch die Bräute müssen schwarz erscheinen. Die Männer tragen übrigens in den meisten Theilen des Allgäus die altherkömmlichen Kamisole mit kurzer Taille und sehr langen Flügeln von braunem oder olivengrünem Tuch nur mehr zum Kirchgang – hiezu erscheint aber auch die ganze männliche Bevölkerung bis auf die vierjährigen Buben in dieser Feiertracht – sonst werden, auch Sonntags, wenigstens Nachmittags, kurze Jacken und lange Hosen, moderne Röcke und bayerische Mäntel immer häufiger gesehen. Nur die altschwäbische Kopfbedeckung – die schwarzseidne Zipfelhaube und der Filzhut, in der Mitte eingeschnürt, mit niederm nach oben breiter werdendem Gupf und handbreitem Rande – erhält sich zäh. Und unvermeidlich ist der Regenschirm: bei Sonnenschein nicht minder als bei Unwetter trägt der Allgäuer sein roth baumwollen Dach mit sich, welches vor fünfzig Jahren etwa, damals aus gewichster

Leinwand gefertigt; als Luxusartikel eingeführt ward.

In dem Land an der Iller waren ehemals von der altschwäbischen Tracht besonders die Scharlachwesten und lederbraunen Kamisole beliebt; der ältere Hut mit rundem Gupf und breitem Rand, mit Band und Schnalle ward erst später zur Schaufel aufgebogen. In den Bergstädten wurden alle Kleider aus selbst erzeugten Stoffen von Schafwolle und Leinen gefertigt und das heimische Leder gab den grünen Kreuzhosenträger und um die Hüften den handbreiten Gurt. Heutzutage erscheint dort Alles in einer gewissen Zwittertracht. Das Volksthümliche, wenn auch nicht ganz aufgegeben, wird von Nachahmungen der Mode bedrängt, gemischt und entstellt. Eigenthümlich ist, daß in dem abgelegnen Balderschwanger Thal die Männer jede originelle Tracht abgelegt, Frauen und Mädchen aber die uralte Gewandung ihrer Heimath, die für Frau und Magd, für Reich und Arm dieselbe, treu bewahrt haben: über Goller und Blütz von schwarzem Sammt, die Joppe von schwarzem Glanzleinen, von dem glänzend schwarzen Ledergürtel um die Hüften zusammengehalten, welcher die schlanken Gestalten in ihrem feinen natürlichen Wuchs vortheilhaft hervorhebt beim Gehen werden die schwarzen Ueberkleider häufig aufgeschürzt und der grüne Unterrock und die brennrothen Zacken desselben gezeigt. Zur Galla gehört noch der Schnallen oder »Heckel«, ein kurzes Schnappmesser, das an einem Riemen vom Gürtel niederhängt und zwar bei den Vorderwälderinnen an der rechten Seite. Wohlhabende tragen ihren Namen mit silbernen oder vergoldeten Nägeln ihren Namen im Gürtel eingeschlagen und hängen das Messer an silberne Ketten.

Die Kopfbedeckung ist zum Kirchgang gewöhnlich eine kegelförmige, gedrückte Mütze, aus schwarzer Wolle gestrickt, Kappe genannt, im Sommer von schwarzen Strohhüten ersetzt.

Der Jungfernputz bei Hochzeiten und Prozessionen besteht in dem »Schäpele«, einem Strich von schwarzem Sammt mit einem Krönlein von Gold und Silberdraht, mit Glasperlen und Steinen geziert und auf das zurückgestrichne Haar gesetzt. Die echt-schwäbischen Landhauben »Ohra-käppla« (Band I. S. 425) tragen Mädchen von blauem, Frauen von schwarzem Tuch.

Im oberen Allgäu besaßen die oberen Pfarreien bis vor etwa dreißig oder vierzig Jahren noch eine vollständige eigenthümliche Volkstracht, zweifelsohne die dem gesammten Allgäu in ältester Zeit mehr oder minder gemeinsame. Denn sie beruht auf den bekannten aus uralter Zeit stammenden Grundformen der oberdeutschen und hier zunächst der alamannischen Bauerntracht. – Der Mann erschien in einem Kamisol, einer bis an die Hüfte reichenden Juppe, entweder aus schwarzem Zwilch oder zum Putz von leberbraunem Halbloden (»Wifling Schoppe«); dieses Gewand war ohne Knöpfe und ober der Brust mit Haften zu schließen. Am Halse war das Hemd ohne Kragen sichtbar und darüber wurde ein schmaler schwarzer Florstreifen geschlungen (»Flörle«). Ein Brustfleck, unter der Schulter zu schließen, ließ zwischen der Hose so viel Raum, daß das ausgebauschte Hemd sichtbar wurde. Die Hose war von schwarzem Zwilch oder Loden, zur Festtracht von Leder, und ließ das Knie halbnackt. Ein schmaler brauner Ledergurt umgab die Lenden, ein grüner Hosenträger zog sich über die Brust. Dazu kamen Strümpfe ohne Vorfuß, leinen- oder wollgestrickt, zum Putz weiße Wollstrümpfe und Riemenschuh, den runden Hut breiter Krempe schmückte Sammtband und Schnalle. Diese alte Tracht wurde später durch Vertauschung der Juppe mit dem langen Leibrock und Aufnahme der kurzen Scharlach- oder schwarzen Manchesterweste modificirt und zuletzt durch die allgemeine moderne Bauernkleidung in Schwaben verdrängt.

Bei Frauen und Mädchen bestand die alte Gewandung im Wesentlichen in folgenden Stücken: das Hemd zeigte nach abgelegtem

Oberkleid beim Tanz u. s. w. die langen und weiten Aermel; der Ueberrock war von purpurrothem Wollzeug, der Rock (»Kittel«) war aus engen an den Hüften dreimal abgenähten Falten aus schwarzem Glanzleinen gefertigt und hatte unten einen schmalen Vorstoß von Tuch, aber keine Wulst an der Taille. Oben ist der Kittel festgenäht am »Mieder«, das mit langem Leib an der Brust offen steht und durch Fischbein gesteift ist. Sein Stoff ist hochrothes Tuch, an Brust-, Hals- und Aermel-Rand grün besetzt und vorn und im Rücken mit Silberborten, deren Seitenäste unter den Schultern hinlaufen, aufgeputzt. Hiezu gehört der herzförmige mit purpurnem Wolldamast überzogene »Latz«, der zwischen dem Mieder, an dessen 24 Hacken, mit einer dicken Silberkette eingeschnürt wird, deren eichelgeschmückte Enden vorne niederhangen. Nacken und Hals bedeckt das »Göllerle«, ein viereckiger Fleck von buntem Seidenstoff, mit einem breiten weinrothen Band besetzt, über der Schulter von der silbernen Gollerkette gehalten, welche um den Leib gewunden vorne herabfällt. Die dunkelblaue mit lichtblauen Blumen gedruckte Leinenschürze wird oben fein gefaltet, mit einem breiten hellblauen Seidenband geknüpft. Die »Roll-Strümpfe«, zum Putz hochrothwollen, sind aus grober Wolle, ohne Socken und ober den Waden in Wülste geschoben. Als Oberkleid wird der »Schalk, Schälkle« getragen, eine Joppe von schwarzem Stoff, »Raiß« (leinen, mit baumwollenem Eintrag) oder Tuch mit ganz kurzer Taille, an den Nähten mit schmalen schwarzen Seidenbänden verziert, Futter und Aermelaufschläge von rothem Tuch; dazu kommt ein schwarzseidnes Halstuch, das zum Theil das Unterkinn verhüllt und dessen Enden über den Rücken hinabfallen. Die Haare trugen Alle nach alamannischer Sitte zurückgestrichen und in ein Nest gebunden. Die Kopfbedeckung bestand in dem »Schläple« oder »Visir«, einem Stuarthäubchen von schwarzem Seidendamast, ohne Boden, mit breiten Spitzen an den Seiten, von einer silbernen Nadel gehalten. Verheirathete tragen über dem Haarnest noch ein weißes Spitzenhäubchen; zum Putze setzt man zu Seiten dieser kleidsamen Kopfbedeckung eine schwarze Bandrose oder einen Filigranknopf und läßt die Schlinge derselben, von schwarzem Seidenband, vorn über die Brust niederfallen. Zur Kirche trägt man über dem Visir den »Schattenhut« von schwarzem Filz, im Sommer von Stroh, mit zollhohem flachen Gupf und sieben Zoll breiter am Rande abwärts gebogner Krempe. Dieser Hut, den eine Schnur mit Quasten ziert, sitzt auf dem Vorderhaupt und wird um das Kinn festgebunden; alte Frauen setzen im Winter zwischen Hut und Visir noch eine niedre Pelzhaube von Marder- oder Otterbräm mit grünem oder blauem Sammtboden und gekreuzten Sammtschnüren (»Buttenmannskappen«). Seit zwanzig Jahrer aber wird diese alte Tracht in Stoff und Schnitt bei Männern und Frauen von städtisch-bürgerlicher Modetracht verdrängt, auch in der Farbe, wiewohl die lange Trauerzeit das altübliche Schwarz begünstigt; im Jahre 1848 starb zu Immenstadt das letzte alte Männlein, das in der »Oberpfarrtracht« und dem weißwollnen Regenmantel einher ging. Etwas länger hat sich jene Kleidung in den Quellenthälern der Iller, in der Oberstdorfer Pfarrei erhalten. Aber vor etwa fünfzehn Jahren wurde auch hier bei den Männern der lange Flügelrock, Lederhose, Strümpfe, Schnallenschuhe, Manchesterwesten, zur Arbeit Langhosen von blauer Leinwand und schwarze Zwilchjacken die Regel.

Die Frauentracht hatte hier einige eigenthümliche Bestandtheile oder Farben: z. B. ward der »Bris-Riemen« (Schnürband), welcher Latz und Mieder an den Silberhaken zusammenhielt, von hochrother Wolle, zum Putz von grüner Seide getragen; das »Aermelhemd«, eine knappe Sommerjacke, ward über dem Mieder, welches es sichtbar ließ, mit einer bunten Bandschleife geschlossen. Das Ehrenzeichen der Jungfrauen bestand in ältester Zeit aus äußerst zierlichen hohen Kronen von Silber- und Gold-Draht-Flitter, Glasperlen und Steinen, künstlichen kleinen Blumen und Blättern in Form einer achtblättrigen deutschen Fürstenkrone zusammengefaßt, von welcher hinten eine hochrothe Seidenschleife niederfiel. Die Krone selbst saß auf dem zurückgestrichnen Haar am Vorderkopf, indessen die Flechten zu beiden Seiten Schlingen bildeten. Diesem Putz, einst im ganzen obern Illerthal üblich, begegnet man noch heute im Walserthal an hohen Kirchenfesten, im Uebrigen ist er durch die einfacheren »Jungfernkrönlein«, die »Reginahauben«, verdrängt. Zum Tanze gehen die Mädchen jetzt gern im bloßen Kopf, mit hohen Kämmen in dem reichen Haar. Längere Zeit hatte sich im äußeren Allgäu westlich der Iller im Kemptenerlande mit den alten Zuständen auch die alte Tracht erhalten; vor 50 Jahren waren Mantel und Regenschirm in jener Gegend noch unerhörte Prunkstücke und während jetzt jeder Bauer und jeder einigermaßen behäbige Bursche seine Taschenuhr hat, fanden sich deren im Jahre 1800 im ganzen Buchenberg nur drei im Besitz der Dorfmagnaten, des Müllers, des Krämers und des Jägers.

Wo wie z. B. im Gebiet von Kaufbeuren und Obergünzburg die Bauernmädchen die Tracht der Landstädterinnen nachahmen, werden nicht nur die »modischen« Stoffe (Perse, Kattun, Mousselin etc.) und die »modischen« Farben und Muster in den Kaufläden von ihnen verlangt, sondern auch Corsett und Unterrock wird recipirt und alle städtischen Schmuckgegenstände, Ohrringe, Brochen, gehören dann mit zur Toilette von solchen ländlichen Schönen, die nicht ahnen, daß sie in dieser Nachäffung bürgerlicher Eleganz plump und lächerlich aussehen, während ihnen z. B. das scharlachrothe Kopftuch und die blaue Bandhaube so lieblich zu Gesichte steht.

Im untern Illerthal, den alten Landgerichten Illertissen, Grönenbach, Neuulm unterscheiden sich die katholischen und protestantischen Siedelungen wie in Sitte und Lebensweise auch vielfach, wenigstens das Weibervolk, durch die Tracht: die katholischen Frauen und Mädchen ziehen die helleren Farben, den neueren Schnitt der Kleider vor und sie tragen die goldne oder silberne Halbradhaube (Pfauengigl) mit Vorliebe. Auch im obern Günzthal waren von jeher hellere, buntere Farben beliebt: Scharlachwesten, blaue, braune Röcke ersetzen hier das allgäuische ernste Schwarz. Die Bandhaube wird hier eigenthümlich, nämlich das steife, kegelförmige Ende senkrecht aufs Hinterhaupt gestellt getragen; die Mädchen prangen im »Goldkäpple«, einer Bandhaube mit goldgesticktem Aufsatz, der in einem kleinen Polster endet und von dem breiten fliegenden Atlasband umschlungen ist.

Im Allgemeinen ist in allen diesen Gegenden die Männertracht mehr als die Frauenkleidung echt und bäuerlich geblieben; nur etwa die Stehkrägen der Lang-Röcke werden umgelegt und die Goldknöpfe durch besponnene ersetzt. Die Weiber aber haben häufig die ganz charakterlose halbstädtische Tracht angenommen, welche modische Schnitte und Stoffe in ungeeigneter Mischung auf alte Bestandtheile der Volkstracht überträgt, manche der Letzteren ganz beseitigt und andere wieder gleichsam als Kennzeichen ländlicher Bescheidenheit in unpassender Nachbarschaft mit französischen Gewandstücken beibehält, wie z. B. das Goller noch sehr häufig neben dem Corsett mit Ninon-Aermeln vorkömmt. Wirths- und Müllerstöchter tragen auch wohl »Halbkleider«, d. h. Ueberröcke nach französischem Schnitt ohne Schürzen.

Im Ulmer Ried und rechts der Donau im Gebiet der Landgerichte Neuulm, Günzburg und Lauingen haben die protestantischen Orte im Wesentlichen die Tracht bewahrt, welche als die eigentliche ältere landesübliche für dieses ganze Gebiet und selbst für einen Theil der angränzenden Nebenthäler zu betrachten ist. Hier hat jedoch eigenthümlicher Weise die lutherische

Bauerntracht in der alten Landestracht keine confessionelle Veränderung vorgenommen, kein Abzeichen beigefügt, wie es durch Annahme schwarzer oder doch dunkelfarbner Stoffe mit Ausschluß aller hellen Farben die Protestanten des Memminger Gebiets gethan. Das Eigenthümliche liegt bei jenen Lutheranern nur in dem strengen Festhalten an der altüblichen Tracht. Seit etwa 35–40 Jahren hat diese Tracht durchaus keine wesentlichen Aenderungen erfahren; die frühere, wie sie von 1800–1820 etwa bestand, war im Schnitt unbildsamer, denn sie adoptirte die kurz vorher Mode gewordenen niedern Taillen für die Männer, den Frauen beließ sie länger den spitzen, langleibigen Miederzuschnitt der Reifrockperiode. Ein Bauer erschien des Sonntags damals in schwarzer Lederhose, weißen oder weiß und blau geringelten Strümpfen und Schnallenschuhen, einer rothen Glanzweste von Silberbörtchen besetzt, mit einer engen Reihe »Duttenknöpfe« geschlossen: um den Hals schlang sich ein schwarzer Flor, der bei ältern Männern über die Brust herabhing. Der Kirchenrock bestand aus schwarzem Zwilch, nur bei Reichen aus Tuch, mit langen Flügeln und niederem Stehkragen, roth oder lichtblau gefüttert und vorgestoßen mit einer Reihe sehr großer weißmetallener Knöpfe. Zur Bequemlichkeit trug man rothbraune Tschoppen, auch sehr faltige Schmierstiefel.

Der Hut war zur Communion und zu allen Festen zu einem Dreispitz gestutzt, für gewöhnlich aber der große Schaufelhut. Die Zipfelmütze und die runde grünsammtne pelzverbrämte Schlegelhaube waren nebenher sehr in Uebung.

Sehen wir heute einen honetten Bauer oder Knecht zur Kirche gehen, so unterscheidet er sich in seinem Festgewand wenig von seinem eben geschilderten Vorfahren.

Die Unterkleidung ist geblieben, nur wurde der Schuh oder Schmierstiefel mit einem gewichsten Wadenstiefel vertauscht. An der rothen Prunkweste (»Leibl«) fehlen nur die Borten, sie bedeckt in grellem Scharlach Brust und Rücken; für gewöhnliche Sonntage hat man Westen von Manchester oder dunkelblauem Tuch. An einzelnen Orten gehört auch der grüne Hosenheber noch zum Staat. Der Rock noch immer sehr lang und mit niederem Stehkragen versehen bekam einen der Leibesgestalt anpassenderen Schnitt und wird aus ganz dunkelblauem oder schwarzem Tuch gefertigt. Bei Manchen fehlt auch der rothe Vorstoß nicht. Außer der Kirche erscheinen Bauern und Burschen in kurzen blauen Tuchjacken. Den Kopf bedeckt zum Kirchgang ein recht bildsamer kleiner Schaufelhut, welcher nur noch zur Trauer in einen Dreispitz verwandelt wird. Seit dreißig Jahren hat man auch allgemein Mäntel.

Die gleichförmige Aufrechthaltung dieser Tracht wird dadurch sehr gefördert, daß alle Confirmanden sogleich vollständig damit ausgestattet werden und auch bei Hochzeiten streng darauf gesehen wird, daß der Bräutigam in der üblichen, allein anständig erachteten Kirchenkleidung eines ehrsamen Bauers erscheine.

Wie bei der Männertracht unterscheidet sich auch bei jener der Frauen die jetzige nur durch einige Aenderungen in Schnitt und Stoff von der älteren.

Der Kirch- und Trauerrock verheiratheter Frauen ist von schwarzem Tuche, ehedem in Legfalten gefaßt, bis an die Knöchel reichend, unten mit einem Seidenband besetzt: zu allen Festen, Hochzeiten, Taufen, tragen sie einen Rock von schöner laubgrüner Farbe, aus Tuch, mit zwei Zoll hohem, gelblich-grünem Seidenbräm und darüber eine Chenille-Borte von dunklerem Grün. Die Mädchen erscheinen immer in diesen grünen Röcken: nur zur Trauer tragen sie schwarze. An dem Rock ist ein Leibchen fest genäht von etwas kurzer Taille, über der Brust viereckig geschnitten und zu schließen im Nacken mit rundem Ausschnitt aus Scharlach, an den Rändern mit breitem purpurrothen Seidenband besetzt, über der Brust mit Silberketten oder rothen Riemen geschnürt: bei den Trauerröcken ist dieses Mieder schwarz, Halbseide oder Manchester, ohne Kette. Das Goller darüber ist zum Staat weiß von gesticktem Mousselin, sonst buntseiden, zur Trauer schwarz; darüber wird ein schwarzes großes Seidentuch nach hinten geschlungen. Zum Tanze und im Sommer, wenn man die Jacken und das Schlingtuch ablegt, haben die Mädchen schöne Hemden von feiner Leinwand unterm Goller, mit weiten, langen Aermeln, ein zierlicher, mit geknüpften Bändchen gesäumter Schultereinsatz ist von Fältchen umgeben und am Halse prangen krause Spitzen; auch die Männerhemden sind zum Staat mit feinen Bändchen garnirt. Die Schürzen der Jungfrauen bei Tanz und Fest sind von weißem Mousselin mit blauseidnem Bindband; sonst von blauem oder violettem weißpunktirten Kattun; die Frauen haben ähnliche schwarze; die Schürze ist so lang wie der Rock und reicht hinten auf Handbreite zusammen. Die Ueberjacke, der »Schalk«, ist an hohen Festtagen von schwarzem Tuch mit langen glatten Aermeln, vorn offen, kurz in der Taille, der Halsrand und die Aermelaufschläge mit Seidenband gesäumt; eine ähnliche Schleife hält sie über dem Mieder zusammen; die Werktagsschalke sind von schwarzem weißgeblümten Kattun. Die Schuhe trägt das Frauenvolk weit ausgeschnitten, dazu weiße Strümpfe; die heute durchweg von Mädchen und Frauen getragne Kopfbedeckung ist die »Ohr- und Bändelkappe«.

Ehedem trugen die Frauen werktäglich und die Mädchen zur Communion die Poggelhaube. Die ältere, echt schwäbische Sitte, das Haar zurückzustreichen, verliert sich bei dem jüngeren Geschlecht für den Alltagsgebrauch: bezeichnend ist, daß sie zum festlichen Putz beibehalten bleibt.

Dabei hat sich auch noch ein altehrwürdiges Jungfrauen-Abzeichen, mit welchem diese bei Hochzeiten und Kindtaufen erscheinen, im Werth erhalten: das »Haarbat« und die »Zöpfe«; ersteres besteht in einem nicht ganz zollhohen Stirnreif von Pappe, mit rother Seide überzogen, mit weißen Glasperlen gitterartig bestickt, zwischen welchem Gegitter bunte Perlen verstreut sind, vorn überdem mit drei großen Glassteinen, welche eine rothe Bandrose umschließen, geziert. Rechts und links vom Reife sind rothe Bänder angebracht, ihn rückwärts um den Zopf zu befestigen. Die vordere Hälfte wird am Oberrand von einem Kränzchen gemachter Blumen und frischem Rosmarin garnirt. Die »Zöpfe« sind ein dreiviertel Ellen langes Geflecht aus Flachs mit hochrothem Atlas überzogen, welches zwischen die natürlichen gleichfalls roth durchflochtnen Zöpfe in eignen Windungen kronenartig nach dem Vorderkopf gelegt und unter dem Kinn festgebunden wird, indeß nach dem Nacken die Haargeflechte zwei Widderhörner bilden und aus diesem kunstreichen Bau alle Bänderenden lang und reich über den Rücken abfallen, ein eigenthümlich feierlicher, nicht unschöner Schmuck. Bräute tragen zu diesem »Haarbat« und »Zöpfen« einen Gürtel von dunkeln Glassteinen.

Die geschilderte Männer- und Frauentracht hat in ihrer Gesammtheit vollkommen den Ausdruck der Behäbigkeit und Ehrbarkeit und bildet durchaus nicht ungefällig; besonders freundlich erscheinen die Mädchen in ihren grünen Röcken, rothen Miedern und weißen Hemdärmeln. In den Gemeinden gegen die Alb, auch bei den katholischen, besteht so ziemlich dieselbe Tracht.

Aus: Bavaria. Landes- und Volkskunde des Königreichs Bayern. 2. Band. München 1863. S. 840–849.

ZU DEN AUTOREN

JOSEPH FRIEDRICH LENTNER

Die Inhaltsverzeichnisse in den Bänden Oberbayern, Niederbayern und Schwaben vermerken als Autoren Joseph Friedrich Lentner und Felix Dahn. Die Kapitelüberschriften führen nur mehr Felix Dahn als Autor auf. Dahn hat die Arbeiten von Lentner gekannt, sie einmal »eine Fundgrube von altbaierischer Volkskunde« genannt, aber er hat auch einmal, mehr am Rand, geschrieben, man müsse sie redigieren, weil sie in der vorliegenden Form nicht veröffentlicht werden könnten. Das hat ihn allerdings nicht daran gehindert, ganze Partien wortwörtlich zu übernehmen. Wobei Dahn natürlich auch die sogenannten Physikatsberichte, die König Max II. angefordert hat, mitbenützt hat. Physikate sind in etwa vergleichbar mit den Landkreisen alter Ordnung. – König Max II. ist schon als Kronprinz an volkskundlichen Dingen äußerst interessiert, er wünscht eine Schilderung von Land und Leuten, um sich auf seine Aufgabe als künftiger König entsprechend vorbereiten zu können. Seine Wahl fällt auf Joseph Friedrich Lentner. Er soll dieses Werk erarbeiten. Lentner ist am 18. Dezember 1814 geboren, stammt aus der berühmten Lentnerschen Buchhandlung am Schönen Turm in München, will kein Buchhändler werden, sondern Maler. Er sieht aber beim Studium ein, daß das andere besser können und widmet sich ab nun seiner schriftstellerischen Begabung. Lentner beginnt seine Arbeit im Sommer 1846; sie findet am 23. April 1852 ein jähes Ende: Lentner stirbt in Meran. Lentner wandert und sammelt in diesen wenigen Jahren, fast möchte man sagen: besessen. Das zusammengetragene Material verarbeitet er in Meran, wo er wegen seines Lungenleidens Jahr für Jahr den Winter verbringt. Was er auf den Tisch legt, ist unglaublich. Daß dieser Mann allein seine Wanderungen physisch geschafft hat, ist kaum zu verstehen. Er muß auch eine besondere Begabung gehabt haben, bei anderen Menschen Vertrauen zu wecken, sie zum Reden zu bringen. Lentner hat die Regierungsbezirke Oberbayern, Niederbayern, Schwaben und Teile der Oberpfalz bearbeitet. Er sollte ein volkskundliches Werk für das ganze Königreich schreiben, aber dazu ist es nicht mehr gekommen.

EDUARD FENTSCH

Als die Arbeiten an der von König Max II. gewünschten Ethnographie Bayerns durch den Tod von Joseph Friedrich Lentner ins Stocken geraten waren, stellt sich die Frage, wer sie nun weiterführen könnte. Die Wahl fällt auf Eduard Fentsch. Er ist am 22. November 1814 in München geboren, am 18. Dezember 1877 in Augsburg gestorben, aber so wie er es sich gewünscht hat, auf dem alten Südlichen Friedhof in München beigesetzt worden. Sein beruflicher Weg führt ihn im Staatsdienst im Lauf der Jahre vom »Rechnungscomihsariats Practikanten« bis zum Regierungsdirektor in Augsburg. Ludwig Steub schreibt ihm einen Nachruf voller Hochachtung. Überraschend sei seine natürliche, angeborene Eleganz gewesen, »in seinem Thun und Lassen, in seinem Reden, ja selbst in seiner ungewöhnlich schönen Handschrift«. Und dann folgt eine für Ludwig Steub so typische Randbemerkung, die zudem ein kleiner Beitrag zum Münchner Gesellschaftsleben jener Zeit ist: »Als wohlgestalter wohlerzogener Jüngling würde er sich in den feinen Cirkeln gebildeter Vornehmheit, wenn wir deren hätten, ebenso leicht und angenehm bewegt haben wie beim Steffelbauern am Hagenberg oder beim Ostler hinterm Bach zu Garmisch, denn er war auch dem Landvolk freundlich zugethan und verbrachte viele heitere Stunden in den Bauernstuben.« Damit hätte er jedenfalls all die Voraussetzungen mitgebracht oder erworben, um, wie Lentner, eine Ethnographie Bayerns zu schreiben. – Nun war

Fentsch nicht nur Beamter. Seine musische Begabung war zum erstenmal 1839 bei einem Münchner Künstlerfest deutlich geworden. So hat er Novellen und Gedichte geschrieben, auch dramatische Spiele wie das zum Maskenfest der Münchner Künstler, dem sogenannten Rubensfest von 1861. Von nun an war er vom Münchner Leben nicht mehr wegzudenken. – So hat König Max II. nach dem Tod Lentners Fentsch beauftragt, an der Ethnographie, an der Schilderung von Land und Leuten weiterzuarbeiten. Dazu bekam er fünf Jahre Urlaub, in denen er durch Franken und die Oberpfalz wanderte, um jeweils vor Ort all das zu sammeln, was mit dem Volksleben im Zusammenhang steht.

Felix Dahn

Julius Sophus Felix Dahn, der seine Arbeiten mit dem Namen Felix Dahn veröffentlicht hat, vereinzelt auch unter dem Pseudonym »Ludwig Sophus«, ist am 9. Februar 1834 in Hamburg geboren und am 3. Januar 1912 in Breslau gestorben. Er stammt aus einer alten Schauspielerfamilie, verbringt seine Jugend in München, studiert in München und Berlin, promoviert 1855 zum Dr. jur. und wird zwei Jahre später, im Alter von 23 Jahren, Privatdozent für deutsches Recht an der Münchner Universität. Sein weiterer Weg: 1863 Außerordentlicher Professor in Würzburg, 1872 Professor in Königsberg und 1888 endlich in Breslau.

Schaut man in Korschs Literaturkalender nach, kann man an der Überfülle seiner dort genannten Arbeiten die Vielseitigkeit seiner Begabungen und Interessen ablesen. Da sind Gedichte, Balladen, Trauerspiele, wie die über König Roderich oder den Markgrafen Rüdeger von Bechelaren aufgezählt, da sind auch Lustspiele, Opernlibretti, allein dreizehn Bände kleiner Romane aus der Zeit der Völkerwanderung, dazwischen aber Schriften, die sich auf seine Tätigkeit als Universitätsprofessor beziehen, Arbeiten über das Handels-, See- und Wechselrecht, über das deutsche Privatrecht, Lehensrecht usw. Am berühmtesten ist sein Buch »Der Kampf um Rom« geworden, das auch in unseren Tagen noch neue Auflagen erlebt hat. Interessant ist allerdings, daß seine Arbeiten für die »Bavaria. Landes- und Volkskunde« nicht erwähnt sind. Daß Felix Dahn gebeten wird, an diesem Werk mitzuarbeiten, hat sicher seinen Grund in dem gesellschaftlichen Leben jener Zeit. Im Haus seiner Eltern gehen auch Wilhelm Heinrich Riehl und Viktor von Scheffel ein und aus. Scheffel soll die Hauptredaktion für die umfangreiche »Bavaria. Landes- und Volkskunde des Königreiches Bayern« übernehmen. Als aber seine Schwester, die ihm den Haushalt führt, überraschend stirbt, will er nicht mehr in München bleiben. So übernimmt Wilhelm Heinrich Riehl die Redaktion, und er ist es auch, der den jungen Felix Dahn zur Mitarbeit einlädt.

München um 1790

München um 1800

München um 1800

Bei München um 1815

München um 1820

München um 1835

Fürstenfeldbrucker Land um 1800

Tittmoning um 1800

Laufen an der Salzach um 1800

Wasserburg um 1800

Partenkirchen um 1800

Werdenfels um 1800

Inning um 1800

Erding um 1800

Vohburg um 1800

Neuburg an der Donau um 1800

Chiemgau um 1810

Inntal um 1810

Samerberg um 1810

Oberaudorf um 1810

Schliersee um 1810

Jachenau um 1810

Land um Steingaden um 1810

Schrobenhausen um 1800/1810

Berchtesgaden um 1815

Berchtesgadener Land um 1820

Öttinger Land um 1820

Am Tegernsee um 1820

Bayrischzell um 1825

Starnberg um 1825

Bei Ingolstadt um 1850

Lenggries um 1850

Starnberg/Wolfratshausen um 1860

Dachauer Land um 1880

Miesbach um 1925

Berchtesgaden um 1925

Chiemgau um 1925

Tegernseer Tal um 1930

Im Rottal um 1800

Bei Fürstenzell um 1800

Viechtach um 1800

Kollnburg um 1810

Im Rottal um 1810

Rott- und Vilstal um 1810

Gäuboden um 1810

Landshut um 1810

Rottal um 1815

Vilstal um 1820

Passau um 1825

Rottal um 1825

Straubing um 1835

Rottal um 1845

Gäuboden um 1850

Regensburg um 1800

Regensburg um 1815

Mintraching um 1835

Cham/Neunburg v. Wald um 1840

Land um Parsberg um 1840/1850

Waldsassener Stiftsland um 1860

Bayreuth um 1800/1805

Coburg um 1815

Bamberg um 1820

Mistelgau um 1820

Fränkische Schweiz um 1835

Coburger Land um 1840

Effeltrich um 1900

Mistelgau um 1900

Nürnberg um 1815

Nürnberg um 1820

Bei Nürnberg um 1820

Nürnberg um 1825

Rothenburg um 1850

Markt Erlbach um 1850

Herrieden um 1850

Land um Hersbruck um 1850

Altdorf um 1850

Leutershausen um 1860

Bei Kissingen um 1800

Land um Schweinfurt um 1800

Würzburg um 1800/1810

Schweinfurt um 1810

Bei Schweinfurt um 1820

Grabfeld um 1850

Bei Neustadt a. d. Saale um 1850

Ochsenfurter Gau um 1850

Riedenheim um 1850

Spessart um 1860

Ochsenfurter Gau um 1925/1930

Memmingen um 1800

Augsburg um 1820

Schwabmünchen um 1820

Nördlingen im Ries um 1820

Bei Augsburg um 1835

Land um Kempten um 1845

Reimlingen im Ries um 1850

Balderschwang um 1850

Allgäu um 1860

Aichacher Land um 1900

Ries um 1925

ERLÄUTERUNGEN ZU DEN BILDERN

Die Einteilung der Bilder richtet sich nach den Regierungsbezirksgrenzen von heute.
Die Texte aus der »Bavaria. Landes- und Volkskunde des Königreichs Bayern« richten sich zwangsläufig nach den alten Regierungsbezirksgrenzen der Zeit um 1860.
Das wird beispielsweise bei der Gegend um Aichach deutlich, die textlich unter Oberbayern angesprochen ist, bei den Bildern allerdings nach dem heutigen Stand unter dem Regierungsbezirk Schwaben. So ist auch Neuburg an der Donau im Bildteil unter Oberbayern zu finden, im Text aber unter der Überschrift »Schwaben und Neuburg«.

MÜNCHEN

VOR MÜNCHEN UM 1800 — S. 6

Noch befinden sich am Isartor die alten Wälle, der Graben und die militärische Wache. Die Bauern, die aus dem Münchner Osten in die Stadt kommen, sind mit der gleichen Tracht bekleidet, wie man sie im Norden und Westen der Stadt getragen hat, im Osten gar hinüber bis in die Gegend von Hohenlinden, ausgenommen die rote Joppe, die allem Anschein nach nur rechts der Isar in Gebrauch war.
Unterlagen: Otto Aufleger und Karl Trautmann: *Alt-München in Bild und Wort,* München 1897. 8. Lieferung, ein Blatt von Carl August Lebschée. – Ludwig Neureuther, Staatliche Graphische Sammlung München, Inv.Nr. 15 031 und 15 032. – Franz Zell: *Bauerntrachten aus dem bayerischen Hochland,* München 1903 Tafel 25.

MÜNCHEN UM 1790 — S. 86

Das Blatt zeigt eine Münchner Brotverkäuferin um 1790, wie sie in dem Buch »München in guter alter Zeit« zu finden ist. In der Erstausgabe von 1806 heißt es: Das Blatt »zeigt einen Münchner Bäckenladen worauf die . . . verschiedenen Arten Brods verkauft werden. – Diese Bäckenläden von Außen haben den Vorzug, daß man sich das Brod daselbst aussuchen kann.« Auf dem gleichen Blatt ist ein Dienstmädchen zu sehen und ein Isarwinkler Flößer. Links steht ein sogenannter »Holzmesser«. 16 Holzmesser waren von der Stadt verpflichtet, Holzlieferungen für die Bürger zu messen, zu überprüfen.
Unterlagen: C. A. Regnet: *München in der guten alten Zeit,* München 1879, Blatt 28 und 44

MÜNCHEN UM 1800 — S. 87

Die Münchner Bierbrauer haben um 1800/1810 noch eine eigene Tracht getragen, einen dunkelbraunen Umhang mit silbernen Schließen. Die Goldhaube der Frau wird zum Vorläufer der Riegelhaube.
Unterlagen: F. v. Lipowsky: *National-Costueme des Königreiches Bayern,* München 1820/25, Blatt XXXIII. – C. A. Regnet: *München in guter alter Zeit,* München 1879, Tafel I/III, Text S. 1.

MÜNCHEN UM 1800 — S. 88

Die Kleidung des Münchner Bürgers hat schon modische Züge, während die Tracht der Frau noch sehr münchnerisch ist. Links steht eine »Bozener Obstverkäuferin«, denn auch damals ist Südtiroler Obst verkauft worden.
Unterlagen: Ludwig Neureuther, Staatliche Graphische Sammlung München, Inv.Nr. 15 050. – F. v. Lipowsky: *National-Costueme des Königreiches Bayern,* München 1820/25, Blatt XXXIII. – Ein Flachdiorama (Tragant, gekleidet) aus der Reihe von Zwölf Monatsbildern, 1816, Monatsbild »September«, Neuötting, Privatbesitz. Siehe P. E. Rattelmüller: *München im Jahreslauf (1816),* München 1972, Monatsbild September.

BEI MÜNCHEN UM 1815 S. 89

Bäuerinnen, Bauernmädchen und Milchmädchen in der Tracht, wie man sie im Norden, Westen, Südwesten, teilweise sogar im Osten der Stadt getragen hat. Im Hintergrund ist die alte Nikolaikirche in Schwabing zu sehen, die 1898 abgebrochen worden ist.
Unterlagen: F. v. Lipowsky: *National-Costueme des Königreiches Bayern,* München 1820/25, Blatt XVI und XLII. – F. Zell: *Bauerntrachten aus dem bayerischen Hochland,* München 1903, Tafel 26. – Th. Dombart: *Schwabing,* München 1913, S. 91.

MÜNCHEN UM 1820 S. 90

Die Bauern auf dem Schrannenplatz, dem heutigen Marienplatz in München, sind aus dem Unterland, also aus Niederbayern, vor allem aus dem Gäuboden, gekommen. Der Bauer links hält das sogenannte Streichmaß in der Hand, mit dem der Scheffel »gestrichen voll« gemessen wurde. Bei den Getreidesäcken waren die Sackstempel üblich. Der Autor hat sich in diesem Fall erlaubt, seine eigene Signatur »PER« unterzubringen.
Unterlagen: Aquarellierte Lithographie von J. M. Mettenleiter um 1810; Nachdruck Landesvermessungsamt um 1975. – Ein Flachdiorama (Tragant, gekleidet) aus der Reihe von Zwölf Monatsbildern, 1816, Monatsbild »Juni«, Neuötting, Privatbesitz. Siehe P. E. Rattelmüller: *München im Jahreslauf (1816),* München 1972, Monatsbild Juni.

MÜNCHEN UM 1835 S. 91

Der Münchner Fischmarkt war am Marienplatz an der Stelle, an der heute der Fischbrunnen steht. Während sich in der bürgerlichen Welt deutlich der Zylinder durchsetzt, trägt der ältere Mann im Hintergrund noch den Dreispitz aus der Zeit um 1800. Der Fischverkäufer hat sich bereits der städtisch-modischen Welt zugewandt. Die ältere Frau trägt noch die Haube der Zeit um 1800. Es scheint die Hausfrau zu sein, die, von der Dienstmagd begleitet, einkauft.
Unterlagen: Lorenz Quaglio, Gemälde »Fischmarkt auf dem Marienplatz« (1828), Staatliche Schlösser und Gärten, Potsdam-Sanssouci, GKJ 710, – Oberbayerisches Archiv 1983. Luise Paluch: *Lorenz Quaglio 1793–1869.*

OBERBAYERN

FÜRSTENFELDBRUCKER LAND UM 1800 S. 92

Das Blatt zeigt Bauersleute aus der Gegend um Fürstenfeldbruck und Maisach. Der blaue Rock, die rote Weste, der grüne Hosenträger der Männer waren sichtlich eine Art Einheitstracht, die ihre Gültigkeit über weite Gebiete, vom niederbayerischen Gäuboden bis weit ins westliche Oberbayern, bis in die Gegend von Weilheim und an das Südende des Starnberger Sees gereicht hat. Die Frauentracht gilt für das alte Landgericht Dachau, bis vor die Tore von Landsberg und in die Gegend südlich des Starnberger und des Ammersees.
Unterlagen: Staatliche Graphische Sammlung München, Katalog zur Ausstellung *Volkstracht und Landschaft in Altbayern,* 1992, Kat.-Nr. 34, Aquarell von Dillis. Ludwig Neureuther, Staatliche Graphische Sammlung München, Inv.Nr. 15 017 und 15 032. – F. v. Lipowsky: *National-Costueme des Königreiches Bayern,* München 1820/25, Blatt XVI und XLII. – F. Zell: *Bauerntrachten aus dem bayerischen Hochland,* München 1903, Tafel 25. – W. Hamberger: *Friedrich Voltz. Aquarelle, Zeichnungen und Skizzen,* S. 128 (Bauernhaus in Aubing), Rosenheim 1986.

TITTMONING UM 1800 S. 93

In der Stadt Tittmoning, die um 1800 noch fürstbischöflich-salzburgisch war und erst 1810 baye-

risch geworden ist, sind die Bauersleute aus der Umgebung zusammengekommen, aus den Dörfern beiderseits der Salzach. Im Vordergrund sind bäuerliche Trachten zu sehen, im Hintergrund ein Bürgerpaar aus der Salzachstadt. Die Bauersleute von links: »Ein Bauernbursch aus Balling, Gerichts Tittmoning«, »Eine Bauerstochter zu Anschiering Gerichts Tittmoning« und »Ein Bauerssohn von Anschiergen Gerichts Tittmoning«. Anschiergen ist Anschöring.
Unterlagen: F. Prodinger u. R. Heinisch: *Gewand und Stand/Kostüm- und Trachtenbilder der Kuenburg-Sammlung,* Salzburg-Wien 1983, Kat.-Nr. 110, 111, 112.

Laufen an der Salzach um 1800 — S. 94

Die Salzachstadt Laufen war, wie Tittmoning auch, ehedem fürstbischöflich-salzburgisch, und ist 1810 durch die Pariser Verträge bayerisch geworden. Das Paar links zeigt einen »Schöfmo« in Arbeitskleidung, also einen Schiffmann und seine Frau. Weiter, von links nach rechts: eine Frau aus Asen »in der Lamprechtshausener Pfarr«, ein Bauer aus Öhing, »Gericht Laufen, Pfarre St. Georgen« und ein junger Bauer aus Lamprechtshausen. Alles Bauersleute aus dem alten Gericht Laufen.
Unterlagen: F. Prodinger u. R. Heinisch: *Gewand und Stand/Kostüm- und Trachtenbilder der Kuenburg-Sammlung,* Salzburg-Wien 1983, Kat.-Nr. 101, 103, 105, 106 und 108.

Wasserburg um 1800 — S. 95

Auch hier ist ein Bürgerpaar zu sehen. Der Mann trägt im Gegensatz zu den beiden anderen Bürgern bereits eine zylinderähnliche Kopfbedekkung. Im Hintergrund sind zwei Mitglieder des Bürgerschützen-Corps zu sehen. Die Uniformierung der Bürgerwehr (1796) hatte bis zur Neuorganisation der Landwehr (1807) ihre Gültigkeit. Die Stadtansicht im Hintergrund nach einem Ölbild von E. Kollmann (Kopie nach Michael Neher 1853).
Unterlagen: Zwei Porträts: Jos. Freidhofer und Maria Felicitas Freidhoferin. – Ein Ölbild, das die vor dem Rathaus aufmarschierte Bürgerwehr und zuschauende Bürger zeigt. – Aquarelle über die Uniformierung der Wasserburger Bürgerwehr (1796), Heimatmuseum Wasserburg. – E. Kollmann, Stadtansicht nach M. Neher 1853, Privatbesitz.

Partenkirchen um 1800 — S. 96

Die Tracht der Partenkirchener, Garmischer, Mittenwalder Bürgerinnen hat vereinzelt noch einen Schnitt, der an die Mode des 18. Jahrhunderts erinnert. Die bis in den Norden von München verbreitete pelzverbrämte Kappe hat ihren Weg bis ins Werdenfelser Land gemacht, und hat sich hier, sichtlich in der alten Form, dem seitlich etwas eingezogenen Pelz, wohl am längsten gehalten. Im Hintergrund St. Anton nach einer Zeichnung von J. J. Dorner, 1814.
Unterlagen: Ludwig Neureuther, Staatliche Graphische Sammlung München, Inv.Nr. 14 994 Z, 15 005 und 15 066. – Johann Jakob Dorner, Staatliche Graphische Sammlung München, Inv.Nr. 673. – F. Zell: *Bauerntrachten aus dem bayerischen Hochland,* München 1903, Tafel 29 und 30. – W. Hauke: *Der Landschaftsmaler J. J. Dorner der jüngere. 1775–1852,* München 1969, Z 37.

Werdenfels um 1800 — S. 97

Auch das Werdenfelser Land, das ursprünglich fürstbischöflich-freisingisch war, ist erst zu Beginn des 19. Jahrhunderts staatsrechtlich bayerisch geworden. Auch hier hat man, wie in Steingaden, am Samerberg oder im Berchtesgadener Land, rote Joppen gekannt. Auffallend sind die selbstgeschnitzten hölzernen Sandalen. Im Hintergrund ein Bauernhaus in Partenkirchen nach einer Vorlage von Peter v. Heß.

Unterlagen: Ludwig Neureuther, Staatliche Graphische Sammlung München, Inv.Nr. 15 065. – Lorenz Quaglio, Staatliche Graphische Sammlung München, Inv.Nr. 22 851 und 22 852. – Peter v. Heß, Staatliche Graphische Sammlung München, Inv.Nr. 22 547. – F. Zell: *Bauerntrachten aus dem bayerischen Hochland,* München 1903, Tafel 29.

Inning um 1800 S. 98

Inning liegt nahe am Nordende des Ammersees. Es handelt sich hier sicher nicht um reine Bauerntrachten. Vermutlich zeigt das eine hier zugrundeliegende Votivbild in der nahen Wallfahrtskirche Grünsink eine Wirtsfamilie. Vorbild für dieses Blatt waren insgesamt zwei Tafeln: die eine wurde aus Inning gebracht (1807), die andere aus Weßling (1802). Im Hintergrund das Dorf Inning.
Unterlagen: Ludwig Neureuther, Staatliche Graphische Sammlung München, Inv.Nr. 15 032. – Votivtafeln von 1807 und 1802, Wallfahrtskirche Grünsink. – G. Schober: *Bilder aus dem Fünf-Seen-Land,* Starnberg 1979, Abb. 182 (nach J. B. Dilger). – F. Zell: *Bauerntrachten aus dem bayerischen Hochland,* München 1903, Tafel 2 und 25.

Erding um 1800 S. 99

Die Bauersleute aus Erding tragen eine ähnliche Tracht, wie sie auch westlich der Isar, entlang der Amper, über Dachau, Fürstenfeldbruck bis in die Gegend zwischen Lech und Ammersee, bis vor die Haustüren von Landsberg und Weilheim üblich war. Im Hintergrund ist das alte Hirtenhaus in Bergham bei Altenerding zu sehen.
Unterlagen: Ludwig Neureuther, Staatliche Graphische Sammlung München, Inv.Nr. 15 017 Z, 15 031. – V. Weishaupt: Zeichnung des Hirtenhauses in Bergham um 1890, Privatbesitz.

Vohburg um 1800 S. 100

Glücklicherweise hat Ludwig Neureuther in den ersten Jahren des 19. Jahrhunderts für Ludwig von Rheinwald bayerische Trachten festgehalten, unter anderem in Gegenden, von denen – hätte er es nicht getan – keine Unterlagen zu finden wären. Dazu gehört Vohburg an der Donau, nahe Ingolstadt.
Unterlagen: Ludwig Neureuther, Staatliche Graphische Sammlung München, Inv.Nr. 15 012, 15 041 Z, 15 042 und 15 047. – Ein altes Photo des Stadttores, Vohburg, Privatbesitz.

Neuburg an der Donau um 1800 S. 101

Die Männer sind bereits modisch gekleidet, die Frauen tragen Hauben, wie man sie in kleineren Städten im bayerischen Raum in bürgerlichen Kreisen ganz allgemein getragen hat (siehe Darstellung Wasserburg). Die Kleidung der Frauen zeigt noch die Machart des späten 18. Jahrhunderts.
Unterlagen: Großes Votivbild, Öl auf Leinwand, gestiftet an die Marianische Kongregation der Bruderschaft der Schmerzhaften Muttergottes unterm Kreuz in Neuburg. Besitz: Heimatmuseum Neuburg an der Donau.

Chiemgau um 1810 S.102

Wenige Münchner Maler haben, als sie zu Beginn des 19. Jahrhunderts Land und Leute entdeckten, den Inn nach Osten überschritten. Nur Ludwig Neureuther hat um 1805 auch hier für Ludwig von Rheinwald Trachten gezeichnet, und Peter von Heß ist 1812 hier gewesen. Der Bauer aus Hohenaschau trägt eine Tracht, wie sie auf den Skizzen von F. W. Doppelmayr (zwischen 1810 und 1816) und auf Votivtafeln in Maria Himmelfahrt in Antwort zu sehen ist und die auch in Prien und Endorf getragen wurde. Der Hintergrund nach einer Skizze von Christian Mali.

Unterlagen: Ludwig Neureuther, Staatliche Graphische Sammlung München, Inv.Nr. 15 048. – Peter v. Heß, Staatliche Graphische Sammlung München, Inv.Nr. 21 106 Z und 21 105 Z. – Friedrich Wilhelm Doppelmayr, Zeichnungen und Aquarelle, Stadtarchiv Rosenheim.

Inntal um 1810 S. 103

Vorbild für dieses Blatt ist eine Radierung aus der Zeit um 1804/05, eine Beilage zu Joseph von Hazzis *Statistische Aufschlüsse über das Herzogthum Baiern.* Vorbilder für diese Radierungen sind Aquarelle von Johann Georg von Dillis, die im Oktober 1983 von der Staatlichen Graphischen Sammlung erworben wurden. Das Blatt ist deshalb besonders interessant, weil es – jedenfalls bis zum heutigen Tag – zum erstenmal eine Lederhose zeigt, die die Knie freiläßt. Im Hintergrund »Die Windschnur bey Fischbach« i. J. 1812.
Unterlagen: J. v. Hazzi: *Statistische Aufschlüsse über das Herzogthum Baiern,* Nürnberg 1804 bis 1806. – Johann Georg v. Dillis, Staatliche Graphische Sammlung München, Inv.Nr. 1983:47. – Friedrich Wilhelm Doppelmayr, Album mit Zeichnungen und Aquarellen zwischen 1810 und 1816, Rosenheim, Stadtarchiv. – F. W. Doppelmayr: *Zeichnungen und Skizzen nach der Natur aus den Gegenden des Kgl. Baier. Landgerichts Rosenheim,* Rosenheim 1982, S. 104 f. – F. Zell: *Bauerntrachten aus dem bayerischen Hochland,* München 1903, Tafel 6. – P. E. Rattelmüller: *Alte Trachten aus dem Inntal und Chiemgau,* Rosenheim 1976.

Samerberg um 1810 S. 104

Der Samerberg liegt südöstlich von Rosenheim. Der junge Bauernbursch trägt eine feuerrote Joppe, wie man sie in jenen Jahren in der Gegend von Steingaden/Rottenbuch ebenso getragen hat wie im Berchtesgadener Land oder bei Erding. Der Hof im Hintergrund »Beym Sagmeister auf'm Sammenberg, den 26. Jänner 1811«
Unterlagen: F. W. Doppelmayr, Album mit Zeichnungen und Aquarellen zwischen 1810 und 1816, Rosenheim, Stadtarchiv. – F. W. Doppelmayr: *Rosenheim wie es früher war,* Rosenheim 1966, S. 107.

Oberaudorf um 1810 S. 105

Oberaudorf liegt nahe der bayerisch-tirolischen Grenze im Inntal. Die Tracht der Bäuerin und des Bauern ist für das Alpengebiet erstaunlich dunkel gehalten. Im Hintergrund ist eine Sensenschmiede zu sehen, wie sie Eduard Schleich d. Ä. gezeichnet hat. Sensenschmieden hat es bis weit ins Tiroler Inntal hinein gegeben.
Unterlagen: Ludwig Neureuther, Staatliche Graphische Sammlung München, Inv.Nr. 15 059 und 15 060. – F. Zell: *Bauerntrachten aus dem bayerischen Hochland,* München 1903, Tafel 4. – Zeichnung von Eduard Schleich d. Ä., Privatbesitz. – P. E. Rattelmüller: *Per Post und zu Fuß durch Oberbayern,* München 1958, Abb. 58.

Schliersee um 1810 S. 106

Auch dieses Bild beweist, daß die Trachten nicht nur grau und grün waren, wie so oft behauptet wird, daß sie vielmehr um einiges aufwendiger gewesen sind. Interessant ist auch, daß es bei der Tracht modische Entwicklungen gibt, die zum Beispiel in Rocklängen sichtbar werden.
Unterlagen: Ludwig Neureuther, Staatliche Graphische Sammlung München, Inv.Nr. 15 003 15 055 und 15 056. – F. Zell: *Bauerntrachten aus dem bayerischen Hochland,* München 1903, Tafel 9.

Jachenau um 1810 S. 107

Die Jachenau galt schon um 1810 als besonders selbstbewußt und konservativ. Die Tracht in diesem Gebirgstal im Isarwinkel zeigt damals noch Züge des 18. Jahrhunderts. Nur die Tatsache, daß auch die Jachenauerinnen die kleine pelz-

verbrämte Kappe unter dem breitkrempigen Hut tragen, zeigt, daß man zum Teil auch dort mit der Zeit gegangen ist.
Unterlagen: Ludwig Neureuther, Staatliche Graphische Sammlung München, Inv.Nr. 15 063 Z und 15 064. – F. Zell: *Bauerntrachten aus dem bayerischen Hochland,* München 1903, Tafel 23. – Das Bauernhaus im Hintergrund nach einer zeitgenössischen Lithographie, Privatbesitz.

LAND UM STEINGADEN UM 1810 S. 108

Diese Trachten sind in der Umgebung von Rottenbuch und Steingaden um 1800/1810 getragen worden. Bei den Frauen in den roten Joppen handelt es sich mit Sicherheit um Bäuerinnen, während die Frau mit der weiten, fast hutähnlichen weißen Haube wohl dem bürgerlichen Stand angehört. Eigenartig ist, daß die Bäuerinnen den schwarzen Hut sowohl über der Pelzkappe als auch über der weißen Haube getragen haben; auch die Pelzhaube allein. Im Hintergrund die Torturmkapelle auf dem Friedhof von Steingaden.
Unterlagen: Johann Georg v. Dillis, Aquarell, Staatliche Graphische Sammlung München, Inv.Nr. 1983:63. – Ludwig Neureuther, Staatliche Graphische Sammlung München, Inv.Nr. 14 996 und 15 062. – Johann Jakob Dorner (10. Mai 1814), Staatliche Graphische Sammlung München, Inv.Nr. 657. – F. v. Lipowsky: *National-Costueme des Königreiches Bayern,* München 1820/25, Blatt XLIII. – A. Weitnauer: *Tracht und Gwand im Schwabenland,* Kempten 1957, S. 131. – F. Zell: *Bauerntrachten aus dem bayerischen Hochland,* München 1903, Tafel 28. – W. Hauke: *Der Landschaftsmaler Johann Jakob Dorner der jüngere. 1775–1852,* München 1969, Z 16.

SCHROBENHAUSEN UM 1800/1810 S. 109

Das Wissen, daß besonders die Trachten der Frauen im Raum Schrobenhausen-Aichach einmal so farbig, so rokokohaft waren, verdanken wir einem Aquarell, das Ludwig Neureuther für Ludwig von Rheinwald gemacht hat, das Rheinwald aber nicht mehr veröffentlichen konnte. Dabei haben wir den glücklichen Fall, daß man auch einmal die Rückseite einer Tracht sieht. Die Tracht der Männer ist nicht, wie in weiten Gebieten des westlichen Oberbayern und im niederbayerischen Gäuboden, hellblau, sondern schwarz. Auch bei Joseph von Hazzi heißt es von der Männertracht im Gericht Schrobenhausen: »Die Männer tragen schwarz zwilchene Röcke . . .« Und vom Gericht Aichach schreibt er: »Der Rock ist von schwarzem Zwilch oder sehr schlechtem blauen oder braunen Tuch . . .«
Unterlagen: Ludwig Neureuther, Staatliche Graphische Sammlung München, Inv.Nr. 6045, 6046, 15 043 und 15 044. – P. E. Rattelmüller: *Dirndl, Janker, Lederhosen,* München (1970) S. 13.

BERCHTESGADEN UM 1815 S. 110

Das Berchtesgadener Land, einst Besitz eines reichsunmittelbaren Chorherrenstiftes mit einem Augustinerpropst als Landesherrn, ist erst 1810 bayerisch geworden. Aus diesem Grund wurden auch die Knappen des berühmten Salzbergwerkes »bayerisch« eingekleidet. Auf diesem Blatt sind Bauersleute des Berchtesgadener Landes zu sehen und Bergleute »in Parade«; von links: Knappe, Oberbeamter, Steiger, Beamter. Zu der Frauentracht: Auf der Abbildung in Zaborskys Buch ist nicht genau zu erkennen, ob das Mieder geschnürt oder der Latz nur eingeknöpft oder -gehakt ist.
Unterlagen: O. v. Zaborsky: *Die Tracht des Berchtesgadener Landes,* Wien 1943, Tafel XII und XIII. – Aquarellierte Zeichnung um 1825 im Besitz der Bayerischen Berg-, Hütten- und Salzwerke München (verschollen), Kopien danach in Privatbesitz.

Berchtesgadener Land um 1820 S. 111

1810 war das ehedem reichsfreie Augustinerchorherren-Stiftsland bayerisch geworden. So hat es auch am Königssee königliche Ruderknechte gegeben. Der Schurz der Frau wurde weiß gelassen, nachdem er auf der Skizze von Johann Adam Klein nicht farbig angelegt ist.
Unterlagen: Originalkleidung eines königlichen Ruderknechtes im Heimatmuseum Berchtesgaden. – Sammlung Johann Adam Klein, »Der Bauernbub«, Kat.Nr. 288 (25. August 1818), »Die Fischer-Ließl am Königssee« (1818), Kat.Nr. 291. Stadtgeschichtliche Museen Nürnberg.

Öttinger Land um 1820 S. 112

Das Öttinger Land ist in diesem Fall das altbayerische Land um Altötting und Neuötting. Die Farbe für die Überröcke der Bauern ist bereits variabel. Auch das Schuhwerk ist verschieden. Typisch für die Zeit auch hier, daß die Bauersfrau einen breiten Hut über der Haube trägt. Im Hintergrund ein Haus in Altötting, 1779 nachweisbar, 1905 abgebrochen.
Unterlagen: F. v. Lipowsky: *National-Costueme des Königreiches Bayern,* München 1820/25, Blatt XV. – Johann Georg von Dillis, Staatliche Graphische Sammlung München, Aquarelle, Inv.Nr. 1983:40 und 1983:41. – P. E. Rattelmüller: *»Der Oettinger Bauer aus dem Königlich-Baierischen Salzach-Kreis-Blatt«,* vermutlich von J. v. Obernberg, 1809, Altötting 1976. – Altes Photo des Hauses in Altötting, Privatbesitz.

Am Tegernsee um 1820 S. 113

Die Fülle von Unterlagen, die es über die Trachten des Tegernseer Tales gerade um 1820–1840 gibt, zeigt, wie unerhört vielfältig die Tracht gewesen sein muß. Nicht einmal die Hochfeiertagstracht scheint so einheitlich gewesen zu sein, wie sie es in unserem Jahrhundert geworden ist. Im Hintergrund das Anwesen »beim Unterkoasa«, heute »beim Lex« in Rottach-Egern am Tegernsee.
Unterlagen: F. v. Lipowsky: *National-Costueme des Königreiches Bayern,* München 1820/25, Blatt XXVIII. – F. Zell: *Bauerntrachten aus dem bayerischen Hochland,* München 1903, Tafel 14. – Zeichnung des Anwesens »beim Unterkoasa«, heute »beim Lex« in Rottach-Egern, um 1850, Privatbesitz.

Bayrischzell um 1825 S. 114

Die Sennerin und der Jäger aus Bayrischzell sowie die Situation der Sennküche sind nach verschiedenen Zeichnungen und Aquarellen von Lorenz Quaglio zwischen 1820 und 1840 und von Friedrich Wilhelm Doppelmayr (1810 bis 1816) entworfen. Quaglio und Doppelmayr haben viel im Gebiet um den Wendelstein gearbeitet.
Unterlagen: Lorenz Quaglio, Staatliche Graphische Sammlung München, Inv.Nr. 22 781, 22 791, 22 835 und 22 849. – F. v. Lipowsky: *National-Costueme des Königreiches Bayern,* München 1820/25, Blatt IIII. – Friedrich Wilhelm Doppelmayr, Album mit Zeichnungen und Aquarellen zwischen 1810 und 1816, Rosenheim, Stadtarchiv. – P. E. Rattelmüller: *Katalog Ausstellung Lorenz Quaglio,* Freilichtmuseum Glentleiten, 1978.

Starnberg um 1825 S. 115

Die Trachten dieses Gebietes sind damals noch sehr verwandt mit den Trachten, die man im Norden, Westen und Osten von München getragen hat. In Starnberg ist – wie es scheint – damals schon aus der kleinen Kappe, dem »Bramerl«, eine richtige Pelzhaube geworden. Das Flötl (eine Panflöte) zeigt Johann Adam Klein bei einem Starnberger Hüterbuben noch 1846. Das Bauernhaus in Starnberg (im Hintergrund) ist auf einer lavierten Bleistiftzeichnung (1843) von Franz v. Pocci festgehalten.

Unterlagen: F. v. Lipowsky: *National-Costueme des Königreiches Bayern,* München 1820/25, Blatt II. – Lorenz Quaglio, Staatliche Graphische Sammlung München, Inv.Nr. 22 773 und 22 776. – G. Schober: *Bilder aus dem Fünf-Seen-Land,* Starnberg 1979, Abb. 191, F. v. Pocci. – F. Zell: *Bauerntrachten aus dem bayerischen Hochland,* München 1903, Tafel 30.

Bei Ingolstadt um 1850 S. 116

Diese Trachten sind vor allem aus dem Raum um Ingolstadt, nördlich der Donau, bekannt. Der Bauer ist aus Buxheim, ehem. Landgericht Eichstätt, die Frauen (von links) aus Haunstätten und aus Kinding, beide zum ehemaligen Landgericht Kipfenberg gehörig. Im Hintergrund ein Bauernhof in Böhmfeld, heute Landkreis Eichstätt.
Unterlagen: L. Schamer, Lithographie 1858, Beilngries, Privatbesitz. – O. Schuberth: *Die schönsten Bauernhöfe in Oberbayern,* München 1982, S. 54.

Lenggries um 1850 S. 117

Lenggries liegt im Isarwinkel, wenige Kilometer südlich von Bad Tölz, in einer Gegend, in der auch heute noch Trachten getragen werden. Die Gebirgsschützen von Lenggries haben immer noch einen ähnlichen Rock. Eigenartig ist, daß damals Frauen fast den gleichen Hut tragen wie die Männer. Das Bauernhaus ist uns auf einer Zeichnung von Lorenz Quaglio überliefert.
Unterlagen: F. Zell: *Bauerntrachten aus dem bayerischen Hochland,* München 1903, Tafel 22. – C. Heinzmann, kolorierte Lithographie »Landleute aus dem bayerischen Hochgebirge« (1834), Privatbesitz. – Lorenz Quaglio, Staatliche Graphische Sammlung München, Inv.Nr. 22 916.

Starnberg/Wolfratshausen um 1860 S. 118

In diesem Fall handelt es sich weniger um eine Tracht der Bauern als vielmehr um eine Tracht des Kleinbürgertums, der Handwerker- und Fischerfrauen. Bei den Frauen läßt sich auch die Veränderung der Machart in jenen Jahren ablesen. Die Frau rechts trägt noch den »Brustfleck« der alten Tracht, die Frauen links zeigen bereits das »Kassedl«, das Korsettl. Alle haben sie als Kopfbedeckung die »Otterhaube«, wie sie in vielen altbayerischen Marktflecken üblich war, von Aichach bis Partenkirchen, bis hinüber nach Tölz. Im Hintergrund ist das alte Starnberger Schloß zu sehen.
Unterlagen: Münchner Bilderbogen, Braun und Schneider, München, Nr. 484. – G. Schober: *Bilder aus dem Fünf-Seen-Land,* Starnberg 1979, Abb. 182 (nach G. Kraus).

Dachauer Land um 1880 S. 119

Die Dachauer Tracht ist nicht nur in Dachau und der engeren Umgebung getragen worden, sondern weitherum im ganzen Hinterland, entlang der Amper, bis vor Landsberg. Sie ist durch Ludwig Thoma und die Dachauer »Malerkolonie« bekannt geworden. Das Bild zeigt links ein Bauernpaar und ein Bauernmädchen. Das Haus steht in Pipinsried, Landkreis Dachau.
Unterlagen: A. Kretschmer: *Deutsche Volkstrachten,* 2. vermehrte Auflage, Leipzig um 1871, Tafel 61. – L. J. Reitmeier: *Dachau – Ansichten und Zeugnisse aus zwölf Jahrhunderten – der andere Teil,* 1979; Abbildungen: Nr. 95 R. Zimmermann, Nr. 168 E. Reinicke, Nr. 441 R. Völkker, Nr. 935 O. Graf, Nr. 985 R. Fink. – O. Schuberth: *Die schönsten Bauernhöfe in Oberbayern,* München 1982.

Miesbach um 1925 S. 120

Die Tracht aus der Gegend um Miesbach ist außerhalb Bayerns zum Symbol für ganz Bayern schlechthin geworden. Daß sie so bekannt geworden ist, liegt an der Gründung vieler Trachtenvereine (seit 1883), die diese Tracht bis ins Rheinland und nach Amerika verbreitet haben.

Unterlagen: Alte Photos und Originalstücke. – Katalog für Trachten der Firma Jäger in Miesbach um 1930, die Seiten 75, 89 und 185. – Bauernhof in Bernloh nach alten Photos, Privatbesitz. – P. E. Rattelmüller: *Lüftlmalerei in Oberbayern,* München 1981, S. 100.

Berchtesgaden um 1925 — S. 121

Diese Tracht wird noch heute innerhalb der Grenzen des bis 1803 reichsfreien kleinen Stiftslandes getragen. Die Bäuerin zeigt die hochfestliche Tracht, das Mädchen das »Hemad«, die typische Wolljacke. Der Bauer trägt den »Scheibling«, auf den der Gamsbart vorn aufgesteckt wird. Die Burschen im Hintergrund tragen die sommerliche und winterliche Tracht mit dem »Greansameten« und dem »Abwärtshaken«, dem grünen Hut mit der Spielhahnfeder.
Unterlagen: O. v. Zaborsky: *Die Tracht des Berchtesgadener Landes,* Wien, 1943, Tafel I und V. – P. Werner: *Der Zwiehof des Berchtesgadener Landes,* Arbeitshefte des Bayerischen Landesamtes für Denkmalpflege, Abb. 24.

Chiemgau um 1925 — S. 122

Im Chiemgau hat sich die Frauentracht noch in unserem Jahrhundert verändert. War der Hut der Frauen um die Jahrhundertwende noch flach, mit goldenen Poschen nach beiden Seiten, so wurde er um 1925 höher, mit Poschen nur auf einer Seite. Der Hochzeitslader am Samerberg trug bis 1945 einen Säbel, bis dieser gestohlen wurde. Im Hintergrund ist die Kirche von Greinbach zu sehen.
Unterlagen: P. E. Rattelmüller: *Festliches Jahr,* München um 1955, S. 86. – Photos und Originalstücke, Privatbesitz.

Tegernseer Tal um 1930 — S. 123

Das Tegernseer Tal gehört zum Landkreis Miesbach. So haben diese Trachten Gültigkeit bis zu den Gegenden um den Schliersee und bis Bayrischzell. Das Bild zeigt von links eine Bäuerin im Schalk, der erstmals bei der Hochzeit getragen wurde, eine zweite Bäuerin im »Kirchengwand« und ein Mädchen in der festlichen Tanztracht. Der junge Mann hat bereits die ›Kurze‹ an, während die älteren Bauern damals gern eine schwarze Hose getragen haben.
Unterlagen: Alte Photos und Originalstücke in Privatbesitz. – Aquarelle von Thomas Baumgartner in: *Kiem Pauli – Sammlung oberbayerischer Volkslieder,* München 1934. – Katalog für Trachten der Firma Jäger in Miesbach um 1930. – J. Kempf: *Die Bayerische Heimat/Bildtafeln für Heimatkunde und Heimatkunst,* München ab 1927; Bauernhaus aus Tegernsee, Folge 2, Tafel 10, Abb. 2. – G. Maier: *Miesbach/Wiege der Trachtenbewegung,* Miesbach 1976, S. 231.

NIEDERBAYERN

Im Rottal um 1800 — S. 124

Als sich Oskar von Zaborsky in den dreißiger Jahren unseres Jahrhunderts auf den Weg machte, die Trachten des unteren Rott- und Vilstales zu erforschen, stand ihm noch eine Fülle von Votivtafeln, vor allem in der Wallfahrtskirche Sammarei, zur Verfügung. Diese Votivtafeln haben gezeigt, welche Varianten die Rottaler Tracht doch gekannt hat; daß sie eben nicht »uniform« war. Die Tracht des jungen Burschen links ist auf einer Votivtafel ohne Ortsangabe festgehalten. Die Trachten des Mädchens, des Bauern und des Buben sind aus Kößlarn, die der Bäuerin rechts aus Langwinkel. Typisch für die Mädchentracht ist die röhrenförmige Kopfbedeckung, die man auch vor den Toren von Regensburg findet. Im Hintergrund ein Bauernhof im Rottal.
Unterlagen: O. v. Zaborsky: *Die Tracht im unteren Rott- und Vilstal,* München 1979², Abb. 31.

34, 35 und 44. – J. Kempf: *Die Bayerische Heimat/Bildtafeln für Heimatkunde und Heimatkunst,* München ab 1927, Folge 2, Tafel 13, Abb. 7.

BEI FÜRSTENZELL UM 1800 S. 125

Die Trachten des Bauern und der Bäuerin aus Altenmarkt bei Fürstenzell, im Südwesten von Passau, sind auf einer Votivtafel aus dem Jahr 1799 in der berühmten Wallfahrtskirche Sammarei festgehalten. Auffallend ist das nur oben geknöpfte Hemd des Bauern, das auch ein Leibl sein könnte.
Unterlagen: O. v. Zaborsky: *Die Tracht im unteren Rott- und Vilstal,* München 1979[2], Abb. 40.

VIECHTACH UM 1800 S. 126

Vor allem die Frauen aus Viechtach im Bayerischen Wald bis hinüber in das Gebiet um Cham trugen um jene Zeit Hauben, wie man sie in ganz Bayern sonst nicht kennt. Die Männertracht, braunschwarz bis schwarz hingegen, ist der des Gäubodens und der Landshuter Gegend verwandt. Der Rock sieht auf dem Originalaquarell aus, als wäre er von Schwarz ins Violette verschossen.
Unterlagen: Max Joseph Wagenbauer, Staatliche Graphische Sammlung München, Inv.Nr. 15 028. – O. v. Zaborsky: *Die Tracht im Bayerischen und Böhmerwald,* München 1979[2], Tafel 10. – P. E. Rattelmüller: *Trachten in Niederbayern,* Passau 1971, S. 11.

KOLLNBURG UM 1810 S. 127

Diese Tracht hat man in Kollnburg bei Viechtach genauso getragen wie in Kötzting, im Umland von Cham, ja bis Neunburg vorm Wald. Das Bauernhaus im Hintergrund stand in Göttling, im ehemaligen kgl. Bezirksamt Cham.
Unterlagen: Max Joseph Wagenbauer, Staatliche Graphische Sammlung München, Inv.Nr. 15 030. – J. Kempf: *Die Bayerische Heimat/Bildtafeln für Heimatkunde und Heimatkunst,* München ab 1927, Folge 2, Tafel 15, Abb. 1. – O. v. Zaborsky: *Die Tracht im Bayerischen und Böhmerwald,* München 1979[2], Tafel 10. – P. E. Rattelmüller: *Trachten in Niederbayern,* Passau 1971, S. 7.

IM ROTTAL UM 1810 S. 128

Die Bauern aus dem niederbayerischen Rottal haben im allgemeinen blaue, vereinzelt auch schwarze Joppen getragen; im Sommer aber, zur Arbeit, weiße Leinenkittel. So mancher Bauernbursch hat sich als Schiffsreiter verdungen. Das sieht man an der Beschirrung der Pferde.
Unterlagen: Ludwig Neureuther, Staatliche Graphische Sammlung München, Inv.Nr. 15 039. – P. E. Rattelmüller: *Trachten in Niederbayern,* Passau 1971, S. 31. – E. Neweklowsky: *Die Schiffahrt im Raum der oberen Donau,* Linz 1952, Band 1, Abb. 81 und 82.

ROTT- UND VILSTAL UM 1810 S. 129

Selten findet man Unterlagen über Arbeitstrachten in graphischen Arbeiten, eher schon einmal auf Votivtafeln, auf denen ein Arbeitsunfall geschildert ist. Eine Fülle von Votivtafeln in der Wallfahrtskirche Sammarei hat Zaborsky für seine Trachtenforschung benützen können. Die Darstellungen von links nach rechts zeigen ein Bauernmädchen aus Penzing bei Aidenbach 1791 und ein Mädchen aus der Gegend von Sammarei 1812. Die Männer sind aufgrund einer Votivtafel in Sammarei 1812 gezeichnet, die Frauen nach gleicher Quelle (1812 und 1810).
Unterlagen: O. v. Zaborsky: *Die Tracht im unteren Rott- und Vilstal,* München 1979[2], Abb. 56, 57 und 58.

GÄUBODEN UM 1810 S. 130

Die Tracht der Bauersleute aus dem Gäuboden hat uns Ludwig Neureuther mit seinen Skizzen

und Aquarellen überliefert. Bei der Kirche im Hintergrund handelt es sich um die Wallfahrtskirche Sossau bei Straubing, nördlich der Donau.
Unterlagen: Ludwig Neureuther, Staatliche Graphische Sammlung München, Inv.Nr. 15 035 und 15 036. – P. E. Rattelmüller: *Trachten in Niederbayern,* Passau 1971, S. 2 und 23. – Hermann v. Schmid: *Das Königreich Bayern,* Band I, um 1872, Teil Niederbayern, S. 27, Stahlstich von J. Poppel, gez. von Jagendeubel.

LANDSHUT UM 1810 S. 131

Der Bauer aus der Gegend um Landshut trägt einen schwarzen Rock, im Gegensatz zu den Bauern isarabwärts und im Westen, die weitgehend hellblaue Röcke trugen. Die Tracht der Bäuerin ist ähnlich der im Gäuboden, nur trägt sie über dem Häubchen einen breitkrempigen schwarzen Hut. Im Hintergrund der Blick auf Landshut von Norden her, nach einem Aquarell von Max Joseph Wagenbauer.
Unterlagen: Ludwig Neureuther, Staatliche Graphische Sammlung München, Inv.Nr. 15 015 Z, 15 016, 15 018 und 15 034. – Max Joseph Wagenbauer, Staatliche Graphische Sammlung München, Inv.Nr. 35. – O. v. Zaborsky: *Die Tracht im Gäuboden,* München 1979², Abb. 31. – P. E. Rattelmüller: *Trachten in Niederbayern,* Passau 1971, S. 15 und 19.

ROTTAL UM 1815 S. 132

Man sagt den Münchner Künstlern des frühen 19. Jahrhunderts nach, sie seien nach Süden gezogen, ins Alpenvorland zwischen Inn und Loisach, auf keinen Fall aber nach Niederbayern. Keine Regel ohne Ausnahmen. Seit Oktober 1983, als aquarellierte Trachtenzeichnungen von Johann Georg von Dillis im Münchner Handel aufgetaucht sind, weiß man, daß nicht nur Wagenbauer ins Rottal gekommen ist. Im Hintergrund Mädchen aus Fürstenzell.
Unterlagen: Johann Georg von Dillis, Staatliche Graphische Sammlung München, Inv.Nr. 1983:52, 1983:53, 1983:60 und 1983:61. – Max Joseph Wagenbauer, Staatliche Graphische Sammlung München, Inv.Nr. 15 009 und 15 010 (um 1805). – F. v. Lipowsky: *National-Costueme des Königreiches Bayern,* München 1820/25, Blatt X und XIX. – O. v. Zaborsky: *Die Tracht im unteren Rott- und Vilstal,* München 1979², Abb. 48, 51 und 54.

VILSTAL UM 1820 S. 133

Unterschiede in der Tracht gab es nicht nur regional, oft sogar auch innerhalb der Dörfer. So zeigen die beiden linken Figuren Bauern aus Schacha bei Pfarrkirchen um die gleiche Zeit: den linken nach einer Votivtafel des Jahres 1818, den mittleren nach einer Tafel aus dem Jahr 1816. Im Hintergrund ist die Kirche von Zimmern bei Pfarrkirchen zu sehen.
Unterlagen: Votivtafeln der Wallfahrtskirche Sammarei. – O. v. Zaborsky: *Die Tracht im unteren Rott- und Vilstal,* München 1979², Abb. 59, 60 und 61. – J. Kempf: *Die Bayerische Heimat/Bildtafeln für Heimatkunde und Heimatkunst,* München ab 1927, Folge 3, Blatt 23, Abb. 3.

PASSAU UM 1825 S. 134

Passauer Bürgersfrauen tragen damals schon, wie links zu sehen, die sogenannte »Linzer-Haube«. »Hörner« hat man diese Hauben auch genannt. Die Verbreitung der Hauben macht ihren Weg, wie der Name schon sagt, von Linz, die Donau herauf, nach Passau und weiter in so manche ost-niederbayerischen Städte und Märkte. Im Hintergrund das Linzer Tor in Passau-Innstadt.
Unterlagen: F. v. Lipowsky: *National-Costueme des Königreiches Bayern,* München 1820/25, Blatt XXIX. – J. Kempf: *Die Bayerische Heimat/Bildtafeln für Heimatkunde und Heimat-*

kunst, München ab 1927, Folge 7, Blatt 52, Abb. 5. – P. E. Rattelmüller: *Trachten in Niederbayern,* Passau 1971, S. 51.

ROTTAL UM 1825 S. 135

Das Rottal war berühmt wegen seiner Pferdezucht. So hat die königlich-bayerische Armee ihre Remonten weitgehend dort angekauft. Hier steht ein Rottaler Bauer neben einem Rittmeister des kgl. bay. 1. Kürassierregiments »Prinz Carl«. Im Hintergrund sind ein Korporal und Rottaler Bauern zu sehen.
Unterlagen: Dietrich Monten: *Das deutsche Bundesheer – Bayern,* um 1825, Privatbesitz. – O. v. Zaborsky: *Die Tracht im unteren Rott- und Vilstal,* München 1979², Abb. 55.

STRAUBING UM 1835 S. 136

In Straubing und im Gäuboden waren die Trachten, aufgrund der Wohlhabenheit der Bauern, reich und aufwendig. Noch beim 25jährigen Jubiläum des Gäubodenfestes 1837 trugen die Bauern und Bäuerinnen feuerrote Joppen. Im Hintergrund eine Plätte, wie sie Johann Adam Klein festgehalten hat.
Unterlagen: O. v. Zaborsky: *Die Tracht im Gäuboden,* München 1979², Abb. 35. – Lithographie zum 25jährigen Jubiläum des Gäubodenfestes 1837, Stadtmuseum Straubing. – E. v. Neweklowsky: *Die Schiffahrt im Raum der oberen Donau,* Linz 1952, Band 1, Abb. 81 und 82. – Sammlung Johann Adam Klein, Stadtgeschichtliche Museen Nürnberg, Kat.Nr. 228, 238.

ROTTAL UM 1845 S. 137

Die Tracht im Rottal hat sich in ihren Hauptmerkmalen über längere Zeit wenig verändert. Neu ist vor allem die Pelzkappe für Frauen, die um 1835/40 aufzukommen scheint. Auch hier waren die Unterlagen für die Arbeiten Zaborskys weitgehend Votivtafeln von Sammarei. Die beiden Frauen links sind aus Langwinkel (1843 und 1836). Die Frauen im Hintergrund sind auf Votivtafeln zu finden: die mit dem braunen Kopftuch in Sammarei (1845), die mit dem schwarzen in Maria Hilf in Passau (1857), der Bauer rechts auf einer Votivtafel in Sammarei (1845).
Unterlagen: O. v. Zaborsky: *Die Tracht im unteren Rott- und Vilstal,* München 1979², Abb. 62, 63, 64 und 65.

GÄUBODEN UM 1850 S. 138

Der Gäuboden ist das weit um Straubing herum liegende reiche, fruchtbare Land südlich der Donau. Gerade hier wird der Reichtum auch in der Tracht sichtbar. Die Trachten der beiden Frauen links gelten für etwa 1840, während die Trachten rechts fünfzehn, zwanzig Jahre später getragen wurden. Im Hintergrund die Kirche von Niedersunzing bei Straubing.
Unterlagen: O. v. Zaborsky: *Die Tracht im Gäuboden,* München 1979², Abb. 42 und 43. – H. Karlinger: *Deutsche Volkskunst – Bayern,* Weimar 1938, Abb. 207.

OBERPFALZ

REGENSBURG UM 1800 S. 139

Die Trachten bei einer bürgerlich-reichsstädtischen, also evangelischen Hochzeit im alten Regensburg, waren in feierlichem Schwarz, noch ganz der Mode des ausgehenden 18. Jahrhunderts entsprechend. Das Epitaph des braunschweigisch-lüneburgischen Reichsgesandten Christoph v. Schrader († 1713) ist im Hof der Dreieinigkeitskirche zu finden.
Unterlagen: F. v. Lipowsky: *National-Costueme des Königreiches Bayern,* München 1820/25, Blatt XXI. – Landesamt für Denkmalpflege: *Die Kunstdenkmäler von Bayern,* München 1933, Band XXII, Stadt Regensburg, bearbeitet von F. Mader, Teil II, S. 131.

Regensburg um 1815 S. 140

Die Trachten auf dem Regensburger Markt hat uns Johann Adam Klein auf einer aquarellierten Skizze überliefert. Die Frau mit den Rettichen kommt sichtlich aus dem Anbaugebiet jenseits der Donau, aus Weichs oder Reinhausen. Die Bürgersfrau im Hintergrund mit ihrer Hausmagd hat sich schon der zeitgenössischen Mode zugewandt.

Unterlagen: F. v. Lipowsky: *National-Costueme des Königreiches Bayern,* München 1820/25, Blatt XXII. – Sammlung Johann Adam Klein, Stadtgeschichtliche Museen Nürnberg, Kat.Nr. 227.

Mintraching um 1835 S. 141

Die Braut und der Bräutigam sowie die Kranzjungfern kommen aus Mintraching im Südosten von Regensburg. Die Bäuerin rechts hat den Schalk (die kurze Jacke) schon abgelegt. Sie trägt also die sogenannte Tanztracht. In der Art dieser Tracht wird die Nähe des niederbayerischen Gäuboden sichtbar.

Unterlagen: Lommel und Bauer: *Das Königreich Bayern in seinen acht Kreisen,* Nürnberg 1836, Blatt: Regenkreis, Kreisstadt Regensburg. – O. v. Zaborsky: *Die Tracht im Gäuboden,* München 1979², Abb. 36.

Cham/Neunburg vorm Wald um 1840 S. 142

Es gibt kaum ein Gebiet in Bayern, in dem es schwieriger ist, zuverlässige und genaue Unterlagen über Trachten zu finden, als in der Oberpfalz. Eine dieser wenigen, zum Umzeichnen geeigneten Darstellungen, ein Blatt, gezeichnet von C. v. Schellhorn, gestochen von Ph. Walther, zusammengestellt von G. Perlberg, aus der Zeit um 1840/50, zeigt unter anderem die Tracht, die im Gebiet von Cham, Rötz und Neunburg vorm Wald getragen wurde. Auch hier ist anzunehmen, daß für dieses Blatt damals schon historische Trachten gezeichnet wurden, Trachten, die tatsächlich dreißig Jahre früher, um 1810 also, getragen worden sind. Die Trachten sind jedenfalls denen ähnlich, die im niederbayerischen Teil des Bayerischen Waldes um 1810 getragen worden sind. Im Hintergrund ist ein Bauernhaus aus Hetzmannsdorf bei Rötz zu sehen.

Unterlagen: H. Karlinger: *Die bairischen Bauerntrachten,* in: *Bayerische Hefte für Volkskunde,* 1918, nach S. 80. – T. Gebhard: *Der Bauernhof in Bayern,* München 1975 Abb. 142. – C. v. Schellhorn/Ph. Walther, Lithographie, zusammengestellt von G. Perlberg Stadtmuseum Regensburg.

Land um Parsberg um 1840/1850 S. 143

Wie bei allen oberpfälzischen Trachten gilt auch hier: Die wenigsten detaillierten Unterlagen über Trachten gibt es von der Oberpfalz. Auch diese Trachten finden wir auf dem von C. v. Schellhorn gezeichneten, von Ph. Walther gestochenen und von G. Perlberg zusammengestellten Blatt aus der Zeit um 1840/50. Im Hintergrund ein Haus aus Unterwiesenacker.

Unterlagen: H. Karlinger: *Die bairischen Bauerntrachten,* in: *Bayerische Hefte für Volkskunde,* 1918, nach S. 80. – C. v. Schellhorn, Stahlstich, Stadtmuseum Regensburg. – T. Gebhard: *Der Bauernhof in Bayern,* München 1975, Abb. 113.

Waldsassener Stiftsland um 1860 S. 144

Im Waldsassener Stiftsland, im sogenannten »Fraißgebiet«, haben die Bauern noch um die Mitte des vorigen Jahrhunderts die gleiche Tracht getragen wie die Bauern des Egerlandes. Typisch ist der schwarze, mit schwarzen Moirébändern gezierte Hut der Männer. Die bunten Kopftücher der Frauen verraten den Einfluß der böhmischen Märkte.

Unterlagen: A. Kretschmer: *Deutsche Volkstrachten,* Leipzig, 2. vermehrte Auflage, um

1871, Tafel 68. – R. Helm: *Die bäuerlichen Männertrachten im Germanischen Nationalmuseum zu Nürnberg,* Heidelberg 1932, Tafel 41. – R. Helm: *Deutsche Volkstrachten aus der Sammlung des Germanischen Museums in Nürnberg,* München 1932, Tafel 32.

OBERFRANKEN

BAYREUTH UM 1800/1805 S. 145

Die Bürger von Bayreuth, höfisch-modisch orientiert, haben den Dreispitz bereits abgelegt; auch tragen sie den »neumodischen« Frack. Die Bürgersfrauen zeigen eine unerhört reiche Kleidung, die einmalig zu sein scheint im Vergleich zu anderen Städten. Bei Lipowsky heißt es im begleitenden Text: ». . . Willkommen dürfte es daher seyn, die Abbildung zweier Bürgers-Frauen, deren die blaugekleidete die Gattin eines Fabrikantens, die andere, mit einem Fächer in der Hand aber eine Kaufmannesfrau ist, so darzustellen, wie sie zur Zeit, als noch das Markgrafenthum Baireuth und Anspach bestanden, in Seide gekleidet, dann mit Spitzen-Hauben, auf ihren Köpfen bedeckt gewesen sind.« Bayreuth wurde 1769 ansbachisch, 1791 preußisch, 1807 französisch und 1810 bayerisch.
Unterlagen: F. v. Lipowsky: *National-Costueme des Königreiches Bayern,* München 1820/25, Blatt XLI.

COBURG UM 1815 S. 146

Coburg war einst neben Gotha Hauptstadt des Herzogtums Sachsen-Coburg-Gotha. Die Coburger haben sich nach dem Ersten Weltkrieg für die Zugehörigkeit zu Bayern entschieden. Während sich die Bürger der Stadt schon der damals üblichen Mode zugewandt haben, tragen die Frauen noch Tracht. Der Umhang, den die Bürgersfrau rechts zeigt, scheint um 1840/1845 noch von Bäuerinnen in der Nähe der Stadt getragen worden zu sein, wie auf einem Aquarell von Ferdinand Rothbart zu sehen ist. Nur trägt auf dieser Abbildung die Bäuerin die damals übliche schwarze Bänderhaube. Die Coburgerin links ist nach einem Aquarell von Johann Adam Klein, die übrigen Frauen nach Radierungen von Gatine gezeichnet. Da für diese französischen Kostüm- und Trachtenblätter auch Arbeiten der Margarethe Geiger zum Vorbild gedient haben, kann man annehmen, daß die dargestellten Trachten mindestens fünfzehn Jahre früher getragen worden sind.
Unterlagen: Johann Adam Klein, Stadtgeschichtliche Museen Nürnberg, Kat.Nr. 230. – Ferdinand Rothbart, Royal Library, Windsor Castle, Inv.Nr. 20 632. – Radierungen, gez. v. Lanté, gest. von Gatine, aus der Sammlung *Costumes de div. Pays,* Paris 1827: von links nach rechts, »Servante de Cobourg«, Blattnr. 84, »Servante de Cobourg«, Vor- und Rückseite, Blattnr. 81 und 82, »Dame de Cobourg«, Blattnr. 81. – Kalender 1982, Stadtsparkasse Bamberg.

BAMBERG UM 1820 S. 147

Die Bambergerinnen sind um diese Zeit an ihren mächtigen Bänderhauben zu erkennen. Im Hintergrund ist der alte Bamberger Hafen zu sehen, nach einer Bleistiftskizze von Johann Adam Klein. Den Ludwigskanal gibt es in jenen Jahren noch nicht.
Unterlagen: F. v. Lipowsky: *National-Costueme des Königreiches Bayern,* München 1820/25, Blatt XVII und XXV. – Sammlung Johann Adam Klein, Skizze 1811, Stadtgeschichtliche Museen Nürnberg, Kat.Nr. 35.

MISTELGAU UM 1820 S. 148

Der Bauer und die Bäuerin mit ihrer, auch für damalige Verhältnisse schon altertümlichen Tracht, sind aus dem Mistelgau. Der Mistelgau, im Volksmund auch »Hummelgau« genannt, liegt

im Südwesten von Bayreuth; bei Lipowsky heißt es: »Dieser kraftvolle, größtentheils von Kartoffeln und schwarzem Brod lebende Naturmensch, der sich seinen stets modernen Winter- und Sommer-Rock von Werschet (ein sogenannter grober Zeuch von gemeiner Schafwolle) selbst webet . . . kennt einen einzigen Luxus-Artikel, und dieser bestehet in dem Hosenträger, den er nach der Beschaffenheit seiner Finanzen, mehr oder minder reich mit Glasperlen, die ihm die benachbarten sogenannten Glas-Paterlhütten zu Warmensteinach . . . liefern, auch mit Stahl- und Silber-Perlen verziert. Zu eben diesem Luxus gehört der tücherne Brustlatz, gewöhnlich von grüner Farbe . . .« Im Hintergrund eine Längstennscheune aus dem Bayreuther Umland.
Unterlagen F. v. Lipowsky: *National-Costueme des Königreiches Bayern,* München 1820/25, Blatt XXXIV. – Lommel und Bauer: *Das Königreich Bayern in seinen acht Kreisen,* Nürnberg 1836, Blatt: »Kreisstadt Baireuth, Ober-Mainkreis«. – T. Gebhard: *Der Bauernhof in Bayern,* München 1975, Abb. 63.

Fränkische Schweiz um 1835 S. 149

Die Frauen aus der Fränkischen Schweiz tragen die damals typischen roten, über der Stirn zu einer Schleife gebundenen Kopftücher. Bezeichnend für die Männer sind die roten, vereinzelt sogar grünen Westen, der blaue Überrock und vor allem der schwarze Dreispitz und der Schaufelhut.
Unterlagen: Lommel und Bauer: *Das Königreich Bayern in seinen acht Kreisen,* Nürnberg 1836, Blatt: »Kreisstadt Baireuth, Ober-Mainkreis«. – A. Kretschmer: *Deutsche Volkstrachten,* Leipzig, 2. vermehrte Auflage, um 1871, Tafel 60.

Coburger Land um 1840 S. 150

Interessant sind die Kopfbedeckungen der beiden Männer rechts und links. Es gibt bis heute keine rechte Erklärung dafür. Man möchte fast vermuten, es handle sich um eine ehedem militärische Kopfbedeckung, die umgarniert, im zivilen Alltag aufgetragen worden ist. Im Hintergrund ein Haus aus Breitenau.
Unterlagen: Ferdinand Rothbart, Aquarell Royal Library, Windsor Castle, Inv.Nr. 20 632. – Photo aus der Sammlung G. Zwingelberg, Fürth a. Berg. – Gerätemuseum (alte Schäferei), Ahorn bei Coburg.

Effeltrich um 1900 S. 151

Nahe Forchheim, in Effeltrich und Hausen, haben die Frauen und Mädchen bis in die Jahre nach dem Zweiten Weltkrieg an ihrer Tracht festgehalten, während die Männer spätestens nach dem Ersten Weltkrieg den altväterischen Rock und den Dreispitz gegen den Gehrock und den Zylinder eingetauscht haben. Während die Mädchen an hohen Festtagen der »hohe Kranz«, die Flitterkrone, schmückt, tragen die Frauen die weite, gestärkte weiße Haube. Die Mädchen, die am Fronleichnamstag ausersehen sind, die Marienfigur bei der Prozession zu tragen, legen statt der buntschillernden, farbenprächtigen eine weiße Schürze an. Auf dem Kopf tragen sie dann statt des hohen Kranzes ein ganz kleines Goldkrönchen.
Unterlagen: J. M. Ritz: *Deutsche Volkskunst* Band VI, Franken, Weimar o. J., Abb. 199, 200, 201 und 202. – E. Retzlaff: *Deutsche Trachten* (Die blauen Bücher), Königstein i. Taunus und Leipzig 1936, S. 65. – P. E. Rattelmüller: *Bayerische Trachten,* Rosenheim-Tharsau 1955. – Photos aus der Sammlung E. Rühl.

Mistelgau um 1900 S. 152

Der Mistelgau, im Volksmund auch Hummelgau genannt, liegt nahe Bayreuth. In diesem Gebiet hat sich die Tracht lange und besonders ursprünglich erhalten. Bei dem Paar rechts handelt es sich um ein Brautpaar, bei den Bauern im Hintergrund um die allgemeine Sonntagstracht.

Der Hut des Bräutigams, eine Abart des Dreispitzes, hat den eigenartigen Namen »Nebelspalter«. Das Gebäude im Hintergrund steht in Pettendorf.
Unterlagen: R. Helm: *Die bäuerlichen Männertrachten im Germanischen Nationalmuseum in Nürnberg,* Heidelberg 1932, Tafel 43. – R. Helm: *Deutsche Volkstrachten aus der Sammlung des Germanischen Museums in Nürnberg,* München 1932, Tafel 31. – J. M. Ritz: *Deutsche Volkskunst,* Band VI, Franken, Weimar o. J., Abb. 205. – P. E. Rattelmüller: *Bayerische Trachten,* Rosenheim-Thansau 1955. – Alte Photographien, Privatbesitz.

MITTELFRANKEN

Nürnberg um 1815 — S. 153

Der bayerische Landsturm, nach einer aquarellierten Zeichnung von Johann Adam Klein am 13. Oktober 1815, »ohnweit Nürnberg«. Der Landsturm ist ausgerückt anläßlich der Durchreise des Zaren Alexander von Rußland. Die Bauern haben, wie überall im Land, zum Zeichen, daß sie Angehörige des Landsturms, der Landwehr sind, Armbinden in den Landesfarben weiß-blau getragen. Im Hintergrund die Nürnberger Burg nach einer Radierung von Johann Adam Klein.
Unterlagen: Sammlung Johann Adam Klein, Stadtgeschichtliche Museen Nürnberg, Kat.Nr. 193. – W. Schwemmer: *Johann Adam Klein,* Nürnberg 1966, Abb. 26.

Nürnberg um 1820 — S. 154

Die Bürgerinnen und die Mägde in Nürnberg tragen keine Kleidung mehr, die man – von der Haube der Bürgersfrau vielleicht abgesehen – als eine typisch nürnbergische Frauentracht ansprechen könnte. Rechts ein königlich-bayerischer Polizeidiener, den uns Johann Adam Klein festgehalten hat.
Unterlagen: F. v. Lipowsky: *National-Costueme des Königreiches Bayern,* München 1820/25, Blatt XIII. – Sammlung Johann Adam Klein, Stadtgeschichtliche Museen Nürnberg, Kat.Nr. 216. – Johann Adam Klein, Staatliche Graphische Sammlung München, Inv.Nr. 973.

Bei Nürnberg um 1820 — S. 155

Der Bauer und die Bäuerin sind aus der Umgebung von Nürnberg. Auffallend ist hier das haubenförmige Kopftuch unter der Pelzhaube der Frau. Typisch für den Mann in weiten fränkischen Gebieten ist die rote Weste und der Schaufelhut. Im Hintergrund ein Bauernhof in Gutzberg bei Nürnberg.
Unterlagen: F. v. Lipowsky: *National-Costueme des Königreiches Bayern,* München 1820/25, Blatt XXIII. – K. Thiede: *Deutsche Bauernhäuser* (Die blauen Bücher), Königstein i. Taunus 1955, S. 51.

Nürnberg um 1825 — S. 156

Dem Nürnberger Maler und Radierer Johann Adam Klein ist es zu verdanken, daß wir nicht nur wissen, wie die Trachten der Bauern ausgesehen haben, die nach Nürnberg auf den Markt gekommen sind, sondern auch, wie es um die Fuhrwerke und die Beschirrung der Pferde bestellt war.
Unterlagen: Johann Adam Klein, Radierung, Privatbesitz. – Johann Adam Klein, aquarellierte Skizze, Privatbesitz. – Johann Adam Klein, Ölbild »Hohenstein bei Hersbruck« (1830) Stadtgeschichtliche Museen Nürnberg, Fembohaus.

Rothenburg um 1850 — S. 157

Im Umland von Rothenburg ob der Tauber war und ist die Bevölkerung vorwiegend evangelisch. Das sieht man auch ihrer Tracht an. Hier

mag einmal die Ausnahme die Regel bestätigen, daß nämlich die Tracht der Frau mehr modisch-bürgerliche Einflüsse verrate als die des Mannes. Die Figur des Mannes ist entgegen dem Vorbild gedreht, weil aus der vorliegenden Lithographie nicht sicher zu erkennen war, ob die Knöpfe aus Silber sind oder stoffumsponnen. Im Hintergrund sieht man das Siechhaus und St. Leonhard, nach Th. Alt.
Unterlagen: L. Schamer, Lithographie 1858, Beilngries, Privatbesitz. – Th. Alt: *Romantisches Rothenburg und seine Umgebung,* Rosenheim 1981, S. 110.

Markt Erlbach um 1850 S. 158

Ehe die Allerweltsmode in Mittelfranken ihren Siegeszug antrat, hat L. Schamer 1858 in Lithographien mittelfränkische Trachten festgehalten; von Markt Erlbach leider nur einen Bauern. Er trägt zwar noch die lederne Bundhose, aber die Tracht zeigt schon bürgerlich-modische Züge. Im Hintergrund ein Bauernhof in Dietenhofen bei Markt Erlbach.
Unterlagen: L. Schamer, Lithographie 1858, Beilngries, Privatbesitz. – T. Gebhard: *Der Bauernhof in Bayern,* München 1975, Abb. 81.

Herrieden um 1850 S. 159

Im vorwiegend evangelischen Mittelfranken waren Trachten im allgemeinen streng, in dunklen Farben gehalten. Hier nun ist an der Tracht, vor allem an der roten Weste des Mannes, zu erkennen, daß es auch Gebiete mit katholischer Bevölkerung gab. Herrieden gehörte nämlich ursprünglich zum Hochstift Eichstätt. Ehe es im Mittelfränkischen mit den Trachten zu Ende ging, hat sie L. Schamer in Lithographien festgehalten. Im Hintergrund ein Bauernhof in Eckartsweiler.
Unterlagen: L. Schamer, Lithographien 1858, Beilngries, Privatbesitz. – T. Gebhard: *Der Bauernhof in Bayern,* München 1975, Abb. 91.

Land um Hersbruck um 1850 S. 160

Die Männertrachten um Hersbruck und im alten Landgericht Altdorf sind ähnlich denen in Mittelfranken allgemein: schwarz die Westen, die Bundlederhosen und Stiefel, blau der Rock und der havelockähnliche Mantel. Eine Besonderheit scheint die Haube der Frau zu sein. Das Dorf im Hintergrund ist Alfeld, südöstlich von Hersbruck gelegen.
Unterlagen: L. Schamer, Lithographien 1858, Beilngries, Privatbesitz. – T. Gebhard: *Der Bauernhof in Bayern,* München 1975, nach Abb. 77.

Altdorf um 1850 S. 161

Die Trachten aus dem ehemaligen Landgericht Altdorf im östlichen Mittelfranken zeigen bereits sehr bürgerliche Züge. Die Männertracht ist vergleichbar der in der westlichen Oberpfalz. Der Bauer ist aus der Gegend um Leinburg, die Bäuerin aus der Gegend um Grub. Das »ackerbürgerliche« Sandsteinhaus steht in Altdorf.
Unterlagen: L. Schamer, Lithographien 1858, Beilngries, Privatbesitz. – T. Gebhard: *Der Bauernhof in Bayern,* München 1975, Abb. 83.

Leutershausen um 1860 S. 162

Auch für Leutershausen gilt, was man für die Trachten der evangelischen Bevölkerung Mittelfrankens allgemein sagen kann: Sie waren um 1850/1860 dunkel und streng. Es war sichtlich das Endstadium einer Tracht. Zuerst wandten sich die Männer der Mode zu, dann die Frauen. Der Hintergrund zeigt die Landschaft zwischen Leutershausen und Schillingsfürst.
Unterlagen: L. Schamer, Lithographien 1858, Beilngries, Privatbesitz. – V. Zägelein: *Frankenhöhe,* Leutershausen 1980.

Bei Kissingen um 1800 — S. 163

Wie Bauersleute aus der Gegend um Kissingen, in diesem Fall in Stangenroth, ausgesehen haben, wissen wir aufgrund von Arbeiten der Margarethe Geiger (1808). Da diese Trachten bewußt festgehalten worden sind, ist es durchaus möglich, daß sie selbst bereits auf diesen Blättern ein wenig historisiert hat und einen Zustand festhielt, der zehn oder gar mehr Jahre älter ist. Die Brücke im Hintergrund steht in Hausen bei Kissingen.
Unterlagen: Margarethe Geiger: *Unterfränkische Kostüme und Trachten,* wieder erschienen Bad Königshofen 1981, Einführung A. Müllner, Neudruck nach Radierungen von 1808 in Wien bei Artaria et Comp., im Besitz der Universitätsbibliothek Würzburg. – Diese Unterlagen verwendet Peter Geist 1852, siehe Peter Geist: *Trachten aus Franken,* Geleitwort R. Worschech, Würzburg 1983. – Im November 1983 wurde bei Sotheby's in München ein Aquarell/Gouache auf Papier, Vorbild für die Radierung, »Ländliche Tracht im Würtzburgischen/Bauer von Stangeroth an der Rhön« versteigert. – Die Brücke nach einer Zeichnung von C. W. Allers, in: *Unser Bismarck,* Gedächtnisausgabe, Stuttgart, Berlin, Leipzig (1898?).

Land um Schweinfurt um 1800 — S. 164

Die unterfränkischen Trachten zeichnen sich durch eine unerhörte Farbigkeit aus; auch im Land um Schweinfurt. Die Bäuerin links ist aus Ettleben, der Bauer und die Bäuerin rechts sind aus Geltersheim und Gochsheim. Im Hintergrund ein Bauernhaus in Untertheres zwischen Haßfurt und Gochsheim.
Unterlagen: Margarethe Geiger: *Unterfränkische Kostüme und Trachten,* wieder erschienen Bad Königshofen 1981, Einführung A. Müllner, Neudruck nach Radierungen von 1808 in Wien bei Artaria et Comp., im Besitz der Universitätsbibliothek Würzburg. – Das Originalaquarell der Margarethe Geiger mit der Abbildung des Geltersheimer Bauern ist im November 1983 bei Sotheby's in München versteigert worden. – Lommel und Bauer: *Das Königreich Bayern in seinen acht Kreisen,* Nürnberg 1836, Blatt: »Kreisstadt Würzburg, Unter-Mainkreis«. – T. Gebhard: *Der Bauernhof in Bayern,* München 1975. Abb. 39.

Würzburg um 1800/1810 — S. 165

Hier ist die Grenze zwischen Tracht und Mode erreicht. Die Kleidung der Würzburger Köchin links hat noch die Formen einer Tracht, die Bürgerstöchter im Vordergrund geben sich schon modisch-städtisch. Die Trachten der Schiffsknechte hat uns Johann Adam Klein auf einem Aquarell überliefert.
Unterlagen: Sammlung Johann Adam Klein, »Würzburger Schiffknecht, gez. 1. July 1813«, Kat.Nr. 166, Stadtgeschichtliche Museen Nürnberg. – Margarethe Geiger: *Unterfränkische Kostüme und Trachten,* wieder erschienen Bad Königshofen 1981, Einführung A. Müllner, Neudruck nach Radierungen von 1808 in Wien bei Artaria et Comp., im Besitz der Universitätsbibliothek Würzburg.

Schweinfurt um 1810 — S. 166

Die Tracht der »Dame de Schweinfurt«, der Bürgersfrau (links) nach einer Radierung von Gatine ist zwar 1827 datiert, gilt aber wohl für die Jahre um 1800/1810, da der Franzose mehrere Trachtenblätter mit 1827 datiert, deren Vorbilder nachweislich aus dem Jahr 1808 stammen. Die Kinds- und die Hausmagd sind nach Vorlagen der Margarethe Geiger gezeichnet.
Unterlagen: Margarethe Geiger: *Unterfränkische Kostüme und Trachten,* wieder erschienen Bad Königshofen 1981, Einführung A. Müllner, Neu-

druck nach Radierungen von 1808 in Wien bei Artaria et Comp., im Besitz der Universitätsbibliothek Würzburg. – Kupferdruck, aquarelliert nach Gatine, gezeichnet von Lanté, »Dame de Schweinfurt« 1827, *Costumes de div. Pays,* Paris 1827, Nr. 79. – Kalender 1982, Stadtsparkasse Bamberg.

Bei Schweinfurt um 1820 — S. 167

Die Bauern aus der Umgebung von Schweinfurt haben, wie eigentlich im ganzen unterfränkischen Raum, eine rote Weste, einen blauen Überrock und einen schwarzen Dreispitz getragen. Typisch für die Frauentracht ist das weiße, über der Stirn gebundene Kopftuch, das sich in ähnlicher Form in der Tracht um Effeltrich bis in unsere Tage erhalten hat. Die Frauentracht ist bereits in den Radierungen der Margarethe Geiger (1808) dargestellt als »Bauern Mädchen aus Gettersheim im Würtzburgischen«. Vorbild für die Darstellung der Männertracht bei Lipowsky ist ebenfalls ein Blatt der Margarethe Geiger (1808). Der Originalentwurf wurde im November 1983 bei Sotheby's in München versteigert; Titel: »Kleidertracht in Schweinfurt/Weinbergsmann.«
Unterlagen: F. v. Lipowsky: *National-Costueme des Königreiches Bayern,* München 1820/25, Blatt IX und XIV. – Margarethe Geiger: *Unterfränkische Kostüme und Trachten,* wieder erschienen Bad Königshofen 1981, Einführung A. Müllner, Neudruck nach Radierungen von 1808 in Wien bei Artaria et Comp., im Besitz der Universitätsbibliothek Würzburg.

Grabfeld um 1850 — S. 168

Diese Trachten wurden in der Gegend um Königshofen im unterfränkischen Grabfeld getragen. Der Bauer ist aus Untereßfeld, die Frauen (von links) aus Königshofen und Obereßfeld. An der Tracht der Frau aus Königshofen wird der modisch-bürgerliche Einfluß deutlich sichtbar. Im Hintergrund ein Hoftor in Heustreu.
Unterlagen: P. Geist: *Trachten aus Franken,* Würzburg 1983, Geleitwort R. Worschech. – L. Adelmann: *Bayerische Trachten/Unterfranken,* Würzburg 1856, Lithographie von Bonitas Bauer, Würzburg, nach Aquarell von Peter Geist, Blatt 9, 10 und 12. – T. Gebhard: *Der Bauernhof in Bayern,* München 1975, Abb. 41. – J. Kempf: *Die Bayerische Heimat/Bildtafeln für Heimatkunde und Heimatkunst,* München ab 1927, Folge 7, Blatt 52, Abb. 2.

Bei Neustadt a. d. Saale um 1850 — S. 169

Auch der Bauer des Saaletales trägt, wie allgemein im Fränkischen, den Dreispitz. Sein Überrock ist von einem viel helleren Blau, als sonst üblich ist, und er ist tailliert. Die Tracht der Bäuerin zeigt unverwechselbar alle Signaturen der Tracht des Saaletales. Im Hintergrund die Peter-und-Paul-Kirche in Unterebersbach.
Unterlagen: Josef Dünninger: *Unterfränkische Trachten, nach Aquarellen von Peter Geist 1852,* Würzburg 1969. – J. Kempf: *Die Bayerische Heimat/Bildtafeln für Heimatkunde und Heimatkunst,* München ab 1927, Folge 15, Blatt 117, Abb. 1.

Ochsenfurter Gau um 1850 — S. 170

Im katholischen Unterfranken waren die Trachten, vor allem bei den Frauen, farbenfroh. Bei den Männern war die Tracht ziemlich einheitlich, wie in weiten unterfränkischen Gebieten, vor allem dem Main entlang; bei den Frauen aber zeigt sie eine große Vielfalt. Die Unterlagen für dieses Blatt verdanken wir Aquarellen, die Peter Geist 1852 geschaffen hat. Der Bildstock steht bei Euershausen im Ochsenfurter Gau.
Unterlagen: Peter Geist: *Trachten aus Franken,* wieder erschienen Würzburg 1983, Geleitwort R. Worschech. – R. Worschech: *Bildstöcke – Wahrzeichen der Landschaft,* Rosenheim 1981.

Riedenheim um 1850 S. 171

Die Bauernburschen und Bauernmädchen sind aus dem unterfränkischen Riedenheim, zwischen Ochsenfurt und Creglingen gelegen. Die Pelzkappen, die die Burschen tragen, dürften um 1830/1840 aufgekommen sein und sind wohl um 1860/1870 wieder abgelegt worden.
Unterlagen: Peter Geist: *Trachten aus Franken,* wieder erschienen Würzburg 1983, Geleitwort R. Worschech. – Peter Geist: *Bayerische Trachten, Unterfranken,* Würzburg 1856, herausgegeben von L. Adelmann, kolorierte Lithographien, Blatt Nr. 4 und 18. – J. Dünninger: *Unterfränkische Trachten, nach Aquarellen von Peter Geist 1852,* Würzburg 1969.

Spessart um 1860 S. 172

In Eichenfürst und Michelrieth (Grafschaft Löwenstein) hat sich eine evangelische Enklave erhalten. Auch hier ist die Konfession an der Tracht abzulesen: Ist bei der Männertracht im katholischen Unterfranken die reichbestickte rote Weste üblich, so trägt der evangelische Bauer die strengere dunkelblaue Weste.
Unterlagen: R. Helm: *Die bäuerlichen Männertrachten im Germanischen Nationalmuseum zu Nürnberg,* Heidelberg 1932, Tafel 20. – P. E. Rattelmüller: *Bayerische Trachten,* Rosenheim-Thansau 1955. – J. Kempf: *Die Bayerische Heimat/Bildtafeln für Heimatkunde und Heimatkunst,* München ab 1927, Folge 3, Tafel 21, Abb. 14. – R. Helm: *Deutsche Volkstrachten aus der Sammlung des Germanischen Museums in Nürnberg,* München 1932, Tafel 26.

Ochsenfurter Gau um 1925/1930 S. 173

Die Tracht vor den Toren von Würzburg und im Ochsenfurter Gau gehört zu den reichsten in Bayern. Auf diesem Blatt ist der Übergang von der alten Tracht (Figur in der Mitte) zur neuen Tracht (Kopftuch) zu sehen. Die hier gezeigte Männertracht, die um 1850/1860 von den Bauern abgelegt worden ist, wurde um 1925 von den Trachtenvereinen zu neuem Leben erweckt. Im Hintergrund der Friedhof von Eibelstadt.
Unterlagen: R. Worschech: *Unterfranken – Trachten in Bayern,* Würzburg 1982; das Buch läuft auch unter dem Titel *Trachten in Bayern,* Untertitel *Unterfranken,* Abb. S. 56, 57, 60 und 70. – J. Kempf: *Die Bayerische Heimat/Bildtafeln für Heimatkunde und Heimatkunst,* München ab 1927, Folge 14, Blatt 108.

SCHWABEN

Memmingen um 1800 S. 174

Die Kleidung der Memminger Bürger ist noch ganz am 18. Jahrhundert orientiert. Die Tracht der Bürgersfrauen ist erstaunlich vielfältig, wenn auch deutlich streng evangelisch. Eine Besonderheit sind die gestärkten Hauben der beiden Frauen links, die sichtlich zur Taufe gehen oder von ihr kommen. Eine Eigentümlichkeit sind auch deren Schuhe mit weißen Absätzen.
Unterlagen: Elias Friedrich Küchlin, Ölbild um 1800, im Besitz des Städtischen Museums Memmingen. – A. Weitnauer: *Tracht und Gwand im Schwabenland,* Kempten 1957, Seite 158/159.

Augsburg um 1820 S. 175

Die Augsburger Bürgersfrauen tragen die für diese Stadt typischen silbernen und goldenen »Bockelhauben«. Die bayerischen Postkutschen der damaligen Zeit waren interessanterweise blau und nicht gelb. Auch die Postillionsuniform weicht von der späteren ab. Das eigenartige schwarze Revers an der Joppe des Postillions ist mit breiten silbernen Borten eingefaßt.
Unterlagen: F. v. Lipowsky: *National-Costueme des Königreiches Bayern,* München 1820/25, Blatt V. – Sammlung Johann Adam Klein, Stadtgeschichtliche Museen Nürnberg, Kat.Nr. 420. –

W. Schwemmer: *Johann Adam Klein*, Nürnberg 1966, Abb. 23. – A. Weitnauer: *Tracht und Gwand im Schwabenland,* Kempten 1957, S. 190. – P. E. Rattelmüller: *Zu Fuß und per Post durch Oberbayern,* München (1979³), S. 100.

Schwabmünchen um 1820 S. 176

Um diese Zeit tragen die Bauern noch eine eigene Tracht. Kurz danach wenden sie sich mit als erste der Mode zu. Typisch ist bei den Männern der Hut mit der Schließe, bei den Frauen das kleine Häubchen aus den gewässerten Moirébändern. Das Mieder links ist höher gezeichnet, als es auf dem Vorbild zu sehen ist. Das Vorbild, das zeichnerische Schwächen hat, zeigt ein Mieder, das weit unter der Brust endet, das aber andererseits bereits Miederhaken zeigt, wie die damals aufkommenden höher geschnittenen Mieder. Es ist doch sehr zweifelhaft, daß in Schwabmünchen damals Mieder getragen worden sind, die unter der Brust endeten.
Unterlagen: A. Weitnauer: *Tracht und Gwand im Schwabenland,* Kempten 1957, Abb. nach S. 172 und nach S. 180. – Sammlung Weitnauer: Kolorierte Stiche nach Zeichnungen von J. J. Hörmann, radiert von Adam, G. u. J. Steingrübel, herausgegeben von Herzberg bzw. V. Zanna u. Comp. in Augsburg um 1820.

Nördlingen im Ries um 1820 S. 177

Um 1820 trägt man hier den bekannten blauen Rieser Kittel noch nicht. Auch von den Trachten im Ries jener Zeit wüßten wir wenig, wenn nicht J. Müller von Nördlingen, »Mahler daselbst«, Marktszenen festgehalten hätte. Im Ries war die Tracht damals alles eher als einheitlich.
Unterlagen: A. Weitnauer: *Tracht und Gwand im Schwabenland,* Kempten 1957, S. 221 (Aquarell von J. Müller »Markt in Nördlingen«, Stadtarchiv Nördlingen). – Karl Höpfner, Nördlingen, Privatsammlung.

Bei Augsburg um 1835 S. 178

Der Bauer trägt eine Tracht, wie man sie in der Gegend auf Aichach zu getragen hat (die Weste eigenartigerweise links geknöpft), die Frau eine Tracht, wie sie auf Landsberg zu üblich war. Die beiden Frauen im Hintergrund kommen aus dem Gerichtsbezirk Gögging. Im Hintergrund das Rote Tor in Augsburg.
Unterlagen: Lommel und Bauer: *Das Königreich Bayern in seinen acht Kreisen,* Nürnberg 1836, Blatt: »Kreisstadt Augsburg, Ober Donau-Kreis«. – A. Neumaier: *Die Volkstracht im Wandel der Zeit, von 1500–1930 im Landkreis Aichach,* Aichach 1949, S. 24, 35 und 36. – H. v. Schmid: *Das Königreich Bayern,* Band II, um 1872, Teil Schwaben, S. 37, Stahlstich von J. Poppel, gez. Ed. Gerhardt. – A. Weitnauer: *Tracht und Gwand im Schwabenland,* Kempten 1957, S. 188.

Land um Kempten um 1845 S. 179

Eine der wenigen zeichnerisch gekonnten und deshalb wohl auch sehr zuverlässigen Trachtendarstellungen aus dem Allgäu zeigt einen Mann, der einen eingeschnürten Zylinder, wohl aus gekämmtem Ziegenhaar, trägt. Typisch ist die Radhaube der Frau, die an Festtagen in Gold und in Silber getragen wurde, zur Trauer vornehmlich in Schwarz und Dunkelblau. Im Hintergrund die Kapelle bei Meggenried bei Kempten.
Unterlagen: Eine anonyme Lithographie, im Herbst 1983 im Münchner Handel. – E. Duller: *Das deutsche Volk in seinen Mundarten, Sitten, Bräuchen und Trachten,* um 1840/50, Nachdruck München um 1980. – Dabei folgende Abweichungen: Auf der Lithographie war die Radhaube gold, der Hut rechts grau; bei dem Neudruck ist die Radhaube schwarzgrau, der Hut rechts blau. – A. Weitnauer: *Tracht und Gwand im Schwabenland,* Kempten 1957, S. 46. – A. Weitnauer: *Heimatkultur gestern und heute,* Kempten 1955, S. 139.

Reimlingen im Ries um 1850 S. 180

Diese Trachten aus dem Ries, 1852 gezeichnet, zeigen noch immer den Unterschied zwischen den Konfessionen, wenn er sich auch langsam verwischt. Noch trägt der katholische Bauer die rote Weste und der evangelische eine schwarze. Heiraten zwischen den Konfessionen waren damals undenkbar.
Unterlagen: A. Weitnauer: *Tracht und Gwand im Schwabenland,* Kempten 1957, Abb. S. 225. – A. Weitnauer, Privatsammlung. – Karl Höpfner, Nördlingen, Privatsammlung.

Balderschwang um 1850 S. 181

Balderschwang liegt im Allgäu nahe der Grenze zu Vorarlberg; das sieht man auch den Trachten an, die denen im Bregenzer Wald gleichen. Die Männer legen um 1850/1860 ihre Tracht langsam ab. Die Frauentracht hat sich im Bregenzer Wald erhalten bis in unsere Tage. Die Röcke der Frauen sind gechintzt und plissiert. Da die zur Verfügung stehende farbige Unterlage etwas dilettantisch gearbeitet ist und die Taille zu tief sitzt, wurde sie aufgrund weiterer Unterlagen angehoben. Im Hintergrund ein Bauernhof im oberen Allgäu.
Unterlagen: A. Weitnauer: *Tracht und Gwand im Schwabenland,* Kempten 1957, Abb. S. 85, 91 und 92. – A. Kretschmer: *Deutsche Volkstrachten,* Leipzig, 2. vermehrte Auflage um 1872, Tafel 87 und 88. – A. Weitnauer: *Heimatkultur gestern und heute,* Kempten 1955, S. 37.

Allgäu um 1860 S. 182

Die Bauern aus dem Allgäu tragen zum guten Teil grüne und blaue Überröcke, nahe den Bergen war der Rock kürzer und braun. Tragen die alten Frauen noch kleine Pelzhauben, so tragen die jüngeren schon die kleine Goldhaube mit den breiten schwarzen Moirébändern. Im Hintergrund ein Bauernhaus im oberen Allgäu.
Unterlagen: A. Kretschmer: *Deutsche Volkstrachten,* Leipzig, 2. vermehrte Auflage, um 1871, Tafel 64. – J. Kempf: *Die Bayerische Heimat/Bildtafeln für Heimatkunde und Heimatkunst,* München ab 1927, Folge 3, Blatt 17, Abb. 7. – A. Weitnauer: *Tracht und Gwand im Schwabenland,* Kempten 1957, nach S. 36.

Aichacher Land um 1900 S. 183

Trachten haben sich nicht kurzfristig gewandelt; die Bäuerin aus Bachern bei Inchenhofen trägt die »alte« Tracht (um 1860/1870), die junge Bäuerin rechts die »neue« (um 1900). Die Tracht wurde auch in Dunkelbraun, Dunkelgrün, Schwarz getragen. Typisch für die Männertracht ist die Knöpfung der Weste und des Rockes. Im Hintergrund Maria Birnbaum.
Unterlagen: A. Neumaier: *Die Volkstracht im Wandel der Zeit im Landkreis Aichach,* Aichach 1949.

Ries um 1925 S. 184

Um 1880 setzt sich im Land um Nördlingen der Rieser Kittel durch. Ursprünglich von Fuhrleuten getragen, kommt er wohl aus dem Elsaß, über Baden und Württemberg in das Ries. Typisch für die Rieser Tracht jener Zeit ist die kleine Kappe und der gelackte Hut.
Unterlagen: A. Weitnauer: *Tracht und Gwand im Schwabenland,* Kempten 1957, S. 229. – E. Retzlaff: *Deutsche Trachten* (Die blauen Bücher), Königstein i. Taunus u. Leipzig, 1936, S. 82. – J. Dünninger: *Deutsche Volkstrachten,* Berlin 1935, S. 42 und 43.

LITERATUR

Bavaria: Landes- und Volkskunde des Königreiches Bayern München 1860–1867.

Bayerischer Landesverein für Heimatpflege (Hrsg.): Trachten in Bayern. Heft 1: Miesbach, München 1981. Heft 2: Zwischen Lech und Ammersee, München 1995.

Böck, Robert: Dachauer Tracht. Dachau 1994 (= Kulturgeschichte des Dachauer Landes, Bd. 10).

Böhm, Konrad: Volkstrachten in Oberfranken. Bayreuth 1989.

Dombart, Theodor: Schwabing. München 1913.

Doppelmayr, Friedrich Wilhelm: Rosenheim wie es früher war. Rosenheim, 1966.

Doppelmayr, Friedrich Wilhelm: Zeichnungen und Skizzen nach der Natur aus den Gegenden des Kgl. baier. Landgerichts Rosenheim. Rosenheim 1982.

Dünninger, Joseph: Deutsche Volkstrachten. Berlin (um 1935).

Dünninger, Joseph: Unterfränkische Trachten nach Aquarellen von Peter Geist 1852. Würzburg 1969.

Duller, Eduard: Das deutsche Volk in seinen Mundarten, Sitten, Bräuchen und Trachten um 1850. Nachdruck. München (um 1980).

Gatine-Lanté: Costumes de div. Pays. Kolorierte Radierungen. Paris 1827.

Gebhard, Torsten: Der Bauernhof in Bayern. München 1975.

Geiger, Margarethe: Unterfränkische Kostüme und Trachten. Einführung Angelika Müllner. Bad Königshofen 1981. Neudruck nach Radierungen, erschienen 1808 in Wien bei Artaria et Comp., im Besitz der Universitätsbibliothek Würzburg.

Geist, Peter: Bayerische Trachten, Unterfranken. Würzburg 1856. Kolorierte Lithographien, herausgegeben von Leofrid Adelmann.

Geist, Peter: Unterfränkische Trachten 1852. Geleitwort Joseph Dünninger. Würzburg 1969.

Geist, Peter: Trachten aus Franken. Geleitwort Reinhard Worschech. Würzburg 1983.

Gierl, Irmgard: Miesbacher Trachtenbuch. Weißenhorn 1971.

Gierl, Irmgard: Pfaffenwinkler Trachtenbuch. Weißenhorn 1971.

Gillmeister-Geisenhof, Evelyn: Weißenburger Land, die protestantische Tracht. München 1985.

Gillmeister-Geisenhof, Evelyn: Trachtenerneuerung, am Beispiel der Tracht der Weißenburger Bürgerinnen. Ansbach 1986.

Gillmeister-Geisenhof, Evelyn (Hrsg.): Kleidungsweise in Mittelfranken um 1850. Bad Windsheim 1996².

Gillmeister-Geisenhof, Evelyn (Hrsg.): Die Tracht im Dinkelsbühler Raum. Ansbach 1988.

Gillmeister-Geisenhof, Evelyn: Spinnen, Weben, Schneidern ist der Weg zu Kleidern. Textilverarbeitung im 19. Jahrhundert am Beispiel Nennslingen. Ansbach 1989.

Gillmeister-Geisenhof, Evelyn: Flachs wie Engelshaar. Flachsverarbeitung am Beispiel des Marktes Flachslanden. Ansbach 1994.

Gillmeister-Geisenhof, Evelyn und Hirsch, Stefan (Hrsg.): Bürgerliche und ländliche Kleidung im Bistum Eichstätt. Ansbach 1991.

Hauke, Wolfgang: Der Landschaftsmaler Johann Jakob Dorner der jüngere 1775–1852. Oberbayerisches Archiv. München 1969.

Hazzi, Joseph von: Statistische Aufschlüsse über das Herzogthum Baiern. Nürnberg 1801–1806.

Heine, Barbara: Max Joseph Wagenbauer. Oberbayerisches Archiv. München 1972.

Helm, Rudolf: Die bäuerlichen Männertrachten im Germanischen Nationalmuseum zu Nürnberg. Heidelberg 1932.

Helm, Rudolf: Deutsche Volkstrachten aus der Sammlung des Germanischen Museums in Nürnberg. München 1932.

Irlinger, Walter: Die Zukunft der Berchtesgadener Bergknappen. Berchtesgaden 1996.

Jäger, Karl: Bayrische Gebirgstrachten, Miesbach/Oberbayern. Verkaufskatalog. Miesbach (um 1930).

Karlinger, Hans: Die bairischen Bauerntrachten. Beiträge zu ihrer Geschichte. Bayrische Hefte für Volkskunde 1918, 5. Jahrgang, Heft 1 und 2.

Kempf, Julius: Die Bayerische Heimat/Bildtafeln für Heimatkunde und Heimatkunst. München ab 1927.

Kiem, Pauli: Sammlung oberbayerischer Volkslieder. Illustrationen von Thomas Baumgartner. München 1938.

Kretschmer, Albert: Deutsche Volkstrachten. Leipzig, 2. vermehrte Auflage, um 1871.

Lipowsky, Felix von: National-Costueme des Königreiches Bayern. München 1820/25.

Lommel und Bauer: Das Königreich Bayern in seinen acht Kreisen. Nürnberg 1836.

Maier, Gerhard: Miesbach – die Wiege der Trachtenbewegung. Miesbach 1976.

Maier, Gerhard: 100 Jahre Volkstracht-Erhaltungsverein Miesbach. Miesbach 1986.

Mali, Christian: Anton Braith – Christian Mali/Alpenländisches Skizzenbuch, herausgegeben von Hans Heyn. Rosenheim 1981.

Monten, Dietrich: Das deutsche Bundesheer – Bayern. Lithographien um 1840.

Neumaier, Albert: Die Volkstracht im Wandel der Zeit von 1500–1930 im Landkreis Aichach. Aichach 1949.

Plank, Sieglinde: Trachten in Mittelfranken. Schwabach 1983.

Prodinger, F. und Heinisch, R.: Gewand und Stand/Kostüm- und Trachtenbilder der Kuenburg-Sammlung. Salzburg-Wien 1983.

Rattelmüller, Paul Ernst: Festliches Jahr. München (um 1955).

Rattelmüller, Paul Ernst: Bayerische Trachten. Rosenheim-Thansau 1955.

Rattelmüller, Paul Ernst: Trachten in Niederbayern. Passau 1971.

Rattelmüller, Paul Ernst: München im Jahreslauf – 1816. München 1972.

Rattelmüller, Paul Ernst: Per Post und zu Fuß durch Oberbayern. München 1979³.

Rattelmüller, Paul Ernst: Dirndl, Janker, Lederhosen. München 1970.

Rattelmüller, Paul Ernst: Der Oettinger Bauer aus dem Königlich-Baierischen Salzach-Kreis-Blatt, 1809, vermutlich von J. v. Obernberg. Altötting 1976.

Rattelmüller, Paul Ernst: Alte Trachten aus dem Inntal und Chiemgau. Rosenheim 1976.

Rattelmüller, Paul Ernst: Lorenz Quaglio – Ausstellungskatalog. Freilichtmuseum Glentleiten, 1978.

Rattelmüller, Paul Ernst: Lüftlmalerei in Oberbayern. München 1981.

Regnet, Carl Albert: München in guter alter Zeit, mit Radierungen von F. Bollinger, F. Schießl u. a. München 1979.

Reitmeier, Lorenz Joseph: Dachau – Ansichten und Zeugnisse aus zwölf Jahrhunderten – der andere Teil. Dachau 1979.

Retzlaff, Erich: Deutsche Trachten (Blaue Bücher). Königstein i. Taunus und Leipzig 1936.

Ritz, Joseph Maria: Deutsche Volkskunst. Band VI: Franken. Weimar o. J.

Schamer, L.: Trachten in Mittelfranken. Kolorierte Lithographien, herausgegeben v. Leofrid Adelmann. Nürnberg 1858.

Schmid, Hermann v.: Das Königreich Bayern, Band 1 und 2. München (um 1872).

Schober, Gerhard: Bilder aus dem Fünf-Seen-Land. Starnberg 1979.

Schwemmer, Wilhelm: Johann Adam Klein, ein Nürnberger Meister des 19. Jahrhunderts. Nürnberg 1966.

Schuberth, Ottmar: Die schönsten Bauernhöfe in Oberbayern. München 1982.

Sotheby's/München: Gouachen und Aquarelle 1600–1850. Versteigerungskatalog. November 1983.

Thiele, Klaus: Deutsche Bauernhäuser (Blaue Bücher). Königstein i. Taunus 1955.

Trachtenverein Bayerischzell (Hrsg.): Einhundert Jahre Trachtenverein Bayerischzell. Festschrift 1983.

Vereinigte Trachtenverbände (Hrsg.): Bayerisch Land – bayerisch Gwand. 1976.

Weitnauer, Alfred: Heimatkultur gestern und heute. Kempten 1955.

Weitnauer, Alfred: Tracht und Gwand im Schwabenland. Kempten 1957.

Werner, P.: Der Zwiehof des Berchtesgadener Landes. Arbeitshefte des Bayerischen Landesamtes für Denkmalpflege, 1983.

Worschech, Reinhard: Unterfranken – Trachten in Bayern. Würzburg 1982. Das Buch läuft auch unter dem Titel Trachten in Bayern, Untertitel Unterfranken. Würzburg 1983.

Zaborsky-Wahlstätten, Oskar v.: Die Tracht im Gäuboden. München 1972².

Zaborsky-Wahlstätten, Oskar v.: Die Tracht im unteren Rott- und Vilstal. München 1979².

Zaborsky-Wahlstätten, Oskar v.: Die Tracht des Berchtesgadener Landes. Wien 1943.

Zaborsky-Wahlstätten, Oskar v.: Die Tracht im Bayerischen und Böhmerwald. München 1979².

Zell, Franz: Bauerntrachten aus dem bayerischen Hochland. München 1903.

Vorlagen aus Beständen folgender Sammlungen: Staatliche Graphische Sammlung München; Royal Library, Windsor Castle; Stadtgeschichtliche Sammlungen Nürnberg; Stadtarchiv Rosenheim; Privatsammlungen; Votivtafeln u. a. in Siegertsbrunn, Sammarei, Grünsink b. Weßling, Maria Himmelfahrt in Antwort bei Endorf.